Проигранная война
ПУТИНА

プーチンの敗戦
戦略なき戦術家の落日

日本経済新聞編集委員
池田元博 IKEDA MOTOHIRO

日本経済新聞出版

目次

プロローグ 1

第1章 未来への希望

1 ウソの帝国 13
2 安全保障の担保 18
ミニ解説① ロシアとウクライナ 22
3 クリントンの戸惑い 24
4 新千年紀 28
5 西側志向 32
6 第二の故郷 36

第2章 協調から敵対へ

1 バイデンの警告 41
2 ミレニアムサミット 45
3 米同時テロ 49

4 対テロ協調 54
5 薄れる信頼、募る不信 58
6 ミュンヘンの逆襲 62
ミニ解説② メルケルとプーチン 68

第3章 大国主義と国家統制

1 成功体験 70
2 ユーロマイダン 74
3 反撃の一手 79
4 聖なる半島 84
5 メディア統制 88
ミニ解説③ プーチンのメディア活用法 94
6 萎縮する社会 97

第4章 強権統治と命の重さ

1 ブチャの惨劇 102
2 KGBの系譜 106
3 醜聞ビデオ 110
4 疑惑の砂糖袋 115

5 ノルド・オスト 120
6 他人の血 124
ミニ解説④ チェチェン紛争 128

第5章 裸の王様

1 踏み絵の安保会議 132
2 ミンスク合意 137
3 強まる孤立 142
4 インナーサークル 146
ミニ解説⑤ メドベージェフの変身 149
5 利権と恩恵 152
6 三権分立の形骸化 157

第6章 しぼむ大国

1 「独裁帝国」の表裏 162
2 歪んだ歴史観 168
3 論文の功罪 172
ミニ解説⑥ ネオナチとバンデラ主義者 176
4 「裏庭」の離反 180

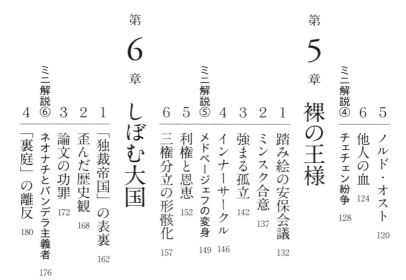

5 制裁のボディーブロー 186
6 侵攻の代償 194

第7章 日ロ関係への視座

1 非友好国 201
ミニ解説⑦ サハリン沖資源開発事業 202
2 ポスト・エリツィン 208
3 困難な言及 213
4 消えた東京宣言 217
5 シンゾーとの仲 222
6 袋小路の領土交渉 228

エピローグ 235
あとがき 245
プーチン関連年表 249
【主要な参考文献】 269
【注】 286

プロローグ

キーウ詣で

「ロシアの狙いは、ウクライナを地図から消し去ることだった。だが、プーチンの侵略戦争は失敗しつつある。ロシア軍は、いったん占拠した領土の半分を失った」[1]

米国の大統領ジョー・バイデンが2023年2月20日、ウクライナの首都キーウ（キエフ）を電撃訪問した。ウクライナへの軍事侵攻を指令したロシア大統領ウラジミル・プーチンを激しく非難し、祖国を守るべく陣頭指揮に立つウクライナの大統領ウォロディミル・ゼレンスキーを激励した。欧州各国の首脳や欧州連合（EU）幹部らはそれまで、相次ぎキーウ詣でをしてきた。ウクライナへの最大の軍事支援国である米国の大統領がウクライナを訪れたのは、ロシアによる侵攻後初めてだった。

侵攻開始から1年のタイミングで実施されたバイデンのキーウ訪問は、「支援疲れ」の観測を払拭し、米国がウクライナを今後もしっかりと支えていく姿勢を国際社会にアピールした。

現にバイデンはキーウ訪問後にポーランドで演説し、こう強調した。「戦争が始まって1年がたち、プーチンはもはや我々の連合の強さを疑っていない。しかし、彼はまだ、我々の信念、我々の粘り強さを疑っている。我々のウクライナへの継続的な支援を疑っている。北大西洋条約機構（NATO）の一体性の維持を疑っている。しかし、疑う余地はまったくない。我々のウクライナ支援が揺らぐことはない。NATOが分裂することはない。そして、我々が疲れることはない」[2]

バイデンのウクライナ訪問から1カ月後。今度は2023年の主要7カ国（G7）サミットの議長国である日本の首相の岸田文雄が3月21日、キーウ入りした。ゼレンスキーは「国際秩序の強力な擁護者で、ウクライナの長年の友人だ」と岸田の訪問を歓迎。岸田は殺傷能力のない装備品の支援などを表明し、「今後も日本ならではの形で切れ目なくウクライナを支える」と約束した。[3] 岸田のキーウ訪問により、G7のすべての首脳が戦地のウクライナに赴いたことになる。

日米欧vs中ロ

岸田がウクライナを訪れていた同じころ、ロシアの首都モスクワには中国の国家主席、習近平が滞在していた。20〜22日の3日間の公式訪問だった。習はとくにウクライナ戦争の「仲裁役」への意欲を内外に表明して、ロシア入りしていた。

中国は同年2月、戦闘の停止、当事者間の早期の直接対話、核兵器の使用反対など、ウクライナ戦争を終結させるための12項目の仲裁案を発表した。中国は同年3月上旬、中東のイランとサウジアラビアの外交関係の正常化を仲介しており、ウクライナ和平に向けても、一定の影響力を発揮できると考えたのかもしれない。

中ロ首脳のモスクワでの会談は、合計で約10時間に及んだ。会談後の記者会見で習は「我々は常に平和と対話を支持する」と表明。プーチンも「中国の仲裁案の多くはロシアのアプローチと合致しており、西側とウクライナに（和平の）用意があれば、和平解決の基礎となり得る」と評価した。ただ、「彼らにその用意があるようにはみえない」と主張。西側がロシアと徹底的に戦うのなら「ロシアも対抗せざるを得ない」として、現時点での和平対話には否定的な姿勢を示した。[4]

一方で、中ロ首脳の会見や会談後に発表された共同声明には、経済や技術開発、安全保障など多方面にわたる2国間協力、さらには米国に対抗する中ロの協調が色濃く映し出された。中国のような大国であっても、「侵略国家」への訪問には様々なリスクが伴う。このため習は「仲裁役」を前面に押し出す形で訪ロすることで、国際社会の批判をかわしながら、ロシアとの良好な関係の維持を図ったようにみえる。その意味では、日米欧VS中ロの構図が改めて浮き彫りになったともいえるだろう。

いずれにせよ、偶然とはいえ、同時期に岸田がウクライナ、習がロシアを訪問したことは、ロシアによる侵攻開始から1年以上たっても、ウクライナ戦争が国際社会の大きな関心事になっていることを如実に示した。

想定外の長期戦

ロシア軍がウクライナ軍事侵攻を始めたのは、２０２２年2月24日だった。プーチンはウクライナ東部地域の「ロシア系住民の保護」と、ウクライナのＮＡＴＯ加盟阻止を侵攻の理由にした。侵攻開始当初、世界の有識者の多くは、１年後も激しい戦闘が続いているとは予想していなかった。「特別軍事作戦」と称して侵攻を指令した当のプーチンにとっても、まったくの想定外だっただろう。侵攻開始から数日間でキーウを陥落させ、１週間程度で戦闘を終了し、ウクライナに親ロシア派の傀儡《かいらい》政権をつくるのが、プーチンが描いた当初のシナリオだったからだ。

実際、ロシア軍は当初、破竹の勢いで進軍した。ウクライナ各地の軍事インフラ施設をミサイルや爆撃機で攻撃するとともに、地上軍が北、東、南の3方向から侵攻した。米政府は、侵攻前にウクライナ国境付近に集結していたロシア軍（17万５０００人以上）のうち、3月初めまでに約95%がウクライナに投入されたと分析した。

北部ではロシア軍が直ちに、ソ連時代に事故を起こしたチェルノブイリ原子力発電所を一時的に占拠。首都近郊の空港も制圧するなどして、翌25日までにキーウを包囲した。キーウにはゼレンスキーの暗殺を狙う特殊部隊も送り込まれたという。米政府関係者は、キーウ陥落は「現実的な可能性」と予測した。ゼレンスキーは侵攻2日目の25日、ロシアに停戦交渉を呼びかけた。

ロシアとウクライナによる侵攻後初の停戦交渉が2月28日、ウクライナ国境に近い隣国のベラルーシで開かれた。即時停戦と領内からのロシア軍撤退を求めるウクライナ側に対し、ロシア側はウクライナの実質的な全面降伏を迫った。双方の立場は大きく隔たっていたが、継続協議では合意した。この間も激しい戦闘が続いた。ロシア軍は住宅、学校、病院なども無差別に空爆し、民間人の犠牲者が増えた。ウクライナ国外に逃れる難民も急増した。南部ではロシア軍が欧州最大級のザポロジエ原発を制圧した。

迫られた作戦修正

ウクライナ軍は徹底抗戦した。南部ではロシア軍がヘルソン州を制圧するなど占領地域を広げたものの、北部や東部ではウクライナ軍が善戦。キーウ近郊ではロシア軍が苦戦し、後退を余儀なくされるようになった。

侵攻から約1カ月後、ロシア軍幹部はロシア系住民が多い東部地域の「解放」に注力すると表明した。ロシアは短期決戦によるキーウ制圧に失敗し、軍事作戦の修正を迫られた。

ロシア軍が苦戦したのは、祖国防衛に向けたウクライナ軍の士気の高さに加え、米欧によるウクライナへの武器供与や軍事情報の提供の効果が大きかった。米ホワイトハウスによれば、侵攻初期の段

ウクライナのプーチン・トイレットペーパー（筆者撮影）

階で、米国製の携行型の対戦車ミサイル「ジャベリン」８０００発、地対空ミサイル「スティンガー」１６００発が供与され、「ウクライナはキーウをめぐる戦闘で勝利することができた」[6]。

停戦協議は断続的に開かれた。２０２２年３月29日、仲介役を務めたトルコのイスタンブールで開かれた第４回対面協議では、ウクライナが関係国による安全の保障を条件に、ＮＡＴＯ加盟を断念すると提案。東部地域の領土問題は首脳間で協議し、ロシアが２０１４年に併合したクリミア半島の扱いは停戦合意に含めずに、15年以内の解決をめざす方針を示した。

双方に歩み寄りの兆しも見え始めたが、その矢先に「ブチャの惨劇」が発覚した。ウクライナ軍は２０２２年４月初めにキーウ州全域を解放したが、キーウ近郊のブチャ、イルピンなどで、ロシア軍が撤退前に虐殺したとみられる多数の民間人の遺体がみつかったのだ。ウクライナは態度を一気に硬化させた。ロシアもウクライナの停戦案の拒否を表明し、停戦協議は暗礁に乗り上げた。

双方の戦闘は主に東部と南部で激化した。南東部の港湾都市マリウポリは激戦の末、ロシア軍が2022年5月に制圧した。ロシア軍は同年7月には、東部のルガンスク州全域を制圧した。だが、ウクライナ軍は米欧の継続的な軍事支援を受け、同年9月から反転攻勢を強めた。ルガンスク州の一部も奪還した。

こうしたなか、ロシアは2022年9月、ウクライナ東部のドネツク州とルガンスク州、南部のヘルソン州とザポロジエ州の4州のロシア側支配地域で、ロシアへの編入の是非を問う「住民投票」を強行。最終集計で9割前後が編入に賛成したとして、プーチンが同月末、4州を一方的に「併合」すると宣言した。プーチンは翌10月には4州に戒厳令を導入し、住民の移動などを制限した。ウクライナは「併合」を認めず、ゼレンスキーは対抗措置としてNATOへの加盟申請を表明した。

プーチンに逮捕状

ロシアは冬の訪れを前に2022年10月以降、首都キーウを含めたウクライナ各地で、エネルギー関連施設を標的にしたミサイルや無人機（ドローン）による攻撃も本格化した。極端な電力不足下での越冬を余儀なくさせ、ウクライナ住民の厭戦《えんせん》機運を高めようとしたようだ。

対するウクライナ軍は、ロシアが「併合」を宣言した南部のヘルソン州の州都ヘルソンを11月に奪還するなど反撃を強めた。ロシアはウクライナ侵攻から1年で、侵攻後に占領した領土の約5割を失った。それでもプーチンは2022年9月、30万人規模の部分動員令を発令して兵員不足を補うなど、侵攻継続の構えを崩していない。

だが、ウクライナを支援する米欧は、侵攻当初は控えていた主力戦車など強力兵器の供与も始めた。

「まったく信じられないことだが、事実だ。我々は再び、ドイツのレオパルト戦車の脅威にさらされている」。2023年2月、第2次世界大戦の独ソ戦の激戦地だった南部のボルゴグラードで演説したプーチンは、ドイツがウクライナにレオパルト戦車の供与を決めたことを痛烈に皮肉った。内心では相当な危機感を抱いていたとみられる。[7]

国際社会では、ロシアのウクライナでの様々な「戦争犯罪」や残虐行為にも批判が集まっている。住宅や病院、学校などへの無差別攻撃、民間人の大量虐殺、収容施設内での拷問、捕虜への虐待、ウクライナ市民や子どもたちのロシアへの強制移住……。国際刑事裁判所（ICC）は2023年3月、ロシアがウクライナ占領地で子どもたちを拉致・監禁してロシアに連れ去ったとし、戦争犯罪に関与した疑いがあるとしてプーチンに逮捕状を出した。実際に逮捕される可能性はほとんどなく、逮捕状の実効性は乏しいものの、プーチンには極悪非道な独裁者のレッテルが貼られたことになる。

プーチンは1999年12月末に大統領代行となり、翌2000年5月に正式に大統領に就任した。もちろん就任当初から、皇帝のような独裁者だったわけではない。旧ソ連の国家保安委員会（KGB）出身だが、「現実は役職も階級もさほど高くない将校だった。プーチンは諜報部門で華麗な出世を果たしたわけでもない[8]」。

しかも、プーチンが大統領になったのは、たまたま連邦保安局（FSB）長官のときに、大統領だったボリス・エリツィン一家の汚職疑惑を実質的にもみ消し、エリツィンから信頼されて、大統領の後継候補に指名されたのがきっかけだ。もとから大統領をめざしていたわけでも、とりたてて帝王学を学んできたわけでもない。その意味では「プーチンにとって、権力そのものは目的ではなく、国の再生を試みるための手段でしかなかった[9]」。

社会混乱を収拾

もちろん、プーチンは大統領就任当初から、大国主義的な発想が強かったし、「国家権力の強化を優先課題にした」[10]面は否定できない。とはいえ、率先して取り組んだのはやはり、エリツィン時代に混乱した社会の安定と、経済の再生、国民生活の向上だった。プーチン政権の1、2期目に当たる2000~2008年、ロシアの実質国内総生産（GDP）は年平均で7％台の高い成長率を達成した。

エリツィン政権下で副首相や蔵相を歴任したボリス・フョードロフは、初期のプーチンの経済政策について「改革に向けた方策は何も打ち出さなかった」[11]と酷評したが、折からの原油高が大きな追い風となった。ロシア経済を支えるエネルギー価格の高騰で国家財政は潤い、プーチンは公務員の給料や高齢者の年金を大幅に引き上げた。国民生活は向上し、社会は安定に向かった。ロシアでプーチン人気がいまだに高い理由のひとつは、国民の多くがエリツィン時代の混乱を収拾し、国民生活を豊かにした指導者とみなしているからだ。

プーチン自身、2019年12月の記者会見で、20年間に及ぶ政権運営で最も誇らしい実績は何かと聞かれ、「国内の安定が訪れた。国が今後も安定した方向に発展すると確信できる。これが最も重要だ。そして経済は大きく変化した」などと答えていた。[12]

そんなプーチンがなぜ、非道極まりない独裁者になってしまったのか。

ソ連崩壊の「悲劇」

プーチンはしばしば、「ウクライナは独立国家ではない」と公言する。ウクライナ侵攻の言い訳のひとつにしているが、こうした考え方は、プーチンだけが抱いているわけではない。

ロシアとウクライナは、ベラルーシとともにスラブ系民族が主体で、ソ連時代はひとつの国だった。ソ連の崩壊でそれぞれが独立国家となったものの、経済や人的なつながりはもともと深く、完全に別々の国家とみなしにくい面もある。

たとえば、ノーベル文学賞の受賞者で、2008年に死去した作家のアレクサンドル・ソルジェニーツィンはソ連末期の1990年に出した提言集『甦れ、わがロシアよ』のなかで、「今は、ウクライナを切り離すことは、何百万人の家族や人びとを切り離さなければならないことになる。あまりにも住民が混ざりあっているからである。ロシア人が大部分を占める州がいくつもある」などと指摘。「兄弟たちよ! こうした残酷な分離はやめようではないか!」と呼びかけていた。[13]

ソルジェニーツィンはソ連崩壊後の1998年に出した別の論文集でも、17世紀にウクライナ・コサックを率いたボグダン・フメリニツキーがポーランドとの戦いでロシア皇帝に保護を求め、「ウクライナがロシアの配下に入ったとき、ウクライナの領土は現在の5分の1しかなかった」と強調。旧ソ連のレーニンの時代に至るまで、「ドネツ川流域の2つの州、ノボロシアの南部地帯全域（メリトポリ―ヘルソン―オデッサ）、そしてクリミアは一度もウクライナ領になったことはなかった」と断じている。[14]

プーチンは2005年4月、大統領の年次教書演説で「ソ連崩壊は（20）世紀最大の地政学的悲劇だ。崩壊はロシア民族にとって真の悲劇だった。数千万人もの我が仲間、同胞たちがロシアの領土の外に放置されてしまった[15]」と語っている。決してソ連の復活を望んでいたわけではないだろうが、ソルジェニーツィンと似たような考えを持っているのは確かだろう。

もっとも、ソルジェニーツィンは「もしウクライナ民族が実際に分離を望むなら、それを無理に抑えることは誰にもできない」とも記している。[16] なぜ、プーチンはレッドラインを越え、ウクライナへの軍事侵攻という暴挙に出てしまったのだろうか。

乏しい侵攻の必然性

プーチンが侵攻決断の理由に挙げたウクライナのNATO加盟問題は、決して差し迫った懸案ではなかった。NATOは2008年の首脳宣言で、ウクライナは「いずれNATOの加盟国になる」と明記している。

だが、EUへの加盟も同様だが、実際の加盟手続きに入る前提として、強固な民主制度、人権の尊重、経済の自由、経済的な不均衡の克服といった西側のレベルに近い政治、経済、社会制度の確立が実質的に求められる。ウクライナはまだ西側の水準にはほど遠く、政財界の癒着や汚職・腐敗も深刻だ。たとえば、非政府組織（NGO）のトランスペアレンシー・インターナショナルがまとめた2022年の世界の「腐敗認識指数」（順位が低いほど汚職や腐敗が深刻）によると、ウクライナは180カ国・地域中で116位と低いままだ。[17]

では、プーチンが侵攻のもうひとつの理由に挙げた、ウクライナ東部地域の「ロシア系住民の保護」はどうか。歴史的にロシアとつながりが深く、ロシア系住民も多いウクライナ東部では、2014年から親ロシア派の武装勢力とウクライナ政府軍による泥沼の戦闘が続いていた。東部紛争の犠牲者は合計で1万4000人以上に上っていた。

ロシアによるウクライナ侵攻前、東部のドネツク、ルガンスク両州の約3割を親ロ派が実効支配していた。プーチンは侵攻に当たり、こうした地域でロシア系住民に対する「ジェノサイド（大量虐殺）」が行われていると批判したが、国際機関はそういう事実があったとは確認していない。

ウクライナ東部紛争をめぐっては2015年2月、ドイツとフランスの仲介で、紛争解決に向けた和平合意の「ミンスク合意」が結ばれた。包括的な停戦、重火器の撤収などとともに、東部の親ロ派支配地域に幅広い自治権を付与する条項が盛り込まれた。ロシアと親ロ派に極めて有利な内容だった。

ウクライナの歴代政権がいつまでたってもこれらの合意事項を履行しようとせず、プーチンが怒りを募らせていたのは事実だ。だが、ロシアとしては、独仏も同意したミンスク合意の履行を粘り強く求め続けることで、ウクライナに「非」があることを国際社会に強く認識させることができたはずだ。

しかもプーチンはウクライナ政府の激しい反発をよそに、2019年からドネツク、ルガンスク両州の親ロ派支配地域の住民に対し、「人道目的」と称してロシア国籍とロシア・パスポートの取得を簡略化する措置を一方的に導入していた。仮にウクライナ政府による東部の親ロ派住民に対する迫害行為があったとしても、保護する方策はいくらでもあった。果たして軍事侵攻という極端な対応をする必要があったのだろうか。

戦略なき戦術家

東部紛争は、ウクライナのNATO加盟問題とも密接に絡む。NATOは「共同防衛」を定めている。1カ国でも加盟国が武力攻撃を受ければ、全加盟国への攻撃とみなし、「個別的または集団的自衛権」を行使することが条約に盛り込まれている。したがって、国内に紛争地域を抱える国の場合、紛争を終結させないとNATOへの加盟がほぼ不可能となる。逆説的だが、ウクライナがミンスク合意を履行しない間は、ロシアが警戒するウクライナのNATO加盟もあり得ないということになる。

このようにロシアにとって、ミンスク合意の価値は極めて高かった。ところがプーチンはウクライナへの軍事侵攻によって、ミンスク合意を自ら放棄してしまった。なぜ、なのか。

プーチンはかねて、「短期的な政策にたけた戦術家だが、長期的な戦略がない」（ロシアの政治評論家アンドレイ・コレスニコフ）とされてきた。[18] NATOのロシア国境への接近を食い止めようとウクライナに侵攻したのに、ロシアとおよそ1300キロメートルにわたって国境を接するフィンランド、欧州の軍事強国のスウェーデンがともに、ロシアと決別してNATO加盟を決断した。ウクライナ戦争によって、日米欧とロシアの亀裂は決定的となった。ロシアにとって「ドル箱」である原油・天然ガスの主要な輸出先だった欧州は、「脱ロシア依存」へと大きく舵を切った。そして何より、「兄弟国」であったはずのウクライナの多くの人々を敵に回し、反ロ感情やロシアへの憎悪をかき立ててしまった。

プーチンが侵攻の「負の代償」をどこまで覚悟していたかは定かではないが、ロシアにとっても不毛な戦争であることはある程度、想定できたはずだ。それにもかかわらず、プーチンはなぜ、侵攻に踏み切ったのだろうか。二十数年に及ぶプーチン統治の経緯を振り返りながら、その手掛かりを探ってみたい。

なお、本書ではすべて敬称略とした。ウクライナの地名は日本経済新聞の表記に準拠し、首都キーウ（キエフ）を除いて侵攻前の表記をそのまま使った。

第1章 未来への希望

1 ウソの帝国

1インチも拡大しない

「我々はだまされた。要するに見捨てられたのだ」[1]

2022年2月21日、そして24日、プーチンはウクライナへの軍事侵攻に先立って、国民向けにテレビ演説をした。とくに侵攻直前の24日の演説は、冒頭からウクライナではなく、西側、とりわけ米国の身勝手ともいえる外交政策をやり玉に挙げ、怒りをぶつけた。なかでも批判を集中させたのが、ロシアにとって「根本的な脅威」になるというNATOの東方拡大だった。

プーチンの主張では、米国は旧ソ連末期に「NATOは1インチも東方に拡大しない」とソ連側に約束した。ソ連崩壊後、新生ロシアは米欧に胸襟を開き、緊密に協力して歩むつもりだったのに、西側はロシアを敵視し続け、徹底的に破壊しようとした。その典型例が、かつての約束を破り、ロシア国境へと接近するNATOの東方拡大だという。そしてプーチンは、約束を破った米国はもちろん、米国の行動を模倣し、米国流の規範を熱狂的に受け入れる西側ブロックそのものが「ウソの帝国」だと痛烈に非難したのだ。

ＮＡＴＯは第2次世界大戦後、ソ連を盟主とする東側陣営との対立が深まるなか、米国を中心とする西側の軍事機構として１９４９年に創設された。東側陣営も１９５５年、ＮＡＴＯに対抗してワルシャワ条約機構を発足させた。欧州での両軍事機構の対峙は、東西冷戦時代の象徴ともいえた。

欧州の安全保障環境は１９８０年代末、東欧で相次ぎ起き始めた民主革命により一変する。１９８９年11月には、東西冷戦の象徴とされたベルリンの壁が崩壊し、東西両ドイツの再統一への動きが一気に加速した。当時、ソ連の最高指導者だったミハイル・ゴルバチョフは最終的に両独の統一と、統一ドイツのＮＡＴＯ加盟を容認。東西ドイツは１９９０年10月に悲願の再統一を果たすが、一連の交渉過程で米国がソ連に約束したとされるのが、「ＮＡＴＯは1インチも東方に拡大しない」だった。

バルト3国もNATOに

ところがＮＡＴＯは、米民主党のビル・クリントン政権下で東方拡大へと動き出した。まず１９９９年に、かつては東側陣営だったチェコ、ハンガリー、ポーランドの3カ国が加盟。プーチンがロシアを率いるようになっていた２００４年には、ロシアと同じく旧ソ連の連邦構成共和国だったエストニア、ラトビア、リトアニアのバルト3国を含め、合計7カ国が一気に加盟した。旧ソ連圏ではその後も折に触れ、西側寄りのウクライナ、ジョージア（グルジア）、モルドバの加盟問題が取り沙汰されるようになっていた。

しかもプーチンによれば、「近年は演習と称して実質的に、ＮＡＴＯの軍部隊がウクライナに常駐するようになっていた」[2]。ＮＡＴＯの軍事インフラが配備されるようになれば、ロシアにとっては極めて深刻な安全保障上の脅威となり、まさに「生か死か」を問われる問題となる。ウクライナのＮＡＴＯ加盟は何があっても阻止しなければならない、というのがプーチンの理屈だ。

ロシア軍は２０２２年２月の侵攻当初、首都キーウの陥落をめざした。西側寄りのゼレンスキー政権の転覆と、親ロシアの傀儡政権の樹立を画策したことは疑いない。その大きな狙いのひとつがまさに、ウクライナのＮＡＴＯ加盟阻止だったのだろう。とはいえ、一連のプーチン演説からはウクライナ問題そのものよりも、米欧、とりわけ冷戦終結後もロシアを「敵国」とみなし、対ロ封じ込め政策を続けた米国への強い恨みが読み取れる。積年の恨みの腹いせとして、ウクライナ軍事侵攻を決断したようにもみえる。

では、プーチンが言うように、米国は本当に「１インチも拡大しない」という約束を破った「ウソの帝国」なのだろうか。

ロシアが最大の根拠にしているのは１９９０年2月9日、モスクワで開かれたソ連共産党書記長ゴルバチョフと、米国務長官ジェームズ・ベーカーの会談だ。この会談でベーカーは両独の統一問題に関連して「ＮＡＴＯ軍の管轄は１インチも東方に拡大しない」[3]と表明した。このベーカー発言については、ロシアで安全保障問題を専門にする研究者の一人が「ゴルバチョフから事実だと、直接聞いた」と語っている。

ドイツ統一が背景に

さらに、ドイツのシュピーゲル誌がドイツ側の記録として明らかにしたところによると、１９９０

年2月10日午後4時から6時半までの間に、当時の西独外相ハンスディートリヒ・ゲンシャーがソ連外相のエドアルド・シェワルナゼに対して、「我々は統一ドイツのNATO加盟が複雑な問題を提起していることを熟知している。しかし明らかなことは、NATOは決して東方に拡大しないということだ」[4,5]と明言したという。

プーチン自身も近年、この問題を何度も提起してきた。なかでも特出しているのが2016年1月、独ビルト紙のインタビューだ。プーチンは1990年当時のソ連側と西独との「一度も公表されていない」会談記録だとし、西独の政治家エゴン・バールが「少なくとも軍事機構としてのNATOは中欧に拡大してはならない」と明言していたと明かした。[6] バールは東西ドイツの統一に当たっては、NATO拡大で東方外交を主導した人物として知られる。バールは旧西独のヴィリー・ブラント政権下ではなく、欧州の中心に新たな連合をつくる必要性も強調していた。

米欧首脳は当時、両独統一の早期実現に向け、何としてもソ連の同意を取りつける必要があった。ソ連指導部を懐柔すべく、複数の西側首脳がNATOの東方不拡大を公約していたのは間違いないようだ。ただし、いずれも口約束にすぎず、公式文書でNATOの不拡大を明記したわけではない。

プーチンがたびたび引用する、ベーカーの「1インチも東方に拡大しない」という言葉にしても、まずは口頭での発言であり、かつ米政府の公式見解なのか、個人的な見解なのかが不透明だ。しかも、この言葉は必ずしも東欧諸国のNATO加盟拒否を意味したものではなかった。会談の当事者であるゴルバチョフは「保証はもっぱらドイツ統一に関して与えられたものだった」[7]と明言している。両独が統一し、統一ドイツがNATOに加盟しても、旧東独領に直ちにNATOの外国軍部隊や核兵器などを配備してソ連を軍事的に脅かすことはない、という約束だったようだ。ロシアの安保問題の専門

「当時、NATO不拡大の文書化は論外だった」とするゴルバチョフ
（筆者撮影）

家は「旧東独領にNATOの軍事施設はなく、この約束はいまだに守られている」と語る。
東西冷戦は終結したとはいえ、1990年当時はNATOと対峙してきた東側軍事ブロックのワルシャワ条約機構が存在していた。東欧諸国のNATO加盟などまったくの論外だった。ゴルバチョフ自身、「NATOの東方不拡大を、なぜ文書化しなかったのかといわれる。だが、ワルシャワ条約機構が存在する当時の条件下で、NATOの連中が突拍子もなく侵略を始め、境界を変えるような話を協議するはずがない。もしそうなら、（侵略があれば）戦争になってしまう。したがって、当時はすべてが解決されていた。誰かが私をだましたり、出し惜しみをしたりしたとは考えていない」[8]と振り返っている。

確かに当時、翌年の1991年にワルシャワ条約機構が解体するとは想像できなかっただろう。しかも、同年末にソ連そのものが消滅するとは、誰も予想しなかったはずだ。プーチンが抱く積年の恨みをまったく無視するわけにはいかないが、当時の情勢や時代背景を無視した「ウソの帝国」批判はやはり、ウクライナ侵攻を〝正当化〟するための方便のひとつとみなさざるを得ないようだ。

―2― 安全保障の担保

唐突な提案

これも、ウクライナ侵攻を正当化する方便だったのだろうか。

侵攻に先立つ2021年12月中旬、ロシアは米国とNATOに対して唐突に、緊張緩和に向けた欧州の安全保障の合意案を提示した。

米国との条約案[9]は全8条からなる。①米ロ双方は互いに相手の安全保障を害するような行動を取らない、②米国はNATOのさらなる東方拡大を排除し、旧ソ連の共和国だった国家の加盟を拒否する義務を負う、③米国は旧ソ連諸国でNATOに加盟していない国家の領内に軍事基地を設けない、④双方は相手を攻撃できる地域への核・非核兵器を搭載した重爆撃機や軍艦の派遣を控える、⑤双方は地上配備型の中・短距離ミサイルや核兵器を自国の領域外に配備しない、⑥自国の領域外に配備済みの核兵器や関連インフラ設備は撤去する――などを盛り込んだ。

一方、NATO加盟国との協定案[10]は全9条で構成。①互いに敵国とみなさないことを確認する、②

欧州でのＮＡＴＯの軍配備を（ロシアとＮＡＴＯの基本議定書が締結された）１９９7年5月27日時点の状態に戻し、他の地域に軍隊や武器を配備しない、③互いに相手国の領土を攻撃できる地域に地上配備型の中・短距離ミサイルを配備しない、④ＮＡＴＯ加盟国はウクライナや他の国々への将来のさらなる加盟拡大を除外する義務を負う、⑤ＮＡＴＯ加盟国はウクライナや他の東欧諸国、コーカサス地方、中央アジアで軍事行動をしない――といった内容だ。

想定内の拒否

本来、こうした国家間の重要な合意文書案は非公式に議論するものだが、米国とＮＡＴＯ加盟国に提示した直後、ロシア外務省はあえて全文を公開した。ロシアが真に、米欧との合意をめざしていたとは考えにくい。

プーチンは合意案提示に先立つ12月7日、米大統領のバイデンとオンライン形式で会談を開いた。ロシア軍がウクライナ国境に軍部隊を結集し、軍事的緊張が高まるなかでの首脳会談だった。バイデンはロシアがウクライナに軍事侵攻しないよう要求した。対するプーチンは、ロシアの西部国境で緊張を高めているのは米欧とウクライナのほうだと反論。緊張緩和に向けては、ＮＡＴＯの東方拡大の停止や、ロシア国境付近に西側の軍事インフラを配備しない保証が欠かせないと主張した。

ロシアが提示した欧州安保の合意案は、プーチンがこの首脳会談でバイデンに求めた無理難題を、より詳細に文書化したものともいえる。恐らく、米欧が拒否することはあらかじめ織り込み済みで、後のウクライナ侵攻の際に、危機打開の方策を拒んだ米欧が悪いと国際社会に訴えられるように、事前に口実をつくっておく狙いが大きかったのだろう。

それでもロシアが合意案を提示したことを受け、緊迫化したウクライナ情勢を何とか打開したい米欧は、相応の対応を余儀なくされた。米国は翌2022年1月10日、スイスのジュネーブでロシアと外務次官級の「戦略的安定対話」を開いた。2日後の12日には、NATOがブリュッセルで「NATO・ロシア理事会」を開催。翌13日には米国、ロシア、ウクライナなどが参加する欧州安全保障協力機構（OSCE）の大使級会合がウィーンで開催された。

さらに米国務長官のアントニー・ブリンケンは1月21日、ジュネーブでロシア外相のセルゲイ・ラブロフと会談。米側はロシア国境付近での軍事訓練の抑制、中・短距離ミサイル配備の制限などで一定の譲歩姿勢をみせた。だが、ウクライナを含めた加盟希望国の意思と権利をまったく無視し、NATO新規加盟の門戸をあらかじめ閉ざすようなロシアの合意案は元来、受け入れられるはずがない。

米政権とNATOは1月26日、合意案に対する回答を文書の形でロシア政府に渡した。軍事演習の抑制など一部で妥協姿勢を示したものの、ロシアの合意案を事実上、拒否する内容だった。

「我々の原則の根本に関わる提案は無視された」[11]。プーチンは案の定、ウクライナ侵攻直前の2月21日の国民向け演説で、NATOの東方不拡大などを柱としたロシアの合意案を拒否した米欧を批判し、ウクライナ侵攻の言い訳のひとつにした。

「裏庭」への介入

米欧への積年の不平や不満を、武力を使って晴らそうとしたロシアの行為は言語道断だ。だが、米欧が主導して進める欧州での軍事・安全保障政策を黙認したままでよいのか。いずれロシアの安全が著しく脅かされ、軍事的に弱体化してしまう――、というプーチンの危機意識自体は、あながち的外れではない。

前述したように、NATOの東方拡大の第2弾として、旧ソ連のバルト3国を含む7カ国が一気に加盟したのは2004年。ロシアではすでに、プーチンが大統領として国を率いていた。カーネギー財団モスクワセンター（ロシアによるウクライナ侵攻後の2022年に閉鎖）の所長を長年務めたロシアの国際政治学者ドミトリー・トレーニンによると、プーチンはバルト3国のNATO加盟を「比較的冷静に受け入れた」[12]。

バルト3国がソ連に編入されたのは第2次世界大戦中の1940年。ソ連とナチス・ドイツは前年にモロトフ・リッベントロップ協定と呼ばれる独ソ不可侵条約を結び、秘密議定書で東欧やバルト地域の勢力圏を定めていた。それに従ったソ連による強制併合だった。したがって、バルト3国はもともとソ連への帰属意識が薄く、一貫して独立志向が強かった。こうした歴史的経緯もあって、プーチンもバルト3国は「他人」とみなしていたという。

半面、プーチンが極度に神経をとがらせたのが、ほぼ同時期に旧ソ連圏で起きた民主化運動、いわゆるカラー革命だった。2003年にジョージアでバラ革命、04年にウクライナでオレンジ革命、05年には中央アジアのキルギスでチューリップ革命と続いた。とくにウクライナでは、2004年の大統領選でいったんは親ロシア派のビクトル・ヤヌコビッチ（後の大統領）の「当選」が発表されたが、市民らが大規模な抗議行動を起こして抵抗した。その結果、再選挙となり、親米欧派のビクトル・ユーシェンコが当選した。

プーチンらは、一連の民主化運動の背後には「米国の大規模な政治介入」[13]があると確信した。「他人」のバルト3国はともかく、ロシアが自らの「裏庭」とみなす他の旧ソ連諸国への米国の介入は、プーチンの神経を逆なでした。当時はまだ、本格的に議論されていなかったものの、とりわけロシアと長い国境を接する「裏庭」のウクライナが、米国の差し金でNATOに加盟するような最悪の事態は、断じて阻止しなければならない――。プーチンがこのころから、そう考えていたとしても不思議ではない。

ミニ解説① ――ロシアとウクライナ

日本外務省によれば、ロシアの面積は約1709万平方キロメートル（日本の約45倍）、人口は約1億4600万人だ。一方、ウクライナの面積は約60万3700平方キロメートル（日本の約1・6倍）、人口は約4160万人で、旧ソ連ではロシアに次ぐ大国だ。ロシア、ウクライナとベラルーシはいずれもスラブ系民族が主体で、1991年12月には、スラブ3共和国の首脳がまず「独立国家共同体（CIS）」の創設とソ連の消滅を宣言し、同月末のソ連崩壊につながった。

国家独立後のウクライナは総じて工業中心の東部は親ロシア、穀倉地帯が広がる西部は親欧州の傾向があったものの、当初からロシアと敵対していたわけではない。1990年代後半の世論調査では、ウクライナ国民の61%がロシアに好意的で、ロシア国民も53%がウクライナに好意的だったという[14]。

状況が一変し、関係が悪化したのは2004年、ウクライナで「オレンジ革命」と呼ばれる民主化運動が起き、親米欧派のユーシェンコ政権が誕生してからだ。プーチンは何としても、同じスラブ系国家で、旧ソ連の大国であるウクライナを「自陣」につなぎ止めておきたかった。ウクライナがＮＡＴＯに加盟すればロシアの安全保障に大きな打撃を与えるし、ＥＵに加盟すればロシアを中心にユーラシアで大規模な経済連合体（ユーラシア経済同盟）をつくる構想が台無しになってしまうという危機感も強かった。

プーチンは結局、２０１４年にウクライナ領のクリミア半島をロシアに併合し、２０２２年にウクライナに軍事侵攻した。まさに国際秩序を乱す暴挙だが、それだけではない。ウクライナは１９９４年、米国、英国、ロシアの３カ国との間でブダペスト覚書を交わしている。ウクライナが旧ソ連時代の核兵器を放棄する見返りに、米英ロはウクライナの領土保全を約束するとした。また、ロシアとウクライナが１９９７年に調印した友好協力条約は、双方の国境不可侵を規定した。ロシアの軍事侵攻は、こうした国際条約や国際的な覚書に完全に違反している。

ウクライナ大統領のゼレンスキーはロシアによる侵攻を受け、ＮＡＴＯやＥＵ加盟をめざす意向を改めて表明した。ただ、加盟国として受け入れられるような民主的な政治・経済制度を確立するには相当な時間がかかるとみられている。とくに政財界の癒着、汚職の蔓延、オリガルヒ（新興財閥）による経済支配などが深刻だ。

たとえば２０１４年の市民運動によって大統領の座を追われたヤヌコビッチは、首都キーウ郊外に広大な邸宅を構えていた。邸内には贅《ぜい》の限りを尽くした豪邸や別邸が立ち並び、ガレージには高級外車がずらり。動物園や植物園、さらにはゴルフ場まであった。現在ではヤヌコビッチの邸宅は国立公園となって一般公開され、「汚職博物館」と呼ばれている。

3 クリントンの戸惑い

喉元に刃

ソ連末期の1991年12月1日、当時のウクライナ共和国は国家独立の是非を問う国民投票を実施した。同共和国選挙管理委員会によると、投票率は84・18％で、独立賛成は90・32％に上った。ソ連では同年8月に保守派がクーデターを起こしたが、ロシア共和国大統領で急進改革派の旗手だったエリツィンらの抵抗により、わずか3日で失敗に終わった。夏季休暇先のクリミア半島で軟禁状態だったソ連大統領のゴルバチョフは無事モスクワに帰還したものの、政治の実権は保守派クーデターを阻止し、国民の熱狂的な支持を集めたエリツィンに一気に移っていった。

政治動乱が続くなか、もともと独立志向の強かったバルト3国は同年9月に独立を達成。他のソ連の連邦構成共和国もこぞって独立を宣言した。その急先鋒がウクライナで、独立の是非を問う国民投票の実施まで決めた。前述したように投票結果は、圧倒的多数が賛成した。市民の多くは西側諸国と直接交流したいと願った。バルト3国ほどではないが、ウクライナは旧ソ連諸国のなかでは総じて、西側志向が強かったといえる。

旧ソ連から独立後、ウクライナは1994年2月、旧ソ連諸国のなかでいち早くNATOとの「平和のためのパートナーシップ（PFP）協定」に署名した。1997年7月にはNATOとの間で特別な「パートナーシップ憲章」を締結し、NATO・ウクライナ委員会が設立された。

そしてウクライナはレオニード・クチマ政権下の2002年、将来的なNATO加盟をめざす意思を表明。さらに曲折の末、ペトロ・ポロシェンコ政権下の2019年2月に憲法を改正し、将来的なNATO加盟をめざす方針を明記した。

もちろん、加盟を希望しても、直ちに受け入れられるわけではない。まずは民主主義的な政治体制の構築、汚職や腐敗、政財界の癒着の排除などの制度改革が不可欠で、米欧にとってもウクライナの加盟問題は目先の課題ではなかった。

それにもかかわらず、プーチンの頭のなかでは、危機意識が増幅していたのだろう。ウクライナがNATOに加盟し、米国の最新兵器やシステムが配備されれば、「ロシアの欧州地域のすべて、さらにはウラル以東の軍事施設が撃破されてしまうことになる」。プーチンはウクライナ侵攻前の演説で危機感をあらわにした。「まさに『喉元に刃』を突きつけられる状況になる」[15]と。

欧州文化の一部

NATOを過剰なほどに警戒し、危機意識を募らせるプーチンだが、もともと西側を毛嫌いしていたわけではない。

「ロシアは欧州文化の一部だ。我が国を欧州、いわゆる文明世界と呼ばれる世界から切り離すことはできない。したがって、NATOを敵とみなすことは到底できない」[16]。プーチンはまだ大統領代行兼首相だった2000年3月、英BBCとのインタビューで、こう答えている。

さらに、ロシアが将来的にNATOに加盟する可能性について聞かれると、「どうして、どうして、ないといえるのか。私は加盟する可能性を否定しない。ロシアの利益が尊重され、完全な権利を持ったパートナーになれるのなら可能だ」[17]と言明した。プーチンは当時からNATOの東方拡大を批判していた。とはいえ、現在のように国家の安全を根本から揺るがす深刻な脅威とみなしていなかったのは、ロシア自身のNATO加盟も将来的にはあり得ると考えていたからかもしれない。

実際、このころのプーチンは西側首脳に対しても直接、ロシアが加盟する可能性について公言するようになる。

「今まで公の場で、一度も口にしたことのなかった話を初めて明かそう」[18]。再びウクライナ侵攻前の2022年2月21日。プーチンは国民向け演説のなかで、あたかも極秘情報を漏らすような口ぶりで、昔のエピソードを披露した。退任間近の米大統領クリントンがモスクワを訪れた2000年、プーチンがクリントンに直接、「ロシアがNATOに加盟しようとしたら、米国はどう対応するのか」と聞いたというのだ。会談の詳細は明らかにできないとしながらも、当時のクリントンの表情は「非常に慎重」だったという。さらにプーチンは、ロシアのNATO加盟問題に対する米国の対応は、その後に米国がロシアを友人や同盟国ではなく、敵とみなしたことで明らかだと指摘。事実上、クリントンに拒否されたことを示唆した。

クリントンはまさに、NATOの東方拡大を進めた当事者である。一部の東欧諸国がNATO加盟を強く望むなか、国内の選挙戦でのポーランド系移民らの支持票を期待して推進したとされる。NATO拡大に強硬に反対するロシアとの間では1997年3月、交渉の天王山となったフィンランドのヘルシンキでの首脳会談で難交渉の末、ようやくエリツィンから合意を取りつけた。

クリントンの回想によれば、エリツィンはこの会談で、NATOの拡大は旧ワルシャワ条約機構の加盟国までに限定し、旧ソ連のバルト3国やウクライナなどは除外するよう求めた。しかも「クローゼットのなかで」、つまり内密の約束にしてほしいと要請した。クリントンは当然ながら、エリツィンの要求を拒否。代わりに、新加盟国には軍隊やミサイルを当面配備しないこと、ロシアの主要８カ国（Ｇ８）入りや世界貿易機関（ＷＴＯ）への加盟を後押しすること[19]を提案し、エリツィンの同意を引き出したという。

１９９7年5月、ＮＡＴＯとロシアは「互いに敵視しない」「相互信頼と協力を目標にする」ことを前提に、常設の合同理事会を設立して欧州安保問題を協議するといった内容を盛り込んだ「ＮＡＴＯ・ロシア基本文書」に調印。これによりＮＡＴＯ東方拡大の第1弾となるチェコ、ハンガリー、ポーランドの加盟への動きがいよいよ本格化していった。

そのクリントンはロシアのＮＡＴＯ加盟をどう考えていたのか。

「我々は常に、ロシアにＮＡＴＯメンバーになるための門戸を開いていた。このことをエリツィンにも、彼の後継者のプーチンにも明確に伝えていた[20]」。エリツィンとは18回、プーチンとは首相時代も含めて5回も会談したというクリントンは、米アトランティック誌にこう書いている。ＮＡＴＯ加盟をロシアに提案したのは自分のほうだというわけだ。ＮＡＴＯの東方拡大を主導したことで、クリントンにはロシアによるウクライナ侵攻を招いた責任論が一部で浮上しているが、当人は「我々がロシアを無視し、軽視し、孤立させようとしたという考えは誤りだ」と強調している。

4 新千年紀

ストーン・インタビュー

オリバー・ストーンは、ベトナム戦争を題材にした劇映画「プラトーン」などで知られる米国の映画監督だ。社会派監督としても知られ、2016年には米国家安全保障局（NSA）の元職員で、米当局による個人情報の監視を暴露したエドワード・スノーデンの実話も映画化した。「スノーデン」の製作に相前後して、ストーンは2015年から17年にかけてロシアを4度訪問、プーチンへの直接インタビューを重ねた。インタビューは2017年、「ザ・プーチン・インタビューズ」と題するドキュメンタリー映画になった。本も出版された。

テーマは多岐にわたっているが、インタビューでは当然、NATOの東方拡大問題への言及もあった。ストーンが「ソ連との間でNATOの東方拡大を拒否するとの合意があったようだが……」と質問すると、プーチンは「そうだ」[21]と返答。東西ドイツの統一と、東欧からのソ連軍の撤退問題が決められたとき、米国の高官やマンフレート・ヴェルナーNATO事務総長らがこぞって、「NATOの東方の境界は現況の東独の東の国境を越えない」と語っていたと主張した。

ただ、プーチンは「これは文書の形で確認されなかった」と指摘。「ゴルバチョフ側の失敗だった」と振り返っている。「1インチ」発言を根拠にした米欧批判の限界を、自ら認めていたともいえる。

ちなみにプーチンはストーンのインタビューですでに、「一度も口にしたことがなかった」はずの、ロシアのNATO加盟問題に関するクリントンとのやりとりを明らかにしている。

それによると、クリントンが大統領として最後にモスクワを公式訪問し、米代表団と会談した際、プーチンは「半分は冗談、半分は本気」で、「もしかして、ロシア自身がNATO加盟を検討するというのはどうでしょうか？」と語った。クリントンは「どうしてダメですか。私は可能だと思いますよ」と答えた。

しかし、同行した米代表団の人々はこぞって、仰天するか、当惑の表情を浮かべたという。「米代表団は明らかに警戒していた」とプーチンは振り返っている。英ガーディアン紙によると当時、最も強硬に反対したのは米国務長官を務めていたマデレーン・オルブライトだったようだ[22]。オルブライトは東欧のチェコスロバキア出身。とりわけ、ロシアへの警戒心が強かったのだろう。

対外協力を担当

ストーン・インタビューで、プーチンがロシアのNATO加盟問題に関するクリントンとのやりとりを話したのは2015年7月。ロシアは前年の2014年にウクライナ領クリミア半島を強制併合し、米欧との関係はかなり冷え込んでいた。それにもかかわらずストーンには、米欧に接近しようとしていた昔を懐かしむように、当時のクリントンへの提案は「半分は冗談、半分は本気」だったと明かした。2000年当時のプーチンは、かなり本気でロシアのNATO加盟を考えていたのだろう。

もちろん、プーチンは当初から、ロシアがNATOに加盟すれば、米欧はロシアの意見を無視できなくなり、ロシアの手でNATOを内側から改革することも可能とみなしていたかもしれない。いずれにせよ、大統領就任当初のプーチンにとって、米欧が受け入れてくれるのであれば、ロシアのNATO加盟は決してあり得ない話ではなかったようだ。

プーチンは1952年、ソ連第二の都市レニングラード（現サンクトペテルブルク）で生まれた。かつて、ロシア皇帝のピョートル大帝が欧州との関係を強めようと建設した都市だ。中心部はいまだに、西欧と見まがうような街並みが広がる。

この地で育ち、「諜報員（スパイ）」に憧がれた少年はやがて、KGBに入局。対外防諜を担当する部局で働き、1985年には海外転勤が決まった。赴任先は東独のドレスデン。超一流のエリートが赴く米国や西欧ではなかったが、ソ連と違って「モノがたくさんあった。あそこで体重が12キロも増えた」[23]。ドレスデンでは、1989年11月のベルリンの壁崩壊を頂点とした東独の民主革命の嵐も、間近で体験した。

1990年1月にソ連に帰国後、プーチンはKGBに籍を残しながら、母校のレニングラード大学（現サンクトペテルブルク大学）で学長の国際担当補佐官として働いた。生活苦から「白タク」で臨時収入を稼いだこともあったという。だが、ほどなく、改革派の大物政治家の一人だったレニングラード市ソビエト議長（後に市長）のアナトリー・サプチャクの下で働くようになり、最後は第一副市長まで務めた。主に担当したのは国際関係や対外経済協力で、米コカ・コーラなど海外大手企業の現地進出誘致なども担当した。

プーチンは大統領代行だった2000年3月、英BBCのインタビューで、「米国には短期出張で2回行った。英国には、サプチャクとともに外務省の招待で2度行ったことがある」[24]と述べている。このころ、一般人と比べて外国と接する機会が格段に多かったプーチンが、好き嫌いは別にして、米欧と協力する必要性を痛切に感じていたことは疑いない。

最高権力者に

当時のプーチンをめぐっては、海外との取引で私腹をこやしたり、地元マフィアと交流を深めたりしていたといった黒い噂も出ているが、サプチャクの信認は厚かった。そのサプチャクは1996年の市長選で敗退した。プーチンも一緒に第一副市長の職を辞し、今度は同じサンクトペテルブルク出身のアナトリー・チュバイスが長官に就任したばかりだったモスクワのロシア大統領府で働き始めた。総務局次長からスタートし、大統領府副長官、第一副長官と昇進を重ねた。

サプチャクの葬儀（筆者撮影）

さらに1998年7月には、旧KGBの国内部門である連邦保安局（FSB）長官に就任。翌99年8月には、大統領後継含みで首相に抜擢された。そして同年12月31日、21世紀という新たな世紀を迎える直前に、病気がちだった大統領エリツィンが突然、辞任を発表。プーチンがついに大統領代行となり、極めて短期間でロシアの最高権力者の地位に上り詰めた。

プーチンは2000年3月の大

統領選で当選し、同年5月に正式に大統領に就任した。まさに「新千年紀（ミレニアム）」の到来とともに、超長期統治の端緒となる自らの政権を実質的に始動させたわけだ。47歳だった。

5 西側志向

覚悟を決める

エリツィンの手記によると、任期終了前に辞任する考えを、自身の後継者に選んだプーチンに伝えたのは、半月前の1999年12月14日だった。[25]

「私は準備ができていません」

尻込みするプーチンに、エリツィンは自らの政治人生の話をした。別の人生を歩みたくても、選択しなければならないときがあると語り、「今度はあなたが選択しなければならない」と諭した。

プーチンはそれでも「ともに働きたいです」「大統領任期をまっとうしてお辞めになったらどうですか？」などと語り、大統領を説得しようとした。エリツィンはしばし黙り込んだ。そして再び、聞いた。

「それでどうなんだ？　あなたはまだ返答していない」

「了承しました」

プーチンは結局、政権を引き継ぐことに賛同した。ただエリツィンは、この日のプーチンとの会談ではいつ辞めるかを伝えなかった。それから約2週間後の12月29日午前9時。エリツィンはクレムリン（大統領府）の執務室にプーチンを呼んだ。2日後の12月31日に大統領を辞任すると伝えた。そのときのプーチンはすでに覚悟を決めたようで、「まったく別人になったような印象を受けた」と、エリツィンは手記に記している。

プーチンはエリツィン辞任表明の前日に当たる１９９９年12月30日、ロシアの「独立新聞（ネザビシマヤ・ガゼタ）」に「千年のはざまに立つロシア」と題する論文[26]を発表した。論文はロシアが抱える問題を分析し、「偉大な国家」であり続けるために取り組むべき課題を列挙した。政権移譲をめぐるエリツィンとのやりとりや、発表のタイミングからみて分かるように、この論文は事実上、翌年３月の大統領選に向けた国民向けの政権公約だった。

外資が不可欠

今のロシアは、現代世界の高い水準の経済・社会発展を実現している国ではない――。論文「千年のはざまに立つロシア」でプーチンがまず言及したのは、ロシアの厳しい現状だった。「祖国は非常に厳しい経済・社会問題に直面している」と指摘し、次のような数字を列挙した。

・１９９０年代にロシアのＧＤＰの規模はおよそ２分の１に縮小した
・ＧＤＰの総額は米国の10分の1、中国の５分の１に落ち込んだ
・（アジア通貨危機に端を発する）１９９８年の危機後、ロシアの１人当たりＧＤＰは３５００ドル前後に落ち込んだ。これはＧ７の平均値の５分の１にすぎない

プーチンはさらに、エネルギーなど天然資源に依存した経済構造、労働生産性の低さなども指摘。「ロシアはこれまで約4分の3世紀にわたって、共産主義ドクトリンの実現を旗頭に暮らしてきた」とし、極度にイデオロギー化された経済アプローチの弊害が、先進国に比べて後れを取る原因になっ

たと分析した。ロシアの復活と繁栄に向け、市場改革や民主主義改革の必要性も訴えた。

もちろん論文は、「大国主義」を掲げる将来のプーチンの路線を予見させるように、「ロシアは過去も未来も偉大な国家であり続ける」「ロシアには強力な国家権力が必要だ」といった主張も随所に見受けられる。ただし、強力な国家権力は独裁や全体主義的なシステムを招くようなものではないと言明。「民主主義的なシステム」だけが永続すると記している。

さらに、国内の経済刷新に向けては、「外国資本がないと、我が国が成長するのに長い時間と労力がかかる」として、投資環境を整備し、外国投資を積極的に呼び込む必要があると強調している。「我々にはゆっくりと復興する時間的余裕はない。したがって、外国資本が我が国にやってくるように、あらゆることをしなければならない」というわけだ。経済的要因が強いとはいえ、「千年」論文からは当時のプーチンがいかに外国、とりわけ米欧など西側先進国との関係改善を望んでいたかがうかがえる。

ブレアとの仲

実際、大統領代行となったプーチンは2000年に入ると、西側との関係改善に積極的に努めるようになった。米国務長官のオルブライトをはじめ、モスクワを訪問した英国、ドイツ、フランス、イタリアの外相と相次ぎ会談し、貿易投資の促進や関係強化を訴えた。同じく訪ロした国連事務総長のコフィ・アナン、世界銀行総裁のジェームズ・ウォルフェンソン、NATO事務総長のジョージ・ロバートソンらとも会談した。

そんなか、プーチンは2000年3月11日、大統領代行になってから初めて、西側の首脳をロシ

プーチンは大統領代行時代、同世代の英首相ブレアととくに親交を深めた（筆者撮影）

アに招いた。英首相のトニー・ブレアだった。当時、プーチンとブレアはともに40代と若く、エネルギッシュで、大学では法律を学ぶなど共通点が多かった。

よほど親しい関係を築きたかったのだろう。プーチンはブレアに最大限のもてなしをした。会談場所に選んだのはクレムリンがあるモスクワではなく、自分の故郷のサンクトペテルブルク。まずは市内の由緒あるホテルで会談し、その後、帝政ロシア時代の皇帝の宮殿や広大な庭園がある郊外のペテルゴフに移って、話し合いを続けた。

再びサンクトペテルブルクに戻ると、両首脳は夫人とともにエルミタージュ美術館を訪れた。さらに夕方からはマリインスキー劇場でオペラ鑑賞。演目はトルストイの長編小説を題材にした「戦争と平和」で、ロシアの著名な映画監督アンドレイ・コンチャロフスキーが監督した。この日が初演だった。

プーチンはオペラ鑑賞に先立つ共同記者会見で、「会談は大きな意義があった」と強調。そのうえで、「これから観る作品はロンドンのコベントガーデンでも上演される予定だ。（ブレア）首相は英国人で初めて、このオペラを鑑賞することになる。きっと英国のすべての人々に、この作品を観に行くように言ってくれるでしょう」と冗談を飛ばした[27]。

ブレアは帰国後、プーチンについて「彼がロシアを近代化したがっていることが分かった。個人レベルでは共通するものが多々ある[28]」と述べたという。かなりの好印象だったようだ。

プーチンは2週間後、3月26日に実施された大統領選で52・94％を得票し、当選した。当選後、プーチンが初の西側の外遊先として選んだ国も、英国だった。4月17日、ロンドンで会談した2人は、「トニー」「ウラジミル」とファーストネームで呼び合うようになった。ブレアはこう強調した。「必要なのはロシアの孤立化ではなく、積極的な対ロ関与だ[29]」

6　第二の故郷

無二の友人

英国訪問から2カ月後。プーチンは2000年6月15日と16日の2日間、「第二の故郷」ともいえるドイツを訪問した。首相のゲアハルト・シュレーダーとは夕食会も含めて3度にわたって会談した。会談後に両首脳は夫人とともに、1989年11月のベルリンの壁崩壊で歴史的舞台となったブランデンブルク門の周辺を散策した。

プーチンはこの訪独中、大統領のヨハネス・ラウ、前首相のヘルムート・コール、そして後に首相となるキリスト教民主同盟党首のアンゲラ・メルケルといった政界要人にも会った。さらに、シーメンス、ルールガス（後のエーオン・ルールガス）などドイツ大手企業のトップとも会談した。

一連の会合では欧州安保、チェチェン紛争などロシア国内の情勢も議題になったが、プーチンがとくに重視したのはやはり、独ロ間の経済協力だった。ドイツ政財界の要人との会合では「ドイツはロシアの最大の貿易パートナーであり、同時に最大の債権者、最大の投資家でもある。両国間の協力は多様な分野に及んでいるが、まだ、その可能性は十分に生かされていない[30]」と表明。さらなる対ロ投資の拡大を呼びかけた。

そして翌年の2001年。プーチンはシュレーダーの招待により、9月25日から27日までドイツを公式訪問した。一連の行事日程のなかで、25日にはドイツ連邦議会で演説する栄誉を得た。議会演説はおよそ25分間。プーチンは得意のドイツ語で話した。

「情報社会の発展に伴い、スターリン主義のような全体主義イデオロギーはもはや、自由と民主主義の思想に対抗できなくなりました[31]」

「ロシアは欧州の友好的な国です。1世紀に及ぶ軍事的な惨事に見舞われてきた我が国にとって、大陸の安定した平和が主要な目的なのです」

「今日、私たちははっきりと宣言しなければなりません。『冷戦』は終わったのです！　我々は新たな発展の段階にいるのです」

「今日、私たちは2国間関係の新たなページを開き、欧州共通の家の構築へともに貢献していくと確信します」

議場ではプーチンへの熱烈な拍手が続いた。

シュレーダーはプーチンを「完璧な民主主義者」と前向きに評するようになる。そして、プーチンの無二の「西側の友人」となる。

G7からG8へ

欧州との関係もさることながら、プーチンが頭を悩ましたのは、東西冷戦の終結後に「唯一の超大国」となった米国との関係だ。

前述したように、米大統領のクリントンはNATOの東方拡大を進め、反対するロシアを半ば強引に説得した。バルト3国を含めた旧ソ連圏には決して拡大しないとの確約を求めたエリツィンの要請も拒否した。

エリツィンは結局、1997年5月にNATO・ロシア基本文書に調印。東方拡大の第1弾として、ポーランドなど旧東欧3カ国の加盟交渉が本格化していった。ロシアは「基本文書」で設立を規定したNATOとの常設の合同理事会の場を通じて、拒否権はないものの、欧州安保やNATOの行動規範などにロシアの意見が相当程度、反映されると期待した。

一方のクリントンはNATO拡大容認の見返りとして、ロシアに提案した約束事を着実に履行した。主要7カ国首脳会議（G7サミット）については、1997年6月、自らが主宰した米デンバー・サミットに、開幕時から参加する「G8」の公式メンバーとしてエリツィンを迎えた。首脳宣言にはロシアのサミットに対する「より完全な関与」への決意を明記。翌98年の英バーミンガム・サミットから、ロシアは「G8」の正式メンバーとなった。

WTO加盟問題でも、デンバー・サミットの首脳宣言で「ロシアの加盟を支持する」と表明するなど、米国は積極的に後押しした。結果的に加盟交渉は実質18年の長期に及び、ようやく決着した。ロシアではプーチンが最終的に加盟議定書に署名。2012年8月、ロシアは156番目の加盟国としてＷＴＯに加盟した。

プリマコフのＵターン

こうした米国の懐柔策にもかかわらず、米ロ関係はエリツィン政権末期に一気に悪化する。主な要因はユーゴスラビア連邦のセルビア共和国コソボ自治州をめぐる紛争で、ＮＡＴＯ軍が１９９９年３月24日、国連安全保障理事会の決議なしに、ユーゴ空爆に踏み切ったことだ。コソボ自治州で独立をめざすアルバニア系住民と、ユーゴ連邦軍・治安部隊やセルビア人勢力の武力衝突が激化。米欧はアルバニア系住民に対する迫害や残虐行為が深刻化し、「人道的義務」から看過できないとして軍事介入した。

プリマコフはNATO軍のユーゴ空爆決定に反発して訪米を機中で中止した（筆者撮影）

空爆直前には、当時のロシア首相エフゲニー・プリマコフが米国に向かう専用機の機上で急遽訪米を中止し、帰国するという〝事件〟もあった。

プリマコフの手記によれば、モスクワを出発した専用機は、経由地アイルランドのシャノン空港に着陸。そこで駐米ロシア大使から「米国が武力行使する確率は98％」との緊急報告を電話で受けた。慌てて米副大統領アル・ゴアに電話をかけると、ユーゴ大統領スロボダン・ミロシェビッチと米特使の交渉結果がまだ分からないという。プリマコフは結果が分かったら連絡をくれるよう依頼し、引き続き米国に向かう決断をする。電話の最後に「シャノンでアイルランドのウイスキーを飲めるといいね」とゴアが冗談を飛ばすと、プリマコフは「私はロシアのウォッカのほうが好きだ」と答えた。[32]

6時間後。米国に飛行中の専用機に、ゴアから再び電話が入った。交渉は決裂し、米特使が現地を離れた。直ちに攻撃準備を前に進めるという。プリマコフは「大きな間違いだ」「武力攻撃はまったく肯定的な結果をもたらさない」と反論。「私は米国に行けないし、飛行機を米国内に着陸させることもできない」と通告した。

ロシアの抗議は、プリマコフの訪米中止だけではなかった。もともと、同じスラブ系のセルビア人勢力を支持するロシアは、ＮＡＴＯ軍の空爆を「侵略行為」だとして猛反発し、ＮＡＴＯとの軍事協力を凍結した。

偶然とはいえ、このユーゴ空爆の直前の１９９９年3月12日、チェコ、ハンガリー、ポーランドの3カ国が東方拡大の第1陣として、ＮＡＴＯに正式加盟した。ユーゴ空爆は同年6月に終わったものの、ロシアのＮＡＴＯや米国への不信は倍加していた。プーチンがエリツィンの突然の大統領辞任で、大統領代行としてロシアを率いることになったのは、まさに米ロ関係に暗雲が漂っている時期だった。

第2章 協調から敵対へ

1 バイデンの警告

礼節を欠く

「プーチン氏は人殺しだと思うか?」

「そう思う」[1]

2021年3月17日に放送された、米ABCテレビの「おはようアメリカ」。番組に出演した米大統領のバイデンは、司会者のきわどい質問に、ためらいもなく返答した。

「戦争犯罪人」「人殺しの独裁者」「根っからの悪党」――。バイデンはロシアがウクライナに軍事侵攻した2022年2月以降、プーチンへの罵詈雑言をたびたび、口にした。ロシア軍はウクライナの病院や学校、ショッピングセンターや一般住宅なども見境なく攻撃し、子どもも含めて多くのウクライナ市民が犠牲になった。超大国の大統領とはいえ、残虐で無慈悲な軍事作戦を命じた「悪者」のプーチンを罵りたい気持ちは理解できなくもない。

「人殺し」という表現も、ウクライナ侵攻後であれば、さほど違和感はなかっただろう。だが、「人殺し」発言が放送されたのは、ロシアがウクライナに侵攻する1年前。バイデンが大統領に就任して、まだ間もないころだった。

この日のインタビューの話題もウクライナではなく、2020年の米大統領選へのロシアの介入疑惑。ロシアが様々な情報戦を仕掛け、バイデンの対抗馬だった共和党候補のドナルド・トランプ前大統領が勝利するよう介入したというものだ。バイデンは、介入が確認されれば「プーチンは代償を支払うことになる」などと語った。「人殺し」発言はこうした文脈のなかで出てきた。プーチンのことを心底から毛嫌いしていたのかもしれないが、米大統領という立場を踏まえると、あまりに礼節を欠いた発言だった。内外メディアはこぞって、バイデンの〝失言〟を大々的に報じた。

そっちこそ

プーチンは即座に反応した。翌日の2021年3月18日、プーチンはロシアが併合したウクライナ領クリミア半島の社会活動家らとオンラインで会談し、参加者の質問に次々と答えていた。このなかで、参加者の一人が「バイデン発言」に対する見解を聞いたのだ。プーチン政権下のロシアではよくある話だが、大統領府がプロパガンダに利用するために、事前に設問を用意し、あたかも自分が考えたかのように、参加者に質問させたのが実態だろう。

ともあれ、プーチンはまずは、穏便で優等生的な答えをした。

「彼（バイデン）が言ったように、確かに、彼のことは個人的に知っている。何を彼に言えばよいのかな？　『お元気で』とでも言おうか。私は彼の健康を願っている。これは皮肉でも、冗談でもない」[2]

本番はそれからだった。

プーチンは「どの民族、どの国家の歴史にも非常に厳しく、劇的で、流血を伴う多くの出来事がある。だが、我々は他人、他国、他の民族を評価するとき、いつも鏡のように、自分たちを見てしまう」などと指摘。そして、こう語った。「子どものころ、中庭で言い争ったときに使ったフレーズを思い出す――馬鹿野郎呼ばわりするやつこそ、そう呼ばれている（そっちこそ）」。要は米国のほうこそ「人殺し」だと言いたかったわけだ。

プーチンはそれを裏づけようと、米国では先住民族に対するジェノサイドが行われ、非常に厳しく、大規模で憂鬱な奴隷制の時代が続いたと主張した。さらには、「米国は世界で核兵器を使った唯一の国だ。第2次世界大戦末期に、非核国である日本の広島、長崎に投下した」と強調。核兵器の使用には「まったく軍事的意味はなく、露骨な一般市民の殲滅《せんめつ》だった」などと語った。

プーチンは猜疑心が強く、執念深いといわれる。バイデンの「人殺し」発言にかなり怒ったプーチンが、いつか仕返しをしようと企んでいたとしても不思議ではない。後にウクライナ侵攻を決断する直接的要因ではなかったにせよ、プーチンを侵攻へと駆り立てた背景に、バイデン発言があった可能性は否定できない。

米国でバイデン政権が発足した2021年の年初は、わずかながら米ロ関係改善の機運があった。象徴的だったのが、両国間の新戦略兵器削減条約（新START）の延長合意だった。条約の期限切れが同年2月5日に迫っていたとはいえ、双方は5年間の延長で、すんなり決着した。ロシアはもともと延長に前向きだったが、トランプ前政権は中国の参加を求めるなど様々な条件をつけたため、延長交渉が難航していた。

ただ、ロシアによる米大統領選への介入疑惑や、米政府機関へのサイバー攻撃疑惑などがくすぶっており、米ロ関係は基本的に大きく冷え込んだままだった。それに追い打ちをかけたのが、バイデンの「人殺し」発言だったわけだ。ロシアは抗議の意思表示として、駐米大使を本国に呼び戻した。米国も駐ロ大使を帰国させた。ロシアは同年5月、米国が発動した一連の対ロ経済制裁への対抗措置と称して、米国を「非友好国」に指定した。

ジュネーブ会談

ロシアとの関係が悪化したままでは、最重要の対中国政策に集中できないと考えたのだろうか。バイデンはプーチンに、対面での首脳会談を提案。両首脳は6月16日、スイスのジュネーブで会い、双方が大使を職務に復帰させることでようやく合意した。

会談後の記者会見でプーチンは「会談は非常に建設的だった。自明なことだが、バイデン大統領は非常に経験豊富だ。我々は膝をつき合わせて、2時間近く話をした。こんな綿密な会談は、すべての指導者たちとするわけではない」[3]と語った。ウクライナ情勢については「南・東部の紛争はミンスク合意にもとづいて解決されるべきで、バイデン大統領も同意してくれたと思う」などと述べている。こうした発言からみる限り、プーチンはこの時点では、軍事侵攻の決断はまだしていなかったと考えられる。

ロシアは2021年の年初ごろから、ウクライナとの国境付近に軍部隊を集結させたり、撤収させたりしていた。ただ、ロシアの外交専門家の一人は「選択肢のひとつとして特別軍事作戦の検討が始まったのは、ジュネーブでの米ロ首脳会談後だ。その年の秋から冬にかけて具体的に想定されるようになった。米欧がロシアの欧州安保の新合意案を拒否した時点で、ロシア指導部は軍事的選択しかないと判断した」と分析している。

ともあれ、ウクライナ情勢が緊迫化するにつれ、米国のバイデン政権は極秘のインテリジェンス情報を積極的に開示して、ロシアを牽制するようになった。

とくに侵攻直前の２０２２年2月18日、バイデンは「ロシア軍が数日以内にウクライナを攻撃し、ウクライナの首都キーウを標的にすると信じる理由がある」[4]と言明。ロシアに土壇場まで「外交的な選択」をするよう迫った。これに先立つ2月12日、バイデンはプーチンと直接、電話会談をして説得したが、事態の打開にはつながらなかった。米側が極秘情報をあえて開示し、公開の場でロシアを翻意させようとしたのは、首脳間の直接交渉がまったく機能しないほど、米ロ関係が極度に悪化していたからだともいえる。

2　ミレニアムサミット

1999年の危機

米ロ関係はなぜ、極度に悪化してしまったのだろうか。

時計の針を戻して、プーチンがエリツィンの突然の辞任で、大統領代行になった１９９９年末の情勢を振り返ってみよう。

前述したように、１９９９年3月、ＮＡＴＯの東方拡大の第1弾として、チェコ、ハンガリー、ポーランドの3カ国が正式に加盟した。その直後には、米国主体のＮＡＴＯ軍がユーゴスラビア連邦のセルビアのコソボ自治州の紛争に介入し、国連安保理の決議なしにユーゴ空爆に踏み切った。翌4月にはNATOが設立50周年を記念する首脳会議で「新戦略概念」を採択。国連安保理の決議抜きの域外紛争への軍事行動を実質的に正当化した。NATOの東方拡大とユーゴ空爆を主導した米国と、ロシアの関係は一気に冷え込んだ。

エリツィン政権下で策定され、2000年1月に大統領代行のプーチンが署名したロシアの「国家安全保障概念」。そこでは、米国が率いる西側陣営が国際規範に従わず、国際政治の重要問題を武力で一方的に解決しようとしていると指摘。「国際舞台で多極化世界のひとつの中心として影響力を強めようとするロシアに他国が対抗し、国民利益の実現を阻害し、欧州や中東、外コーカサス、中央アジア、アジア太平洋地域での立場を弱めようとしている」と記し、暗に米国を非難した。

そのうえで、ロシアの具体的な安全保障上の脅威として、NATOの東方拡大、ロシア国境付近に外国軍の軍事基地や兵員が配備される可能性、世界でロシアの政治、経済、軍事的な影響力が弱まる懸念などを挙げた[5]。

「NATO軍は平和なユーゴの街を攻撃した。それ以降、ロシアにとってウクライナがNATO拡大阻止のレッドラインになった。今日のウクライナ危機を招いた根本的な要因が生じたのは、ロシアがクリミア半島を併合した2014年でも、侵攻直前の2022年でもない。まさに1999年だった」と分析するロシアの安全保障の専門家もいるほどだ。

核軍縮でアピール

それでも大統領代行に就任した当初のプーチンは、何とか米国との関係を改善しようとしていた。

経済再生に不可欠な外資を呼び込み、投資環境を整備して国内産業を育成するためにも、米国との関係強化が欠かせないと判断したのかもしれない。2000年1月1日、米大統領のクリントンと短時間、電話会談したプーチンは「民主化は続けていく」と表明。米ロの関係改善にも意欲を示した。クリントンは翌2月、プーチンについて「この男とは一緒に仕事ができると思う」と語った。[6]

同年2月にはNATO事務総長のロバートソンがモスクワを訪問。NATOによるユーゴ空爆をきっかけに凍結されていた軍事交流を段階的に正常化することで合意した。一連の会談後に発表された共同声明は「対話の再開」を明記。ロシアとNATOが戦略的パートナーとして、安定した断絶のない欧州の建設をめざすことで一致した。双方がNATO・ロシア基本文書、NATO・ロシア理事会を通じた協力により、欧州安保の強化に貢献することも明記した。[7,8]

プーチンは同年3月、ロシア大統領選で勝利した。大統領の地位を確定させたプーチンは4月14日、議会下院に米ロの第2次戦略兵器削減条約（START2）を批准させた。同条約は両国が保有する戦略核弾頭を米側が約5割、ロシア側が約4割削減するものだった。米ロ両国は1993年に同条約に調印したが、エリツィン政権下ではロシア議会の反対が根強く、長らく批准手続きができなかった。

それから1週間後の4月21日、ロシア下院は、今度は核爆発を伴うあらゆる核実験を禁止する包括的核実験禁止条約（CTBT）を批准した。米クリントン政権はかねてロシアとの核軍縮協議、とりわけ第3次戦略兵器削減条約（START3）交渉に前向きだっただけに、それに呼応してプーチンが米国との関係改善を願い、一連の核軍備管理条約を批准させたようだ。

プーチンは5月7日、正式に大統領に就任、新政権を本格始動した。就任式典では「自由で強く豊かな国」をつくっていくと公約した。

ブッシュの当選

そして翌月。6月初めに米大統領のクリントンがモスクワを訪問した。会談で両首脳は、解体する核兵器の余剰プルトニウムを共同で廃棄することで合意。弾道ミサイルの発射情報を米ロが共有する「警戒センター」をモスクワ近郊に設置することでも一致した。「地球温暖化対策での協力」や「戦略的安定」に関する共同声明も含め、米ロは合計で4つの合意文書に署名した。START3の交渉開始は宣言できなかったが、信頼醸成へ一歩前進の会談となった。

会談後の共同記者会見で両首脳は互いの評価を聞かれ、プーチンは「クリントン大統領は非常に経験豊富な政治家だ。交渉していて、非常に気持ちが良く、愉快なパートナーだ」と表明。クリントンも「私の個人的な評価を明かせば、プーチン大統領は自由と多様性を最も重視した、強いロシアをつくる絶対的能力がある」と持ちあげた[9,10]。

2000年9月、プーチンは意気揚々と米ニューヨークに乗り込んだ。クリントンが事実上、主宰した国連ミレニアムサミットに出席するためだった。

だが、ロシアのジャーナリストのミハイル・ズィガリによれば、「最初からうまくいかなかった[11]」。各国首脳の国連演説で、プーチンに割り振られた順番は31番目。キプロスの大統領と交換してもらい、何とか5番目に演説することになった。だが、順番がきてプーチンが演壇に立とうとすると、クリントンが席を立って退場し、他国の多くの首脳も続いた。

「宇宙の軍拡を防ぐための国際会議を来春、モスクワで開きたい――」。プーチンが演説を終えたとき、議場の半分は空席だった。プーチンはクリントンを恨んだ。恐らく胸の内で、クリントンはどうせエリツィン時代の首脳だ、間もなく退任する、自分が本気で相手にするのは次の大統領だ、などと考えていたのではないだろうか。

米国では11月、通算8年の任期を満了するクリントンの後任を選ぶ大統領選が実施された。投票結果は大接戦となり、訴訟合戦の末、12月になってようやく、共和党のジョージ・W・ブッシュが民主党の副大統領ゴアを破って当選を決めた。かつて旧ソ連末期の１９８９年12月、ソ連共産党書記長だったゴルバチョフとともに、「東西冷戦の終結」を宣言した当時の米大統領ジョージ・H・W・ブッシュの息子だった。プーチンはブッシュとの間で本格的な関係改善を図ろうと、入念な準備を始めた。

３―米同時テロ

母の十字架

ブッシュが米大統領に就任して半年後の２００１年６月16日、初の首脳会談の機会がようやく訪れた。場所はスロベニアの首都リュブリャナだった。ズィガリによれば、プーチンは事前に、ブッシュの経歴や性格など詳細な資料を読み込んで研究した。若いころにアルコールに溺れ、40歳で酒を断った。そして熱烈に神を信仰するようになる。非常に信心深い人物だ[12]……。

リュブリャナでの首脳会談。プーチンは非公式な対談の冒頭で、自らの体験を話し始めた――。数年前、故郷のサンクトペテルブルク郊外の別荘に行った。そのときに別荘が全焼してしまった。幸いなことに、親族は誰もけがをしなかった。奇跡というべきか、焼け跡から唯一みつかったのは、母親がプレゼントしてくれたアルミニウム製の十字架だった。自分がサウナに入るときに、外して置いてあったものだった。それをみて、本当に奇跡というものがあると確信した――。

ブッシュはその話を聞いて、感激したという。[13]

プーチンの狙いは当たった。首脳会談後の共同記者会見で、ブッシュは後に何度も引用されることになるフレーズを口にしたのだ。

「私はこの人（プーチン）の瞳をみた。この人は実直で、我々が信じるに値する人物だ。彼とは非常に良い対話をした。彼の魂を感じることができた[14]」

いわゆる「瞳に魂をみた」とするブッシュのプーチン評はその後、米政界ですっかり有名になった。後にバイデンはバラク・オバマ政権の副大統領時代、「瞳をみたが、魂は感じられなかった」と発言。米共和党上院議員で保守派の重鎮だったジョン・マケインも「彼の瞳のなかに3つの文字がみえた。KとGとBだ」と語り、ともにプーチンを批判する材料に使った。

それはともかく、ブッシュはリュブリャナの記者会見で「この人（プーチン）は自分の祖国と家族を愛する率直で、実直な人だ。我々は多くの価値観を共有している。彼は素晴らしい指導者だ」と、プーチンへの賛辞を惜しまなかった。

ミサイル防衛

ブッシュとプーチンのリュブリャナでの初めての首脳会談が実現するまで、ブッシュ政権発足から半年の月日を要したのは、両国関係がかなりギクシャクしていたためだ。ブッシュは当初、プーチンの期待に反して、ロシアに高圧的で非常に厳しい態度をとっていた。

2001年2月には、米ロ関係を一段と冷え込ませる事件も起きた。米連邦捜査局（FBI）が同局のベテラン職員だったロバート・ハンセンを逮捕した。ハンセンの逮捕容疑は過去15年間にわたって、旧ソ連やロシアに機密情報を流し続けていたというものだった。

恐らく、ハンセンから聞き出した情報であぶりだしたのだろう。米政府は同年3月、米国内でのスパイ活動を理由に、ロシアへの報復の意味も込めて、約50人ものロシア外交官の国外退去を命じた。当時としては、冷戦時代にソ連を「悪の帝国」と呼んで毛嫌いしたロナルド・レーガン政権以来の、外交官の大量追放となった。さらにロシア国民が米国を経由して第三国に向かう場合でも、トランジット・ビザ（乗り換え用の一時滞在査証）の取得を義務づける厳格化措置も導入した。

そしてもうひとつ、ロシアをいらだたせる出来事があった。米大統領のブッシュは5月1日に国防大学で演説し、ミサイル防衛構想を推進すると明言したのだ。この演説でブッシュは、「今日、（かつて東西を隔てた）壁もソ連もなくなった。今のロシアは昔のソ連ではない。政府は共産主義政権ではないし、大統領も選挙で選ばれるようになった。ロシアはもはや、我々の敵ではない」[15]と表明した。

その一方で、「世界はなお危険で、より不確実で先行きが見通せなくなっている。より多くの国が核兵器を保有し、さらに多くの国々が核保有の野望を持っている。多くは化学・生物兵器を保有している。いくつかの国々は弾道ミサイル技術を開発しており、大量破壊兵器を長距離かつ想像もできない速さで運搬することが可能だ。しかも一部の国々は、こうした技術を世界に拡散している」などと指摘。こうした脅威に備えるため、ミサイル防衛網を構築していくと表明した。

さらに、ミサイル防衛構想を実現するためには「新たな枠組み」が必要だと主張。同構想を推進するうえで最大の障害要因となっている、「30年前」の弾道弾迎撃ミサイル（ＡＢＭ）制限条約を修正する必要性を強調したのだ。

真っ先の電話

ＡＢＭ制限条約は米国と旧ソ連の間で１９７2年に締結された。戦略弾道ミサイルを迎撃するミサイル・システムの開発を厳しく制限するとともに、同システムの配備は各国とも2カ所（その後、各国とも1カ所に変更）に限定した。互いに戦略弾道ミサイルの攻撃に対してほぼ無防備の態勢にすることで、核兵器の使用を抑制する狙いがあった。ただ、同条約を順守すれば、米国の推進するミサイル防衛網が構築できない。そこで、ブッシュが修正を求めたわけだ。

外交官の大量追放、そして米国によるミサイル防衛構想の推進とＡＢＭ制限条約の見直し――。ブッシュとプーチンによる初のリュブリャナ首脳会談は、実は重苦しい雰囲気のなかで開かれたことになる。ロシアにとって、とくにＡＢＭ制限条約は、ともに核超大国である米ロ間の核軍備管理条約の要石だった。やすやすと修正協議には応じられない。

結局、リュブリャナ会談は軍備管理面では、閣僚級の定期協議の実施などを打ち出した程度で、具体的成果に乏しかった。だが、半分は外交辞令のお世辞だったかもしれないが、ブッシュはプーチンの「瞳に魂をみた」と言った。多少なりともブッシュの信頼を勝ち得たという点で、プーチンにとって満足のいく首脳会談となったことは疑いない。

そのリュブリャナ会談から3カ月後、米国で世界を震え上がらせた大悲劇が起きる。

２００1年9月11日、ニューヨークのマンハッタンにある「ワールド・トレード・センター」で、超高層のツインタワー（ノースタワーとサウスタワー）に旅客機が相次ぎ、突っ込んでいった。炎に包まれた超高層ビルはほどなく、轟音と黒い煙を巻きちらし、崩れ落ちてしまった。

米国に対テロ協調を呼びかけたクレムリン（筆者撮影）

さらに同日、米バージニア州の米国防総省の本庁舎（ペンタゴン）にも飛行機が墜落した。ペンシルベニア州の草原にも民間機が1機、墜落した。国際テロ組織の「アルカイダ」が4機の旅客機をハイジャックし、凶悪な犯行に及んだ同時テロ事件だった。一連の事件で合計3000人近い人々が犠牲になった。

プーチンはすかさず、ブッシュに哀悼の意を表した電報を送った。そして電話を入れた。

「国際テロの脅威にともに立ち向かおう」

世界の首脳のなかで、ブッシュに真っ先に電話を入れたのがプーチンだった。

プーチンの半生のなかで、最も米国に近づいた瞬間だった。

4 対テロ協調

国際社会は団結を

プーチンは米同時テロ事件が起きた9月11日、米国民に語りかけるかのように、ロシア国内でテレビ演説をした。

「今日、米国は国際テロによる前例のない侵略行為に見舞われた。まず、被害に遭った方々、犠牲者のご家族の皆様に心から哀悼の意を表する。今日の米国の出来事は国境の枠を越えた。すべての人類、少なくとも文明化された全人類に対する恥知らずな挑戦だ。今日起きたことは、21世紀の疫病ともいえるテロとの戦いで、国際社会が力を結集すべきだというロシアの提案がどれだけ切実かを改めて浮き彫りにした。ロシアはテロとは何かを身をもって知っている。したがって、我々は米国人の心情を最もよく理解している。ロシアを代表して米国の人々に申し上げたい。我々は皆さんとともにいる。我々は皆さんの痛みを完全に分かち合い、痛みを感じている。我々は皆さんを支えていく」[16]

これに先立って事件直後、プーチンがブッシュに送った哀悼の意を表した電報も、「我々はあなたの悲しみと痛みがよく分かる。ロシア人もテロのおぞましさを体験したからだ」と指摘。「このような残忍な行為が罰を受けずに放置されるようではダメだ。国際社会は皆、テロとの戦いで団結する必要がある」と訴えていた。[17]

事件の翌日、ブッシュとプーチンが電話会談した。事件直後にプーチンがブッシュにかけた電話は、米大統領補佐官（国家安全保障問題担当）のコンドリーザ・ライスが代わりに受けて、大統領に伝えていた。

電話会談でブッシュは「ロシアは米国の悲劇に最初に反応し、米国民に真心から同情の言葉をかけてくれた」と感謝した。米ロ首脳はこの会談で、国際テロという共通の脅威に対し、国際社会が協調行動を強化する必要性を強調。米国で起きた同時テロ事件によって改めて、「米ロは互いにもっと接近する必要がある」[18]との認識で一致した。

総力戦

プーチンは当時、国内ではロシアからの独立を掲げたチェチェン共和国の武装勢力との戦闘を続けていた。ロシア政府軍はチェチェンの首都グロズヌイを中心に激しい空爆を加えるなど、独立派武装勢力の掃討に躍起となっていた。激しい武力行使や人権抑圧に対し、国際社会の一部から批判の声も出ていた。

プーチンは米同時テロと同様に、チェチェン独立派武装勢力の背後にアルカイダなど国際テロ組織の存在があると主張した。米国を筆頭に主要国と連携して国際テロ対策を進める姿勢を示すことで、チェチェン問題をめぐる国際社会の批判をかわそうという思惑もあったのだろう。とはいえ、国際テロとの戦いで協調することで、何より米国との関係を抜本的に改善していきたいと願っていたことは疑いない。

では、当の米国の動きはどうだったか。ブッシュは9月20日に議会演説し、米同時テロの実行犯は国際テロ組織「アルカイダ」だと断定。アフガニスタンのタリバン政権に対し、同国に潜伏しているウサマ・ビンラディンを含めたアルカイダのすべての指導者を即刻、米国に無条件で引き渡すよう求めた。

同時に、あらゆる手段を使って「テロ組織のネットワークを壊滅させる」[19]として総力戦を宣言。米軍に戦闘態勢の準備を指令したと言明し、報復に向けた軍事行動に踏み切る姿勢を前面に押し出した。アフガンを標的にした米軍の「対テロ戦争」が刻一刻と迫ってきていた。

ブッシュ演説に呼応するかのように、プーチンは9月24日、大統領声明を出した。

「裏庭」を開放

「ロシアはこれまで何度も、国際テロとの戦いで国際社会が力を結集すべきだと訴えてきた。ロシアの立場に変わりはない。我々は今、テロとの戦いに貢献する用意がある」[20]
プーチンはこの声明で、ブッシュが進めるアフガンでの対テロ軍事作戦に全面協力する姿勢を表明した。そして具体策として、次の5項目の対米支援策を掲げた。
①テロ組織の拠点、訓練施設などに関する情報提供
②人道援助物資を積んだ軍用機であれば、ロシア領空の通過を容認
③旧ソ連の中央アジア諸国による飛行場（軍事基地）の提供を排除しない
④必要なら、捜索・救助面の国際活動にロシアも参加する用意がある
⑤アフガンの反タリバン勢力「北部同盟」への軍事支援[21]
声明のなかでプーチンは「チェチェンでの出来事も、国際テロリズムとの戦いという文脈と切り離してみることはできない」と語った。ロシアが米国によるアフガンでの対テロ軍事作戦を支援する見返りに、米欧もロシア政府軍によるチェチェンでの軍事作戦に理解を示すよう求めたわけだ。

それはともかく、ロシアが中央アジア諸国による米軍への基地提供を認めたことは、米国にとって極めて大きな成果だった。アフガンでの軍事作戦を進めるに当たっては補給路の確保が不可欠で、中央アジア地域の領空通過はもちろん、同地域に米軍が利用できる基地を設け、米兵を駐留させる必要があった。米政府は中央アジア諸国と直接交渉していたものの、中央アジアはいずれも旧ソ連の構成共和国だった。旧ソ連の「盟主」で、中央アジアを自らの「裏庭」とみなすロシアの影響力はまだ絶大だった。中央アジア諸国はロシアの承認がないと、米国への基地提供に二の足を踏む恐れがあった。

ロシア国内では、強硬派の間で中央アジアの軍事基地を米軍に提供することに否定的な意見が根強かった。プーチンはそれをはねのけ、米国支援を優先させた。当時は、米国との対テロ協調が何より重要だった。

カザフスタンをはじめとする中央アジア諸国は米国への協力を約束し、ウズベキスタン、キルギス、タジキスタンは米軍に国内の軍事基地の利用を認めた。2001年10月7日、ブッシュはアフガンへの空爆や地上軍の派兵を命じた。米英軍など有志連合によるアフガンへの戦闘行動が始まった――。

米同時テロは結果的に、「米ロ関係の新たな段階を開いた。そして1945年以降で初めて、米ロに共通の敵がいること、国際テロリズムという危険な敵に打ち勝つために、米ロがパートナーとなり、連合していく必要性があることを認識させた[22]」。

5　薄れる信頼、募る不信

アフガンからイラクへ

プーチンは米軍主導のアフガンでの軍事作戦を全面的に後押しした。ただし、5項目の対米支援策を表明した9月24日の大統領声明には、米国の単独行動を牽制する一文も盛り込んでいた。「まず我々は、世界の安全保障を強固にすべく創設された国際機関の強化について、配慮していく必要がある。国際機関とはすなわち、国連と国連安全保障理事会のことである[23]」

米英を中心とした有志連合は結局、アフガンでの軍事作戦を明確に容認する国連安保理の決議なしに攻撃に踏み切った。ある意味でプーチンの懸念が現実のものとなったわけだ。ただ当時は、世界全体が米同時テロの惨劇に大きなショックを受けた。卑劣な犯行を実行した国際テロ組織「アルカイダ」の掃討は必須で、そのための武力行使はやむを得ないとの認識が圧倒的だった。

しかも国連安保理は同時テロの翌日の9月12日、「テロ攻撃を最も強い表現で明確に非難」する決議を採択した。同決議は「テロ活動によって引き起こされた国際の平和及び安全に対する脅威に対してあらゆる手段を用いて闘うことを決意」すると指摘。国連憲章に従って「個別的又は集団的自衛の固有の権利を認識[24]」すると明記していた。したがって、米英軍のアフガン攻撃は解釈の仕方によっては、国連安保理のお墨付きをあらかじめ得ていたとみなすこともできた。ロシアが攻撃を容認したのも、こうした背景があった。

だが、今度は話が違った。ブッシュはアフガンに続き2003年には、イラクを新たな攻撃の標的にしたのだ。理由は「イラクのサダム・フセイン政権は大量破壊兵器を保有している」「イラクは米同時テロを起こした国際テロ組織アルカイダとつながっている」というものだった。イラクは湾岸戦争の停戦協定で大量破壊兵器の廃棄に応じた。しかし、イラクは国連の査察に非協力的で、極秘裏に保有している大量破壊兵器が米国の直接的脅威になる、というのが米側の主張だった。

パウエルのウソ

米国はイラク攻撃のお墨付きを得ようと、国際社会への説得を試みた。２００３年2月5日、国連安保理の外相会合で、米国は「イラクの国連決議違反」に関する報告を実施した。演壇に立って報告したのは、誠実な人柄で知られた米国務長官のコリン・パウエルだった。

「命の危険を冒して入手した機密情報もある」。パウエルはまるで、劇場で一人芝居をする役者のように迫真の演技で、米情報機関が入手した機密情報だとする話を明かしていった。

大佐「これを書き留めろ」、大尉「はい」、大佐「取り除け」、大尉「了解」、大佐「神経ガスだ」、大尉「了解」、大佐「全部だぞ」……。数週間前に2人の司令官が盗聴を気にしながら無線で交わしていたという会話内容も明らかにした。

「イラクは自走式の研究施設をつくり、トレーラーに乗せた」「イラクはすでに炭疽菌《たんそきん》、ボツリヌス毒素、リシンを生物兵器化した。チフス、コレラ、天然痘などの微生物剤もつくった」「イラクのフセインは１９９０年代半ばにアフガンにいたビンラディンのところに部下を送り、書類偽造技術を教えた」[25,26]――。会場には大型のパネルが設置され、イラク幹部の盗聴内容や衛星写真などを映し出した。

だが、ロシアは納得しなかった。ロシアだけではない。ドイツやフランスなども、米国が明かした情報に懐疑的な見方を示した。ロシアは独仏、中国などと連携し、イラクへの軍事介入に反対する姿勢を鮮明にした。

米国は結局、国連安保理の承認を得ず、英国などと有志連合を組んだ。米英軍はフセインに国外退去を勧告したうえで2003年3月20日、イラクの首都バグダッドを空爆し、イラク戦争が始まった。フセインは同年12月、米軍によって拘束された。後にイラク国内の裁判で死刑判決が言い渡され、2006年12月に処刑された。

イラク国内からは結局、ブッシュ政権が「保有している」と主張していた大量破壊兵器は発見されなかった。かつて国連安保理での報告で、「保有の根拠」とされた米情報機関の極秘情報は偽りだった。当時の安保理で演説したパウエルは後に、「(人生の)汚点になるだろう」[27]と語ったという。

米国による国連安保理の決議のないイラク攻撃、そしてイラクの大量破壊兵器をめぐる偽情報の流布……。プーチンのブッシュへの信頼は次第に薄れ、対米不信が日に日に増幅されていった。

米国の一方的離脱

ロシアの政治学者グレブ・パブロフスキーの分析によれば、プーチンはブッシュを「慣習を打ち砕く強い指導者」で、大統領の理想的なモデルとみなし、うらやみ、尊敬し、同時に恐れていたという。[28]それが事実なら、米国が始めた対イラク戦争によって、プーチンが抱いてきたブッシュへの尊敬の念も大きく揺らいだことだろう。

もっとも、プーチンを失望させたのは、対イラク戦争だけではない。

ブッシュと首脳同士として初の顔合わせとなったリュブリャナ会談でも、すでに懸案となっていた米ロのABM制限条約の問題はそのひとつだった。

前述したように、米ブッシュ政権は「ならず者国家」やテロリストによるミサイル攻撃に備えるとして、ミサイル防衛構想の推進を掲げていた。だが、戦略弾道弾を迎撃するミサイル・システムの配備が厳しく制限されたままでは、実現不可能だった。米側はロシアに条約の修正や、米ロがともに条約から脱退する案などを提示。ロシアが受け入れなければ、米国は一方的に脱退する権利を行使すると脅しをかけた。だが、ロシア側は「ABM制限条約は米ロの核軍備管理条約の要石だ」などとして譲歩姿勢をみせなかった。

米政権は2001年12月13日、ABM制限条約からの一方的離脱をついに宣言した。その直前に国務長官のパウエルが訪ロし、12月10日にプーチンと会談。「米国は脱退せざるを得ない」と事前に伝えた。ブッシュは翌年1月の一般教書演説でイラン、イラク、北朝鮮の3カ国を「悪の枢軸」と名指しして非難するが、米側がミサイル防衛網の構築をめざすのはまさにこうした「ならず者国家」への対応であり、ロシアを決して標的にするものではないと訴えたようだ。

プーチンは12月13日、米政権によるABM制限条約の脱退宣言を受けて直ちに声明を発表した。まずは「この条約は確かに、双方いずれも特別な場合に離脱する権利を与えている。米指導部は何度もこのことを公言してきたし、今回の米側の（脱退宣言という）措置は我々にとっては意外ではない」[29]と指摘した。

そのうえでプーチンは、「しかし、我々は米国の決定が誤りだと考えている」と苦言を呈した。ただし、ロシアの国家安全保障への新たな脅威にはならないとし、「米ロの2国関係は現在の水準を維持するだけでなく、新たな戦略的相互関係の枠組みを迅速に構築していくべきだ」と訴えた。プーチンは当時、米国への不信感は募らせつつも、両国関係がいずれ修復不可能なほど冷え込むとは想像していなかったのかもしれない。

米国の脱退宣言から6カ月後、ABM制限条約は2002年6月13日に失効した。米国のミサイル防衛構想が米ロの深刻な火種になるのは、もう少し先のことだった。

6 ミュンヘンの逆襲

カラー革命

米国によるABM制限条約からの一方的脱退、米国が国連安保理の承認を得ずに開始した対イラク戦争……。プーチンが米国へのいらだちを募らせるなか、対米不信をさらに増幅させる出来事が続いた。

米軍がイラクの首都バグダッドを空爆し、イラク戦争が始まったのは2003年3月20日。その年の11月、旧ソ連の連邦構成共和国だったジョージアで、政変が起きたのだ。

ヨシフ・スターリンの祖国でもあるジョージアでは当時、旧ソ連のゴルバチョフ政権で外相を務めたシェワルナゼが大統領を務めていた。ただ、天然資源は乏しく、国を牽引するような産業も育たず、人々の暮らしは厳しいままだった。そんななか、11月2日に議会選挙が実施された。テレビ局が直後に報じた出口調査結果は反政権勢力が優勢だった。だが、中央選挙管理委員会が開票率50%の段階で公表した途中経過は、シェワルナゼを支持する勢力が優位に立っていた。反政権派や一般市民の間で不正選挙との見方が広がり、大規模な抗議行動や民主化を訴える運動に発展した。

反政権派らは新議会が開かれる予定だった議場も占拠した。シェワルナゼは11月23日に辞任を表明。ほぼ無血で政権を倒した民主化運動は「バラ革命」と呼ばれた。反政権運動を主導した元法相のミハイル・サーカシビリが翌年1月の大統領選で圧勝し、新大統領に就任した。サーカシビリは米国で留学・勤務経験もあり、自ら掲げる路線も「親米欧」だった。ロシアはシェワルナゼの辞任を仲介したものの、無血革命の背後に「米国の悪賢い陰謀」[30]を感じていた。

旧ソ連の民主化運動の嵐は翌年も続いた。今度はウクライナだった。２００４年11月21日、ウクライナ大統領選の決戦投票が実施された。前述したように、中央選管は24日、親ロシア派のヤヌコビッチが、親米欧派のユーシェンコを僅差で破ったと発表した。プーチンは選挙期間中に2度もキーウ入りし、ヤヌコビッチを応援するほどの熱の入れようだった。決戦投票が終わると、最終結果も出ないうちに真っ先にヤヌコビッチに連絡を入れ、勝利を祝福していた。[31]

だが、ユーシェンコ陣営は選挙の不正を訴えた。これに賛同する多くの市民らがオレンジの旗を掲げて街頭に繰り出し、大規模な民主化運動となった。「オレンジ革命」と呼ばれるゆえんだ。

米一極支配に反旗

ユーシェンコ陣営は最高裁判所にも選挙の無効を訴えた。政権は選挙のやり直しを余儀なくされた。12月26日に再選挙が実施され、今度はユーシェンコが勝利し、次の大統領となった。

ロシアは米国がユーシェンコを支持し、民主化運動を意図的にあおったと断じた。ユーシェンコの妻がウクライナから米国に亡命した家族の娘だったことから、米情報機関が妻を通じて、ユーシェンコ陣営にひそかに資金支援などを実施していたのではないかとの噂も流れた。

一方、ユーシェンコ陣営も12月の再選挙前、ユーシェンコが9月に食事会で猛毒のダイオキシンを盛られていたと明らかにした。一部では、ロシアの特殊機関が関与したとの臆測も浮上した。真相はいずれも不明なままだ。

ジョージア、ウクライナに続き、2005年春には旧ソ連の中央アジアのキルギスでも反政権運動が起き、大統領のアスカル・アカエフが辞任に追い込まれた。

旧ソ連圏では2004年3月、ウクライナのオレンジ革命に先立って、エストニア、ラトビア、リトアニアのバルト3国が、スロバキア、ブルガリア、スロベニア、ルーマニアとともにNATOに加盟した。プーチンにとって逆風は強まるばかりだった。このまま手をこまぬいていては、旧ソ連圏、さらには自分の祖国のロシアですら、米国の一極支配にのみ込まれかねないと危機感を募らせていたようだ。

そしてついに、プーチンの逆襲が始まった。

ドイツで毎年2月に開催されるミュンヘン安全保障会議。主に欧州の安保問題を討議しており、東西冷戦時代の1960年代から続く由緒ある国際会議だ。毎年、多くの国々の首脳や閣僚らが出席しており、プーチンは2007年2月10日、第43回の会合に参加した。そして、ドイツ首相のメルケルらが見守るなかで演説を始めた。

「もし私の話す内容が皆さんにとって、あまりに極論で、過激で、不正確であったとしても、腹を立てないでほしい。ここは、あくまでも会議の場なのです」[32,33]。プーチンは演説の冒頭で一言、断りを入れたうえで、鬱積していた西側、とりわけ米国への不満や怒りをぶちまけた。

「現代世界において一極支配のモデルは許容できないし、そもそも不可能だ」。東西冷戦の終結後、

図表1　NATOの東方拡大

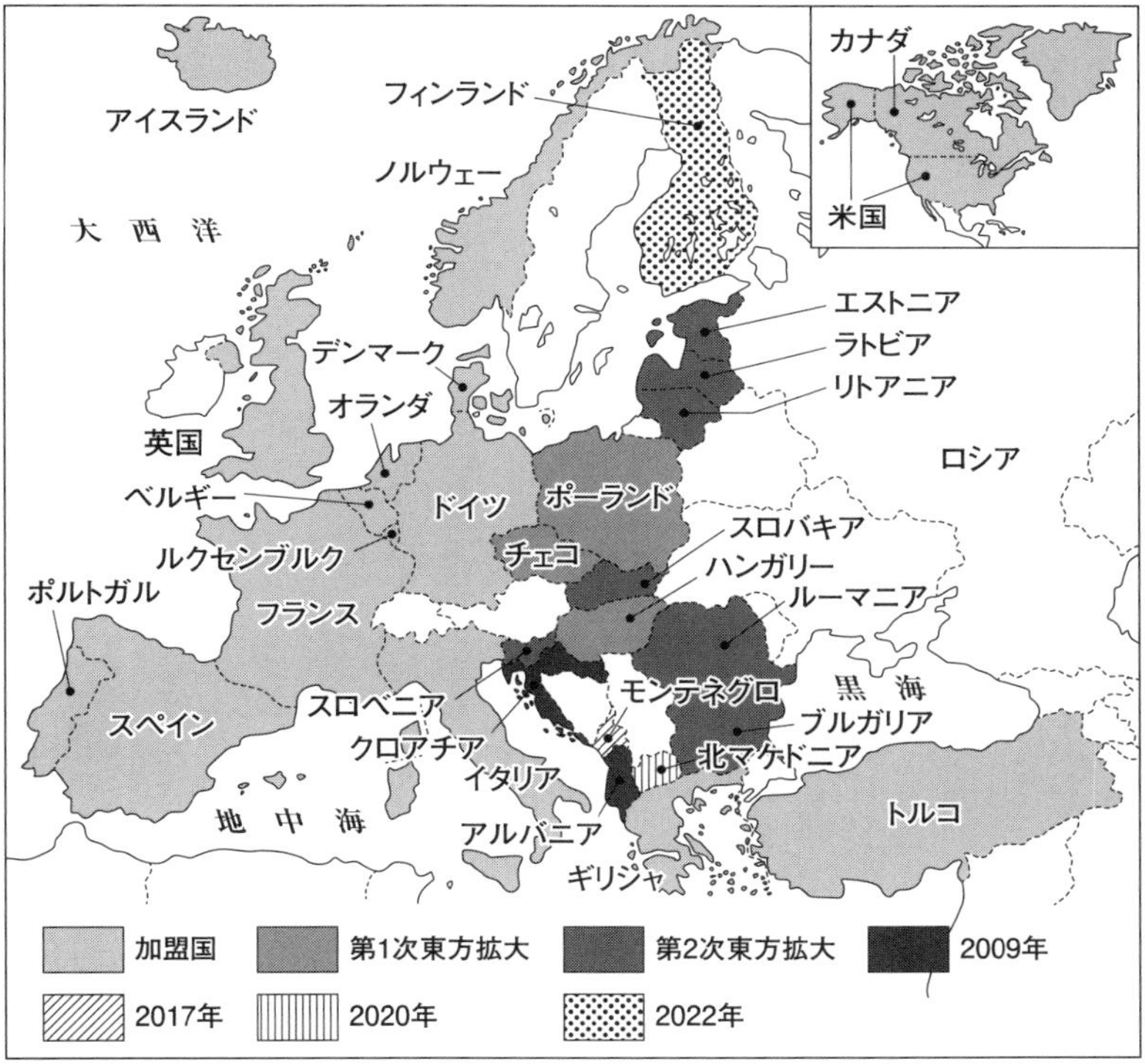

年	NATO 新規加盟国
1999	チェコ、ハンガリー、ポーランド
2004	エストニア、ラトビア、リトアニア、スロバキア、スロベニア、ブルガリア、ルーマニア
2009	アルバニア、クロアチア
2017	モンテネグロ
2020	北マケドニア
2023	フィンランド（スウェーデンが加盟申請中） NATOの加盟国は31カ国

世界の一極支配を進めてきた米国をやり玉に挙げたプーチンは「(米国の)一方的で、非合法的な行動は問題をひとつも解決しない。それどころか新たな人的悲劇や緊張の火種になっている」と痛烈に批判した。

コソボの独立

ミュンヘン演説でプーチンはさらに、今は国際問題で抑制がきかないほど武力、軍事力が頻繁に使われ、政治解決を不可能にしていると指摘。「国際法の基本原則がどんどん軽視されている」とし、代わって、とりわけ米国の規範が幅をきかせ、経済、政治、人道の各分野で他国に強要していると批判した。そのうえで「武力行使が正当化されるのは、国連の承認があった場合だけだ」と強調した。

プーチンは米国が検討を始めたミサイル防衛システムの一部を欧州に配備する計画にも触れ、「不安を抱かざるを得ない」と懸念を表明。たとえば、北朝鮮が西欧を通過させて米国領内にミサイルを落とすことはあり得ず、システム配備は不要と主張した。かねてロシアが懸念を表明してきたNATOの東方拡大については、NATO自身の近代化や欧州安保の確保と何の関わりもなく、「相互信頼を損なう深刻な挑発要因」と断じた。メルケルをはじめ、会議の参加者たちがプーチンの過激な発言に驚いたのはいうまでもない。一部の聴衆の間からは「第二の冷戦が宣言された」といった声も出たという。

もっとも米大統領のブッシュは、プーチンの警告に耳を傾けなかった。米政権は欧州でのミサイル防衛計画の一環として、ポーランドに迎撃ミサイル基地、チェコにレーダー施設を建設することを決め、計画の具体化に動き出した。相も変わらず、イランや北朝鮮など「ならず者国家」からのミサイル攻撃に対処するためで、ロシアと敵対するものではないというのが米側の説明だった。

プーチンは2007年6月、ドイツのハイリゲンダムで開いた主要8カ国首脳会議（G8サミット）の際にブッシュと会談し、ロシアが借りているアゼルバイジャンのレーダー基地を共同利用するよう提案した。だが後日、米側は拒否する。2001年の米国によるABM制限条約からの脱退宣言で芽生えたプーチンの対米不信は完全な嫌米、敵愾心へと変わった。

一方、米クリントン政権下で米ロ対立の火種になったバルカン半島情勢でも、大きな動きがあった。2008年2月、旧ユーゴのコソボ自治州が、セルビアからの独立を一方的に宣言したのだ。コソボは米国を中心とするNATO軍が1999年に「人道的義務」と称してユーゴ空爆に踏み切った後、実質的にはNATOが中心となった国連の暫定統治下に置かれていた。米国や欧州の主要国は直ちにコソボの国家独立を承認し、独立に反対したロシアとの溝は一段と深まっていった。

ミニ解説② —— メルケルとプーチン

ドイツ前首相のメルケルは現役時代、西側首脳のなかで最も長くプーチンとつきあった政治家だ。旧東独で育ったメルケルは弁論大会で優勝するほどロシア語に堪能で、プーチンは東独駐在経験もあってドイツ語を流暢に話す。電話会談を含めて、両首脳が接触する頻度は非常に高かった。

メルケルは1989年11月にベルリンの壁が崩壊したころ、物理学者として東独の東ベルリンの研究所で働いていた。壁が開放された日は仕事を終え、友人とともに、毎週恒例のサウナとビールを楽しんでいた。「西独はとても怖いところだと思っていた」が、結局はその日、群衆とともに西側に入り、祝杯を挙げた。後日、モノであふれる西独の商店街も見て回り、体制の差を実感した。メルケルが研究員の職を捨て、政界に身を転じるきっかけとなった[34]。

一方のプーチンも、ベルリンの壁が崩壊したころは東独にいた。1985年からKGBの工作員として、ドレスデンに駐在していた。壁の崩壊後、プーチンが専念した仕事は、資料の焼却だった。「膨大な量の資料を、暖炉が壊れるぐらい焼いた。昼も夜も焼いた[35]」。民主化の波に乗って、多くの群衆が抗議のため、東独の秘密警察シュタージの建物の周辺に集まってきていた。KGBの代表部はシュタージの建物のすぐそばにあり、いつ群衆の襲撃を受けるか分からなかったからだ。

自分たちのこれまでの仕事が無益になった虚無感と、東欧革命に何ら対処しなかったソ連への失望感……。プーチンは翌年の1990年1月に祖国に戻り、別の仕事を探した。やがて国内の民主改革派の大物で、地元レニングラード市のソビエト議長（市長に相当）だったサプチャクの下で働くようになり、将来の大統領への一歩を踏み出した。ベルリンの壁崩壊は、メルケルの人生も、プーチンの人生も大きく変えたことになる。

何かと共通点が多いものの、2人はメルケルの首相就任当初からそりが合わなかった。プーチンにとっては、メルケルの前任者で、親しい友人となったシュレーダーのほうが格段につきあいやすかった。ちなみにプーチンには「無二の友人」ともいえる親しい西側の人間がもう一人いた。イタリアの首相を務め、2023年6月に死去したシルビオ・ベルルスコーニだ。家族ぐるみで交流を深め、プーチンの娘たちもベルルスコーニのサルデーニャ島の別荘で休暇を楽しんだという。プーチンとベルルスコーニは、ロシアによる併合後のクリミア半島もともに訪れている。

それはともかく、プーチンは2007年、ロシア南部の保養地ソチで開いたメルケルとの会談に、真っ黒の巨大なラブラドール犬を連れて現れた。メルケルは大の犬嫌い。プーチンはそれを知っていた。意図的な嫌がらせだった[36]。

メルケルはそれでも、2014年にウクライナ東部紛争が起きると、その調停に奔走。2015年2月のミンスク合意を仲介した。ただし、プーチンについてはこんな言葉を漏らし、その独裁ぶりを非難したという。「彼は、私たちとは違った世界に生きている」[37]

第3章 大国主義と国家統制

1 成功体験

5日間戦争

2022年2月24日。ロシア軍にウクライナでの「特別軍事作戦」の開始を命じたプーチンは数日間、長くても1週間で戦闘を終了できると考えていた。侵攻当初、首都キーウを含めたウクライナのほぼ全域で総攻撃を仕掛けたのはそのためだった。

短期決戦を想定したのは、過去に〝成功体験〟があったからだ。2008年8月、同じ旧ソ連のジョージアとロシアとの間で戦火を交えた「グルジア戦争」である。

プーチンは当時、憲法で規定された連続2期までの大統領職を満了し、首相に就いていた。後任の大統領は同じサンクトペテルブルク出身の後輩で、プーチン政権下で第一副首相だったドミトリー・メドベージェフ。プーチンが後継候補に指名し、2008年3月の大統領選で当選して5月から新政権を始動していた。2頭立て馬車をもじって「タンデム（双頭）体制」と呼ばれたが、政権の実権を握っていたのは、引き続きプーチンだった。

グルジア戦争に話を戻そう。ソ連崩壊で独立国家となったジョージアには、ロシアとの国境地帯に南オセチア自治州、アブハジア自治共和国という親ロシア派住民が多数を占める地域があり、いずれもジョージアからの分離独立を掲げていた。これを支持するロシアは、「平和維持」を理由に両地域に軍部隊を駐留させていた。一方、２００３年の民主化運動「バラ革命」を経て翌２００４年から大統領を務めていたサーカシビリは、両地域を〝奪還〟すべく軍部隊を結集させた。そして２００８年8月7日、南オセチアに軍事進攻した。

ロシア軍はジョージア軍の動きを事前に察知し、攻撃への備えを整えていた。ジョージア側の攻撃が始まった翌日の8月8日、ロシアは軍事介入し、両国間の戦争となった。圧倒的な軍事力を誇るロシア軍はジョージア領内の深くまで進軍し、スターリンの故郷ゴリ、黒海に面した港町のポチなどを次々と占領。ジョージア軍は南オセチアやアブハジアからの撤退を余儀なくされた。戦争は5日間で終了し、ロシア軍が圧勝した。このため「5日間戦争」とも呼ばれている。

ブッシュの影響

開戦当時、ロシア大統領のメドベージェフは夏季休暇中だった。メドベージェフは後に、ロシア軍部に対してジョージア軍への攻撃を指示したのは「自分だ」と主張しているが、実際は首相のプーチンが命令したという見方が根強い。ロシアの民間世論調査会社レバダセンターの前所長、レフ・グトコフは「プーチンの国民人気を支えてきたのは軍事的アピールだ。２００８年8月に起きたグルジア戦争では、プーチンの支持率がピークに達した」[1]と回顧している。

ちなみにジョージアとロシアの戦争が本格的に始まった8月8日は、中国では初めてのオリンピックの祭典、北京夏季五輪が開幕した日だった。プーチンは開会式に出席していた。そして2022年2月4日、中国で今度は北京冬季五輪が開幕し、プーチンはまたもや開会式に出席した。ロシアがウクライナへの軍事侵攻を開始したのは、北京冬季五輪が閉幕した4日後だった。3月4日から13日まで開かれた北京パラリンピック冬季競技大会の期間中も、ロシアによるウクライナへの武力攻撃がやむことはなかった。

中ロ関係は表面上、しばしば「蜜月」と形容されるほど良好とされるが、ロシアは中国が国を挙げて注力した平和なスポーツの祭典を、2度も戦争で汚したことになる。単なる偶然なのか、あるいは運命のいたずらだったのだろうか。

グルジア戦争に話を戻そう。流暢な英語を話すジョージアのサーカシビリは、大統領就任当初から親米欧路線を掲げ、ロシアの影響力を極力排除しようとしていた。だが、漠然とした反ロ感情で南オセチア攻撃を決断したわけではない。これには明確な伏線があった。米大統領のブッシュの影響だ。

ブッシュは2008年4月1日、ウクライナの首都キーウを訪問した。親米欧派大統領のユーシェンコと会談し、旧ソ連のウクライナとジョージアのNATO加盟を「全面的に」[2]支持すると表明した。引き続きブッシュはルーマニアに向かい、首都ブカレストで開かれたNATO首脳会議に出席。ユーシェンコとの約束をさっそく、果たそうとした。ブッシュはウクライナとジョージアの加盟準備をより具体化するため、政治、防衛分野の改革を後押しする「加盟行動計画（MAP）」に両国を参加させるべきだと主張したのだ。

だが、欧州諸国は総じて難色を示した。とくに米国の提案に強硬に反対したのが、ドイツ首相のメルケルと、フランス大統領のニコラ・サルコジだった。独仏首脳は主要なエネルギー調達先でもあるロシアを過剰に刺激して、ロシアとの関係を極度に悪化させたくなかった。

一矢報いる

協議は紛糾した。独仏首脳は、ウクライナについては「国民の大多数がNATO加盟に反対している」と主張。ジョージアに関しては、同国からの分離独立を掲げる南オセチアやアブハジアで軍事衝突が起きたら、NATO加盟国は自国の兵士を現地に派遣する用意があるのか、などと米国にただしたという。[3] NATOの条約は加盟国への武力攻撃を全加盟国に対する攻撃とみなし、個別的ないし集団的自衛権を行使すると規定しているからだ。

結局、ウクライナとジョージアのMAPへの参加は見送られた。代わりに折衷策として、ウクライナとジョージアは「いずれNATOの加盟国になる」との文言をブカレスト宣言に盛り込み、時期は明記しないものの両国の加盟に前向きな姿勢を示すことで合意し、ようやく決着した。

ジョージアのサーカシビリはNATO加盟に向けた米国の支持を歓迎した。かつ、NATO首脳会議での独仏の主張などを踏まえ、早期の加盟実現に向けては、南オセチアやアブハジア問題の解決が欠かせないと判断したようだ。同年8月、南オセチアでの軍事作戦を決行したのはこうした背景があった。

プーチンは当然ながら、ブッシュがウクライナとジョージアのNATO加盟の具体化を後押ししたことに腹を立てた。米国の元国務副長官でブルッキングス研究所所長のストローブ・タルボットは、ブッシュ政権時代の米ロ関係について「米同時テロの後、プーチンはとても戦略的に立ち回り、米国の信頼を得た。だが、ブッシュはロシアとのABM制限条約から一方的に脱退し、関係は冷却化した。最後にやってきたのが、グルジア紛争（戦争）だった」と総括している。[4]

ロシアとジョージアの停戦合意は、EUの議長国だったフランス大統領のサルコジが仲介した。サルコジは仲介に当たり、ほぼロシアの主張を受け入れた。米国が主導したとはいえ、同年4月のNATO首脳会議でウクライナ、ジョージアの加盟に前向きな対応を示したことへの〝負い目〟もあったのだろう。実際、EUは9月1日に緊急首脳会議を開き、グルジア戦争への対応、とりわけロシア軍の過剰ともいえる激しい軍事行動について議論したが、対ロ制裁は発動しないことを決めた。

ロシアは停戦後間もなく、南オセチアとアブハジアの「国家独立」を承認した。プーチンはグルジア戦争の勝利により、ロシアを圧迫してきたブッシュの度重なる攻勢に対して、ようやく一矢を報いたと感じたことだろう。

2　ユーロマイダン

国家ではない

「ウクライナは、まったくもって国家ではない。領土の一部は東欧で、他のかなりの部分は我々が与えた土地だ。そんなウクライナがNATO陣営に入るとしたらどうなるか。クリミア半島と東部抜きで入ることになる。ウクライナはいとも簡単に分裂してしまう」[5]

あたかもロシアによるウクライナ軍事侵攻を正当化するような発言だが、そうではない。2008年4月、ブカレストでのNATO首脳会議の際に開かれたNATO・ロシア理事会の非公式会合で、プーチンがブッシュに向けて語った内容だという。ＮＡＴＯ首脳会議はロシアに配慮し、旧ソ連のウクライナとジョージアのＭＡＰ参加を見送った。それでも採択した宣言に両国が「いずれＮＡＴＯの加盟国になる」との文言を盛り込んだことから、プーチンの怒りは収まらなかったようだ。

一方でプーチンの脳裏には当時から、歪んだウクライナ観が巣くっていたことが、この発言を通じてうかがえる。将来のウクライナ侵攻の可能性を予告していたともいえる。ところが、この会議の参加者はほとんど、プーチンのウクライナ発言に注意を払わなかった。この時点で緊張が高まり、各国が注視していたのはウクライナではなく、４カ月後にロシアとの間で戦火を交えるジョージア情勢だったからだ。ウクライナが焦点になるのはまだ先だった。

ブカレストのＮＡＴＯ首脳会議から１カ月後、プーチンは２期通算８年の大統領任期を終えて首相に就任し、子飼いのメドベージェフが大統領になった。そして４年後。２人は互いのポストを交換し、プーチンは大統領選で当選して２０１２年５月、再び大統領の座に戻った。

１、２期目は経済の再生、国民生活の安定を政権の主要課題にしてきたプーチンだったが、３期目に掲げたのは大国主義、つまり「強い大国」「偉大なロシア」の復活だった。それを国民に誇示できる機会が近づいていた。自ら中心となって招致活動を進め、勝ち取った黒海沿岸の保養地ソチでの冬季五輪だ。開催期間は２０１４年２月７日から23日までだった。

だが、ソチ五輪の開幕が迫るにつれ、隣国ウクライナの情勢がどんどんと、きな臭くなってきていた。プーチンにとっては結果的に、２００８年のジョージアでの戦争に次ぐ〝成功体験〟のきっかけとなる政変が、ウクライナで近づいていた。

独立記念碑の下で

「午後10時30分、独立記念碑の下で会おう。暖かい服装で、傘とお茶、コーヒーを持って。気分良く、友達と一緒に。拡散を歓迎する！」[6]

キーウ在住のジャーナリスト、ムスタファ・ナイエムがフェイスブックに投稿した一言が、きっかけとなった。投稿時間は2013年11月21日午後9時2分。ナイエムが独立記念碑のあるキーウ中心部の独立広場に到着したとき、数十人が集まっていた。やがてウクライナ国旗やEUの旗を掲げた人々がどんどんと集まり、その数は1500~3000人に膨れ上がった。その後、数カ月にわたって同広場で連日、繰り広げられる親米欧・反政権の市民運動の始まりだった。

ウクライナは当時、かつての「オレンジ革命」で大統領の座を逃したヤヌコビッチが2010年の大統領選で当選し、政権を握っていた。東部のドネツク州出身で、親ロシア派ではあるものの、ロシアと欧州をてんびんにかけた政権運営を続けてきた。その一環として、EUとの間で包括的な関係を強める連合協定の締結を予定していた。

だが、それに横やりを入れたのがロシアだった。ウクライナがEUとの関係を深めれば、ロシアの勢力圏から離れてしまう恐れがあるからだ。プーチンはウクライナがEUとの連合協定の締結を見送れば、多額の経済支援をすると約束。ヤヌコビッチは土壇場でプーチンの提案を受け入れた。ナイエムがフェイスブックに投稿したのは、ウクライナ政府がEUとの連合協定の締結準備の停止を決定した直後だった。

デモや集会の参加者は、反政権派の政治家も含めて日を追うごとに膨らみ、数万人規模に達した。

マイダン革命当時の写真に見入る人々（キーウ中心部）（筆者撮影）

やがて一部がテントを張って籠城するようになり、独立広場は反政権派の市民らによって占拠された。一連の抗議行動は、欧州（ユーロ）への接近を望む市民らが、キーウ中心部の広場（マイダン）でヤヌコビッチ政権の路線に反対するデモや集会を開いたことから「ユーロマイダン（欧州広場）」と呼ばれた。

プーチンは2013年12月17日、ヤヌコビッチをモスクワに呼び、具体的な経済支援策を伝えた。使途制限のない150億ドルの金融支援をウクライナのユーロ債を買い入れる形で実施するとともに、ロシア産天然ガスのウクライナへの供給価格を従来の1000立方メートル当たり約400ドルから268・5ドルへと引き下げる、という内容だった。「マイダンの参加者たちはモスクワでの合意に歓喜しなかった。巨額のカネを単に与えるとは、誰も信じなかった。両大統領が合意した秘密の議定書があるのではないかと、誰もが疑った」[7]。プーチンがヤヌコビッチに対し、多額の経済支援の見返りに、マイダン参加者の排除をひそかに命じたとの見方が根強い。

ソチ五輪のさなかに

自らの思い通りに、ウクライナ問題が無事決着したとみたプーチンは２０１４年2月7日、誇らしげにソチ冬季五輪の開会式に臨んだ。同性愛宣伝規制法を制定するなど人権抑圧政策をとるプーチン政権に反発し、米大統領のオバマなど西側の主要国首脳は開会式への参加を見送った。それでも中国の習国家主席、日本の安倍晋三首相らが参加し、大会を盛り上げた。

冬季五輪の競技が始まった。ロシア選手団の活躍ぶりが目立った。前回の２０１０年、カナダのバンクーバー冬季五輪ではわずか3個だったロシアの金メダル獲得数は最終的に、国別でトップの13個に上った。総メダル獲得数も1位だった。ロシア国民はソチ五輪のテレビ放映にくぎ付けとなり、ロシア選手の活躍に熱狂した。愛国心や民族主義に火がつき、ソチ五輪をアレンジしたプーチン人気も上昇した。ロシアが獲得したメダルの多くが、国家主導の組織的、かつ長期間に及ぶドーピングの〝成果〟だったとは、当時はまだ知るよしもなかった。

それはともかく、ソチ五輪が閉幕に近づいたころ、隣国のウクライナの情勢が極度に緊迫化してきた。警察・治安部隊やベルクトと呼ばれた特殊部隊と、反政権派のデモ隊の間で一触即発の事態となってきたのだ。プーチンも五輪に熱中できなくなり、ヤヌコビッチと連日のように電話で協議を重ねた。そして2月18日、警察・治安部隊と反政権派のデモ隊が本格的に武力衝突し、発砲や乱闘によって死者が相次いだ。大規模な衝突は2月20日未明にピークを迎え、100人近い死者が出たとされる。同日から21日にかけ、独仏とポーランドの外相らが仲介し、ヤヌコビッチと反政権派の野党代表らが危機打開策を協議。大統領選の前倒し実施、大統領権限を大幅に縮小する憲法改正の履行などで折り合い、合意文書に署名した。だが、抗議活動を続けていた市民らは納得せず、暴徒化した一部のデモ参加者らが22日、大統領官邸や政府ビル、議会などを次々と占拠した。

プーチンはヤヌコビッチに、キーウにとどまって事態収拾に当たるよう必死に説得した。だが、自分の身の安全が何より大事だったヤヌコビッチは逃げ出した。政権に反旗を翻した市民らの抗議行動によって、ヤヌコビッチ政権はあえなく倒れた。10年前の「オレンジ革命」に続き、市民革命が成就した瞬間だった。市民運動は「マイダン革命」と名づけられた。

3　反撃の一手

大統領を助けよ

プーチンはロシアの特殊機関に、ヤヌコビッチの救出を命じた。2014年2月22日から23日にかけ、プーチンは関係閣僚とともにモスクワ郊外のノボ・オガリョボの大統領公邸に陣取り、夜を徹して救出作戦の様子を見守った。23日午前7時、作戦は無事終了した。大統領公邸にはまだ、4人の側近がプーチンと一緒に残っていた。セルゲイ・ショイグ国防相、ニコライ・パトルシェフ安全保障会議書記、アレクサンドル・ボルトニコフFSB長官、そしてセルゲイ・イワノフ大統領府長官だった。

プーチンは4人に対し、次のように命じた。

「ウクライナの状況がこうなった以上、我々はクリミア半島をロシア領に戻す作業を開始せざるを得なくなった。なぜなら我々は、民族主義者の迫害にさらされているこの領土と住民を見捨てることができないからだ」[8,9]

ロシアの国営テレビ局「ロシア1」は、ウクライナの争乱から約1年後の2015年3月、「クリミア――祖国への道」と題する長編のドキュメンタリー番組を放映した。番組のなかのインタビューで、プーチンが自ら明かしたのが、前述のエピソードだ。プーチンはクリミア併合前の2014年3月4日の記者会見で、クリミアのロシア編入は「検討していない」[10]と公言するなど、土壇場まで併合をためらっていたかのようなそぶりをみせていた。しかし実際は、国際社会を欺くための演技で、ウソだったことを自ら認めたことになる。

それはともかく、救世主、冷徹かつ明晰《めいせき》な頭脳の持ち主、ロシアを大国へと導く偉大な指導者……。「クリミア――祖国への道」はプーチン礼賛が主目的のプロパガンダ番組だったが、ロシア国内での視聴率は40%近くに上ったという。

同番組などによれば、ヤヌコビッチは2014年2月22日、地方での会議参加を名目にキーウを逃れた。東部のハリコフに向かい、さらにドネツクの空港から飛行機で国外脱出しようとしたが失敗。プーチンに助けを求めた。プーチンはヤヌコビッチが暗殺される恐れがあるとして、ロシアの特殊部隊に救出作戦を指示。部隊は国内で逃走中のヤヌコビッチを発見し、ロシア軍が駐留するクリミアに移送した。ヤヌコビッチの意向で数日間はクリミアに残り、その後、ロシアに迎えたという。

革命の歓喜の裏で

首都キーウではこの間、野党勢力が主導権を握る最高会議（国会）が2月22日に、ヤヌコビッチの大統領解任と、5月25日の大統領選実施の決議を採択。翌23日には、最高会議議長に就任したばかりのアレクサンドル・トゥルチノフを大統領代行に選出した。27日にはマイダン革命の立役者の一人、アルセニー・ヤツェニュクが新首相となり、親米欧の連立政権を始動させた。さらに5月の大統領選で、大手菓子グループを率い、「チョコレート王」の異名を持つ親米欧派のポロシェンコが当選。ウクライナは一気に脱ロシア、親米欧の路線へと急旋回していった。

もちろんプーチンにとって、ウクライナの政変は大きな痛手だった。多額の経済援助をエサにして、ようやくウクライナを自陣に引き寄せることができたと安堵した直後に、当の親ロシア派のヤヌコビッチ政権が倒れてしまった。怒ったプーチンはウクライナの政変を「憲法違反のクーデターであり、武力による権力奪取だ」[11]などと非難し、新政権の正当性にも疑問を呈した。その一方でプーチンは、ウクライナがマイダン革命の成就で歓喜の絶頂に達した瞬間に、「クリミア奪還」という強烈な反撃の一手を、ひそかに打ち始めていたわけだ。

キーウがまだ革命の余韻に浸っていた２０１４年2月下旬。ウクライナ南部のクリミア半島に、記章のない緑色の迷彩服を着て、覆面などで顔を隠した国籍不明の兵士たちが出現し、空港や軍施設、議会や政府庁舎などの周辺で警護を始めた。地元の自警団とされていたが、実際はプーチンがひそかに送り込んだ特殊部隊の兵士が大部分だった。

くだんの「クリミア――祖国への道」によれば、プーチンはクリミアに特殊部隊を送り込むとともに、地対艦ミサイル「バスチオン」も配備。米欧の妨害に備えて、核戦力を戦闘態勢に置く検討も進めていたという。[12]

ロシアはクリミアの防衛や主要施設の警護を固めたうえで、3月16日にクリミアでロシア編入の是非を問う住民投票を実施させた。ロシアの手先となったクリミア自治共和国政府は、住民投票の投票率が8割を超え、最終結果で96・77%がロシアへの編入を支持したと発表。これを受けて、プーチンが描いたシナリオ通りに、自治共和国政府はウクライナからの独立を宣言し、ロシアへの編入要請へと突き進んでいった。

フルシチョフの贈り物

ではなぜ、ウクライナ政変に対するプーチンの対抗策が「クリミア奪還」だったのか。第一の理由は、歴史的経緯だ。クリミアはソ連時代、もともとはロシアの領土だった。ところがスターリンの死後に最高指導者となったニキータ・フルシチョフは1954年、クリミアをロシア領からウクライナ領へと帰属替えした。「ロシア・ウクライナ併合300周年[13]」を記念した、ウクライナへの贈り物だったとされている。フルシチョフはウクライナ共産党第一書記を長らく務めていた。

ソ連時代は同じ「国内」だったが、ソ連崩壊で問題が顕在化した。それまでの歴史的経緯もあって、クリミアのロシア系住民の比率は約6割に上っていた。ロシアの一部政治家の間では、ソ連崩壊直後から「ウクライナへの移管は法的根拠がない」などとして、クリミアの「返還」を求める声が出ていた。プーチン自身も、クリミアをウクライナに移管するというフルシチョフの決断は「当時の憲法規範に明白に違反した決定だった。しかも秘密裏に仲間内で決められた[14]」と公言している。

マイダン革命後に大統領に当選したポロシェンコ（筆者撮影）

第二の理由が、ロシアの安全保障だ。クリミアは軍事的要衝でもあり、軍港セバストポリはロシア黒海艦隊の主要基地となっている。ソ連崩壊後はウクライナとの間で貸与契約を結んでいた。親米欧派のユーシェンコ政権下では貸与契約を2017年までとし、その後は契約を打ち切る方針が打ち出されていた。ロシアは親ロ派のヤヌコビッチ政権が発足すると、契約の見直しに動き、最終的に2042年までの貸与継続で合意した。プーチンはウクライナに親米欧派政権が発足すると、再び貸与契約の打ち切りを迫られる恐れがあると判断したようだ。そこで、クリミアの半島全体を奪取すれば、貸与問題も解決できると考えたのだろう。

4　聖なる半島

米国の関与

米大統領のオバマは2014年3月初め、プーチンと約1時間半にわたって電話会談した。武力行使など、ウクライナへの軍事的な関与を控えるよう要求した。同年6月にロシアが主宰してソチで開く予定だった、G8サミットへの参加を見送る構えも示し、プーチンに圧力をかけた。

しかし、プーチンが問題視したかったのは逆に、米国の〝内政干渉〟のほうだった。プーチンは2004年のオレンジ革命と同じく、ウクライナのマイダン革命にも米国が深く関与し、資金提供を含めて、ヤヌコビッチを追い出した反政権勢力を全面的に支援していたと確信していた。

〝証拠〟もあった。時期は2013年末とみられるが、当時は米国の国務次官補だったビクトリア・ヌーランドが駐ウクライナ米大使とともに、反政権派が占拠していたウクライナの首都キーウ中心部の独立広場を訪れ、クッキーを配っている姿が写真に撮られていた。

2014年2月には、ヌーランドと駐ウクライナ米大使とみられる2人の電話での会話の音声が、動画投稿サイト「ユーチューブ」で拡散する〝事件〟も起きた。2人は後にキーウ市長になるビタリ・クリチコ、ヤヌコビッチ政権崩壊後に首相に就任するヤツェニュクといった改革派政治家の評価や、ウクライナの新たな政権について話し合っていた。

会話ではヤツェニュクが高く評価されていた。さらに会話のなかには、ヌーランドとみられる女性がEUの対応が遅いと、「EUのくそったれ」と毒づく場面もあった。米国務省報道官はヌーランド

がＥＵに謝罪したとし、会話が本物と認めた。[15,16]

ロシアの特殊機関が２人の電話での会話を盗聴し、意図的に広めたとの見方が根強い。とはいえロシアにとっては、米国の関与を示す格好の〝証拠〟となった。さらに後日談になるが、米大統領のオバマ自身が、ウクライナ政変への米国の関与を事実上、認めるような発言をした。２０１５年２月、米ＣＮＮのインタビューで、ウクライナ危機を招いたロシアを批判するなかで、「我々がウクライナの政権移行を仲介した」と述べたのだ。[17]

当然ながら、ロシアはオバマ発言に飛びついた。ロシア外相のラブロフが「オバマ氏は政権移行という中立的な表現で、米国がウクライナ反政府勢力による政権転覆に当初から関与していたことを認めた」と指摘するなど、米国を批判する格好の宣伝材料に利用した。[18]

ロシアのこうした米国との確執が、クリミア併合に踏み切った第三の理由といえそうだ。プーチンの米国への反発と対抗意識が、併合へと駆り立てる一因になったのは確かだろう。

「ロシアの土地」

「クリミアには文字通り、我々共通の歴史と誇りがみなぎっている」[19]

プーチンは２０１４年3月18日、ついにウクライナ領クリミア半島のロシアへの併合を宣言した。国民への演説では、クリミアは古代ギリシャの植民都市ヘルソネソス（ケルソネソス）があった場所で、そこではキエフ公国をキリスト教（正教会）に改宗させた大公、聖ウラジミル１世が洗礼を受けたと指摘した。

さらにクリミアには、１７８３年にロシア帝国が併合した際に勇敢に戦った兵士たちの墓があり、黒海艦隊の主要基地であるセバストポリなどもあると列挙。クリミアは「ロシアの聖地であり、軍事的栄誉と前例のない勇敢さの象徴だ」と強調した。

クリミアをロシア領とする根拠についてはまず、2日前の16日にクリミアで実施された住民投票で「有権者の82%が投票し、96%以上がロシアとの再統合を支持した」ことを挙げた。同時に、ロシアで実施した直近の世論調査でも、ロシアはクリミアのロシア系住民と他の民族の利益を守るべきだとの意見が95%、クリミアを「ロシアの領土、ロシアの土地」だと確信している人々が86%に上ったと主張。したがって、「大多数のクリミアの住民と、圧倒的多数のロシア市民がクリミア共和国とセバストポリのロシアとの再統合を支持していることになる」と結論づけた。

プーチンはさらに「コソボ方式」も理由に挙げた。バルカン半島の旧ユーゴのコソボ自治州が2008年2月、セルビアからの独立を一方的に宣言し、米欧などが即座に承認した事例だ。西側は当時、「一方的な独立には、その国の中央政権の承認は一切必要ない」というルールを自らつくりだし、コソボのセルビアからの独立を「合法的」と認めたはずではないかと、プーチンは主張したのだ。クリミアの地元政府もまさに「コソボ方式」をよりどころに、ウクライナからの独立を宣言し、ロシアへの編入を求めたというわけだ。

西側はロシアがクリミアを侵略したというが、プーチンは「一度も銃が発射されず、一人の犠牲者も出ずに侵略したケースは歴史上、一度もないと思う」とも強弁した。流血を伴う紛争が続いたコソボ紛争よりも、ずっとましだという理屈だ。

プーチンはコソボ紛争に関して従来、米欧が国連安保理決議抜きで軍事介入し、セルビアの承認抜きで一方的に独立宣言したコソボを国家承認したことに対して、激しく非難していた。それなのにクリミア問題に関しては、自分たちは西側がつくったルールにもとづいて編入しているのだから、文句をいわれる筋合いはないと主張しているのに等しい。まさにご都合主義の発想だった。

西側との決別宣言

プーチンはクリミア編入を宣言した演説で、次のような話もしている。

「我々は1999年、ユーゴスラビアで起きたことを鮮明に記憶している。信じがたく、自分の目でみても信じられないことだが、20世紀の末にもなって、欧州の国の首都のひとつ、つまりベオグラードで何週間にもわたってミサイル攻撃があった。そしてその後、真の武力干渉が続いた」

米国を中心とするNATO軍が1999年、「人道的義務」と称してユーゴ空爆に踏み切ったことを批判したものだが、当のプーチンは21世紀にもなって、首都キーウを含めたウクライナへのミサイル攻撃や武力介入を命じた。プーチンは果たして、2014年の自分の発言を覚えているのだろうか。

プーチンのこのクリミア併合演説は、コソボ情勢に限らず、ロシアに関わる外交懸案を次々と列挙し、米国を中心とする西側の対応を激しく非難したのも特徴だった。具体的には、ウクライナへの政治介入、NATOの東方拡大、欧州でのミサイル防衛システムの構築などだ。さらには東西冷戦時代、西側諸国が導入した共産圏への高度技術の移転を抑制する貿易制限措置「対共産圏輸出統制委員会（COCOM）規制」まで持ち出し、「公式的には制限はなくなったが、実際は多くの禁止措置が依然として機能している」と批判した。

プーチンによれば、ロシアは「心底から西側の同僚たちと対話」しようと努力し、あらゆる分野での協力、信頼の強化を望んでいるのに、「我々は何度もだまされてきた」。そして「結局、18世紀、19

世紀、20世紀に実施されてきたロシア抑圧の悪名高き政策が今日も続いているのは明白だ」と結論づけている。

要は、クリミア併合演説は、就任当初こそ西側との融和をめざしたものの、最終的に裏切られたと感じたプーチンによる、西側との決別宣言だったのだろう。タガが外れたプーチンが国際規範を完全に無視し、ウクライナ侵攻へと向かう前兆だったといえるかもしれない。

5 メディア統制

高い支持率

ロシア国民の多くは当時、クリミアを併合したプーチンを西側に屈しない強い大統領、ソ連のような大国ロシアを復活させた偉大な指導者とみなした。西側は制裁措置の一環として、ロシアを「G8」の枠組みから除外した。だが、ロシアの政権にとっても、国民にとっても、「我々の土地」となったクリミアのほうが圧倒的に重要だった。

ロシアの民間世論調査会社レバダセンターの調査では、クリミア併合後のプーチンの支持率は一時89%[20]に達し、2008年のジョージアとの戦争時を抜いて過去最高を記録した。プーチンの大国主義路線は絶頂期を迎え、政権基盤はより盤石となった。

では、2022年2月のウクライナ軍事侵攻で、プーチン人気はどうなったか。同じくレバダセンターの世論調査によれば、一時は59%まで低下していた支持率はウクライナ侵攻後、80%前後にまで上昇した。ただ、多くのロシア国民にとって、「クリミアの奪還」という明白な〝成果〟があった2

図表２　プーチンの支持率

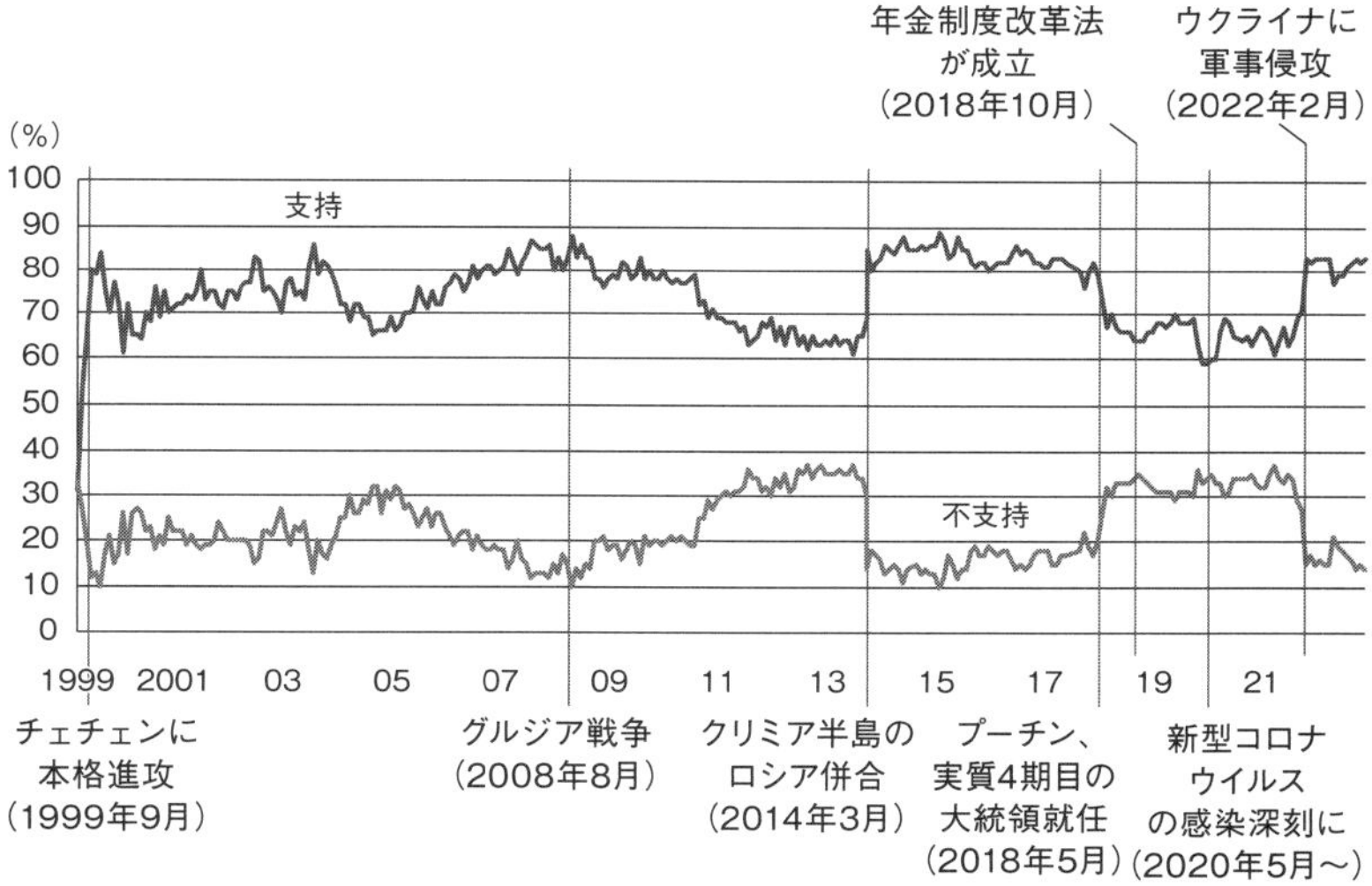

（出所）ロシアの民間世論調査会社レバダセンター

０１４年のクリミア併合時と比べ、２０２２年２月からのウクライナ侵攻はやはり大義名分が乏しい。

「ロシアの安全を脅かすウクライナのＮＡＴＯ加盟阻止」「迫害されているウクライナ東部のロシア系住民の保護」といった政権の説明に、国民の多くは一応、理解は示しているものの、クリミア併合のときとは違って、社会にはまったく高揚感がない。大統領の支持率が90％近くまで跳ね上がらないのはこうした理由からだろう。

国際社会では、子どもを含めた市民も巻き添えにする無差別のミサイル攻撃、住民に対する暴行や虐殺、病院や学校、各種インフラ施設の破壊など、ロシア軍によるウクライナでの残虐行為が連日のように報じられている。さすがにロシア国内でも、ウクライナ侵攻を命じたプーチンへの批判が根強いのではないかと思いがちだ。だが、そうした観点からみると、プーチン人気はむしろ底堅い。政権離れの動きも表面上、ほとんどみられないのが実情だ。なぜか。

やはり大きいのは、政権による情報統制と、反政権活動の徹底した抑え込みだろう。この2つの要素が、プーチン政権下でどのように進んできたかを振り返ってみよう。

クークリへの怒り

「エリツィンは中央集権化された政権と、政権によるマスメディアの独占を壊した。プーチンはそれぞれを復活させようとしている」

「大統領（プーチン）と、グシンスキーや私との対立がいつ起きたか？　大統領選が終わってすぐだ。彼は社会に向けたメッセージとして、自分の決断力なるものを一刻も早く誇示する必要があった。『我々は憎むべきオリガルヒと闘っているのだ』と。だが実際のところ、これはマスメディアをめぐる闘いだった。（プーチンは）可能な限り早急に、メディアを自らの管理下に置く必要があったのだ」[21]

これは、2013年に亡命先の英国で死亡（自殺とされるが、真相は不明）したロシアの政商ボリス・ベレゾフスキーの手記の一文だ。

新生ロシアではソ連崩壊直後、初代大統領のエリツィンが断行した急進経済改革の大混乱を巧みに利用して、ユダヤ系を中心にオリガルヒと呼ばれる大富豪が何人も誕生した。大富豪の一部は蓄えた資金を使ってメディア業界に進出した。

ベレゾフスキーはその一人で、国営主要テレビ局のロシア公共テレビ（ORT、現在の第1チャンネル）、日刊紙のコメルサント、ネザビシマヤ・ガゼタなどを次々と買収し、実質的な支配下に収めた。メディアを武器に、政権への影響力を強めるのがベレゾフスキーの主たる狙いだった。実際、ベレゾフスキーはエリツィン政権下で黒幕的存在となり、プーチンの大統領候補への抜擢も後押しした。

そしてもう一人、ロシアの「メディア王」と呼ばれた大富豪がいた。ウラジミル・グシンスキーだ。グシンスキーは国営テレビのスタッフなどを引き抜き、1993年に全国ネットの民間テレビ局「NTV（独立テレビ）」を創設。瞬く間に急成長し、ORT、国営ロシアテレビ（ロシア1）とともに、ロシアの3大ネットワークの一角を占めるようになった。

NTVは政権批判も厭わない自由闊達な論調を売り物にした。なかでも国民人気が高かったのが「クークリ（人形たち）」という政治風刺の人形劇の番組だった。エリツィンを筆頭に、実在の政治家など有名人の戯画化された等身大の人形が毎回、ドタバタを繰り広げていく。たとえばエリツィンなら酔っ払った姿を多用するなど、政治風刺で視聴者の笑いを誘った。プーチンが政治の表舞台に立つと、いかにもKGB出身者のようなイメージの人形が登場した。

政商ベレゾフスキー（筆者撮影）

プーチンが正式に大統領に就任し、1期目を始動させた4日後の2000年5月11日。黒覆面の特殊部隊が突然、グシンスキーのオフィスに家宅捜索に入った。

元「メディア王」のグシンスキー（筆者撮影）

「刑法違反」を理由にした最高検察庁とFSBによる強制捜査だった。その後、グシンスキーは詐欺容疑などで逮捕され、最終的に国外への脱出を余儀なくされた。NTVの経営権は国営の天然ガス最大手ガスプロムに移り、実質的に国家の管理下に置かれるようになった。

NTVが標的にされたのは、同局の報道姿勢がプーチンに批判的だったこともあるが、看板番組だった「クークリ」のせいだったという説も根強い。自分のパロディー人形がドイツの作家E・T・A・ホフマンの小説『ちびのツァヘス』を模した姿で登場し、ベレゾフスキーに育て上げられるという内容に、プーチンは「激怒した」という。[22] 国家の管理下で、「クークリ」はほどなく放映が中止された。

クルスクの恨み

2000年8月12日深夜、ノルウェーの地震研究所が爆発音と激しい揺れを観測した。そのころ、北極圏のバレンツ海での軍事演習に参加していたロシア海軍の原子力潜水艦「クルスク」が音信不通となった。翌13日早朝、クルスクが水深108メートルのバレンツ海の海底に沈んでいるのが発見された。搭載していた魚雷が爆発し、航行不能となっていたのだ。

　このとき、大統領に就任してまだ間もないプーチンは、ロシア南部の保養地ソチで夏季休暇中だった。13日朝、国防相のイーゴリ・セルゲーエフから事故の報告を受けたが、「こちらで対処できる」と言われ、そのまま休暇を続けた。

　だが、生存者の救出作業は難航した。英国などが支援を申し出たが、当初は機密保持を理由に固辞した。事故は海外の報道番組でも、大きく取り上げられた。世界の注目が集まるなか、ロシア当局はほとんど何もできずにいた。時間ばかりが過ぎていった。

「乗組員は危機的な状況にある」。プーチンは8月16日、救助作業の難航を認めたが、まだ休暇先のソチにいた。ようやくモスクワに戻り、陣頭指揮を執り始めたのは19日からだった。救出活動は結局、ノルウェーと英国に協力を求めた。21日に乗組員１１８人全員の死亡が確認された。後に潜水艦内から乗組員のメモが発見され、沈没後もしばらくの間、乗組員の一部が生存していたことが分かった。プーチンは22日、ようやく地元のムルマンスク州セベロモルスクに入り、乗組員の家族らと会った。

　潜水艦の沈没後、直ちに休暇を取りやめなかったことをはじめ、すべてが後手に回ったプーチンの対応には、国内でも非難の声が上がった。とくにプーチン批判の急先鋒となったのが、大手テレビ局ＯＲＴの報道番組だった。クルスクの事故後、プーチンはＯＲＴの大株主だったベレゾフスキーをクレムリンに呼び、ＯＲＴの報道姿勢を「卑劣だ」と非難した。そして、こんな捨てゼリフを吐いて、部屋から出て行ったという。「ＯＲＴは自分で運営したい」[23]。ベレゾフスキーはその後、政権の圧力にさらされて英国に亡命、保有していたＯＲＴ株はすべて手放した。ＯＲＴは最終的に国が掌握した。

　プーチンは結果的に、３大ネットのテレビ局をすべて政権の支配下に置くことに成功した。ただ、当初から強固な政権基盤づくりの一環としてメディア支配をめざしたというよりも、これまでみてきたように個人的な恨みが発端だったようにも思える。

ミニ解説③――プーチンのメディア活用法

プーチンは2000年の大統領就任当初からメディア規制を強め、国内の3大ネットのテレビ局を実質的な政権の支配下に置いた。新聞やネットメディアにも様々な圧力をかけ、政権に批判的なメディアをほとんど排除した。

ウクライナ戦争をめぐっても、ロシアの主要テレビ局は連日、政権のプロパガンダや「大本営発表」を報道。プーチン自身も「特別軍事作戦」の開始、ウクライナ南・東部の4州のロシアへの併合宣言といった節目には、自らの演説をテレビで放映させ、国民の理解と協力を求めている。広大なロシアでは高齢者や僻地などの地方在住者を中心に、テレビがほぼ唯一の情報入手媒体となっている人々がまだ多い。政権にとってテレビは、国民の支持をつなぎとめる重要な宣伝手段となっている。

実際、政府関連の会合、内外の要人や閣僚、地方首長、財界トップなど様々な人物との面談、海外や国内各地への遊説など、プーチンの日々の活動状況は連日のようにテレビの主要ニュースで報じられる。「プーチン」「クリミアの春」といったテレビ局製作のプロパガンダ映画、あるいは「モスクワ、クレムリン、プーチン」などの定例番組も放映され、政権の宣伝活動に利用されてきた。

さらにプーチンは、テレビを通じて国民に直接的・間接的に訴える機会を定期的に設けてきた。ウクライナ侵攻後は中止・延期されたものもあるが、年次教書演説、プーチン・ホットライン（国民との直通回線）、そして年末恒例だった大規模な記者会見がそれに当たる。

年次教書演説は上下両院の議員や政権幹部向け、ホットラインは国民向け、年末記者会見はメディア関係者向けと、それぞれ趣旨は異なるが、いずれも主要テレビが生放送するので、どれも国民にアピールする場となる。

たとえば２０２０年の憲法改正は、プーチンが19年末の記者会見でまず大統領任期の見直しに触れ、翌年1月の年次教書演説で直ちに憲法改正を提案して流れをつくった。２０２３年３月、ロシアによる米ロの新ＳＴＡＲＴの履行停止は、年次教書の演説で表明した。

とはいえ、ウクライナ侵攻前のプーチンが最も重視してきたのは、「ホットライン」だろう。プーチンがテレビ放送に生出演し、国民の様々な質問に答えていく番組だ。アパートの老朽化が深刻だ、近くの病院が閉鎖されて困っている、ゴミの山に苦しんでいる、道路の状態がひどい……。ビデオ中継や電話、インターネットなどを通じて寄せられる国民の苦情や注文、質問にプーチンが直接、答える。「もし金の魚を捕まえたら、どんな3つのお願いをしますか」。こんな子どもの質問にも、「奇跡に期待せず、何事も自分の力でなし遂げるべきだよ」といった調子で返答していく。

苦情や不平・不満に対しては、地元の行政トップらに改善を命じることが多いので、国民には人気の番組となってきた。開催は原則年１回で、毎回70～80の質問に回答する。放映時間は毎回4時間前後に及ぶ。ただし、質問者や質問内容はすべて事前に大統領府が決めているとされる。ロシアのあるメディアは、参加者が事前に集められリハーサルを実施したが、事前準備のことは親族にも話さないよう口止めされたと報じていた。[24]

2016年4月の「ホットライン」では、次のようなくだりがあった。

タチヤーナ「私たちは昨秋、色丹島の魚加工工場で働きましたが、給料を支払ってくれません。人材派遣業者がだましてあの島に連れて行っています。労働条件も生活も悲惨です。助けてください」

エレーナ「あそこは島で周りは海ばかりです。逃げ出せないし、お金もない」

プーチン「何ということだ。言葉もみつからない。それ（賃金の未払い）は昨年のことですか。あるいはもっと長期間にわたってですか……」[25,26]

プーチンはその場で連邦検事局などに対応を命じ、最果ての地の出来事にも、しっかりと目配りする姿勢を誇示した。後日、連邦検事局の副検事総長やサハリン州知事などがこぞって色丹島入りし、工場側に未払い賃金の支払いを約束させた。だが、なぜ色丹島だったのか。

当時、翌月の5月には日本首相の安倍が、クリミア併合問題で控えていた対ロ外交を再活性化すべく、ロシアのソチへの非公式訪問を予定していた。振り返ってみれば、北方領土の2島ですら日本に引き渡さないという、プーチン流の意思表示だったのかもしれない。

6 萎縮する社会

外国の代理人

「戦争反対。戦争をやめてください。プロパガンダを信じないでください。皆さんはだまされています。戦争に反対するロシア人より」

2022年3月14日夜。かつてベレゾフスキーが支配していた全国ネットのテレビ局「第1チャンネル」で事件が起きた。看板のニュース番組「ブレーミア（時間）」の生放送中に、一人の女性が「戦争反対」と記した手書きのメッセージを掲げて、スタジオに乱入したのだ。

女性は同局の社員、マリーナ・オフシャンニコワだった。父がウクライナ人、母がロシア人という。プーチンが2月に始めたウクライナ軍事侵攻を非難し、国内テレビが報じている情報は政権のプロパガンダだと訴えるのが狙いだった。オフシャンニコワは警察当局に一時拘束され、3万ルーブル（約3万円）の罰金刑を受けた。放送局を辞職し、反戦活動を続けた。裁判所の決定で自宅軟禁状態に置かれたが、すきをみて脱出。海外に逃れ、フランスに亡命した。

全国ネットのテレビ局で、オフシャンニコワに続いて反戦の声を上げた勇気ある人はほとんどいなかった。ニュース番組は相変わらず、ウクライナを非難し、ロシアの「特別軍事作戦」を正当化する官製報道を続けている。レバダセンターの世論調査では、2022年10月末時点で、全体の64％が「テレビ」を通じて内外のニュースを得ていた。最も信頼する情報源も、「テレビ」とする回答がトップで49％に上った。[27] ロシアではインターネットを使わない高齢者を中心に、戦時統制下での政権のプロパガンダをうのみにしている国民がかなり多いとみるべきだろう。3大ネットのテレビ局をすべて国の実質支配下に置いたことがここにきて、政権の安定に大きく寄与しているわけだ。

プーチン政権によるメディア規制は、テレビだけではない。様々な圧力をかけ、政権にとって不利な情報の流布を極力阻止しようとしている。典型例が2012年に施行された「外国のエージェント（代理人）」に関する法律だ。もともとは外国の資金援助を受けて政治活動に携わるNGOなどの団体を対象に、実質的に敵国のスパイとみなす「外国のエージェント」のレッテルを貼って規制や監視を強めるのが狙いだった。政権はその後、内外メディアや個人などにも適用範囲を広げ、本格的なメディア規制に利用してきた。

さらにウクライナ侵攻後は、軍に関する「偽情報」を拡散すると、最長で懲役15年を科す法律なども成立させた。プーチン政権によるメディア弾圧により、独立系テレビ局「ドーシチ（雨）」、民間ラジオ局「モスクワのこだま」、編集長のドミトリー・ムラトフがノーベル平和賞を受賞した独立系の新聞「ノーバヤ・ガゼタ（新しい新聞）」などが相次いで、ロシアでの活動停止に追い込まれた。米欧系のツイッター、インスタグラム、フェイスブックなどのSNS（交流サイト）も相次ぎ遮断された。

恥さらし

「ロシアがウクライナに対して始めた戦争は、恥さらしだ。恥をさらしているのは我々だ。だが残念なことに、その責任は子どもたち、まったくの若い世代、そしてまだ生まれていないロシアの人々が負わなければならない。我々は子どもたちが侵略国家に住んでほしくないし、自分たちの軍隊が隣の独立国家を襲ったと恥ずかしい思いをしてほしくない……。この戦争をやめるよう要求する」[28]

２０２２年2月、ロシアがウクライナ侵攻を開始した直後、ロシアの知識人たちが連名で、戦争停止を求める声明を出した。人気作家のボリス・アクーニン、ノーベル平和賞受賞者のジャーナリスト、ムラトフらが名を連ねた。

「戦争は誰にも必要ない！　プーチンを除いてだ！」。モスクワやサンクトペテルブルクなどの大都市では侵攻直後、多くの一般市民が街頭に出て、戦争反対のデモや集会を実施した。

だが、知識人や市民らの抗議行動は瞬く間に下火になった。プーチンが部分動員令を発令した同年9月にも抗議デモが再燃したが、それも長くは続かなかった。いずれも警察や治安当局がデモ参加者を根こそぎ拘束し、徹底的に鎮圧したためだ。独立系の人権団体「ＯＶＤインフォ」によると、２０２２年2月24日の侵攻開始以降、抗議デモに参加して拘束された人々は合計で2万人近くに上っている。[29]

ロシアでは無許可の集会やデモ参加者には厳罰が科せられる。逮捕され、留置所に送られると、場合によっては一生を棒に振ることにもなりかねない。２０２２年9月の部分動員令に反対するデモに参加し、拘束された一部の若者には、招集令状が渡されたという。国家による徹底した弾圧に対し、政権に批判的な多くの人々が、反戦デモへの参加を控えるようになった。

社会の閉塞感が強まるなか、一部の人々は海外脱出の道を選び、残った人々は軍事侵攻については、だんまりを決め込んでいるのが実情のようだ。プーチンの政権基盤がなかなか揺るがないゆえんでもある。もっとも、プーチンは政権発足当初から、反政権運動への厳しい弾圧や社会の国家統制を徹底していたわけではない。

一筋の涙

投票前から投票用紙が入っている投票箱、バスに乗って次々と投票所めぐりをする奇妙な一団、投票所のロッカーに隠されていた投票用紙の束[30]……。

2011年12月4日、ロシア全土で実施された連邦議会選挙（下院選挙、定数450）は、政権にとって冷や汗ものだった。投票直後から、選挙の不正や投票の水増しを暴いたとする映像がユーチューブに次々と投稿されたのだ。選挙を監視したOSCEは「多くの不正があった」と表明した。

当時、政権与党「統一ロシア」の党首を務めていたのは首相のプーチン。すでに大統領のメドベージェフと交代し、翌年3月の大統領選に再出馬すると表明済みだった。まずは前哨戦となる下院選で与党を大勝させ、大統領選に弾みをつけようというのがプーチンの思惑だった。ところが、結果は散々だった。統一ロシアの得票率は5割を下回り、選挙前に3分の2以上あった議席は過半数をわずかに上回る数まで減少した。そこに加わったのが、大がかりな選挙の不正疑惑だった。

「プーチンなきロシアを！」。下院選直後から野党勢力や一般市民が街頭に出て、首都モスクワを中心に大規模な反政権デモや集会を開くようになった。選挙の不正糾弾もさることながら、デモ参加者はプーチンの退陣を主たる要求に掲げた。全土の参加者が最大10万人を超えたとされる大規模な反政権デモは、翌年3月の大統領選まで散発的に続いた。

プーチンの実質統治下で、最も深刻な反政権活動が展開された時期だった。プーチンが大衆の抗議行動に、相当な危機感を抱いたことは疑いない。

2012年3月の大統領選では、プーチンが6割を超える得票率で当選を決めた。その日の晩、モ

図表3　ロシア歴代大統領、大統領選の得票率

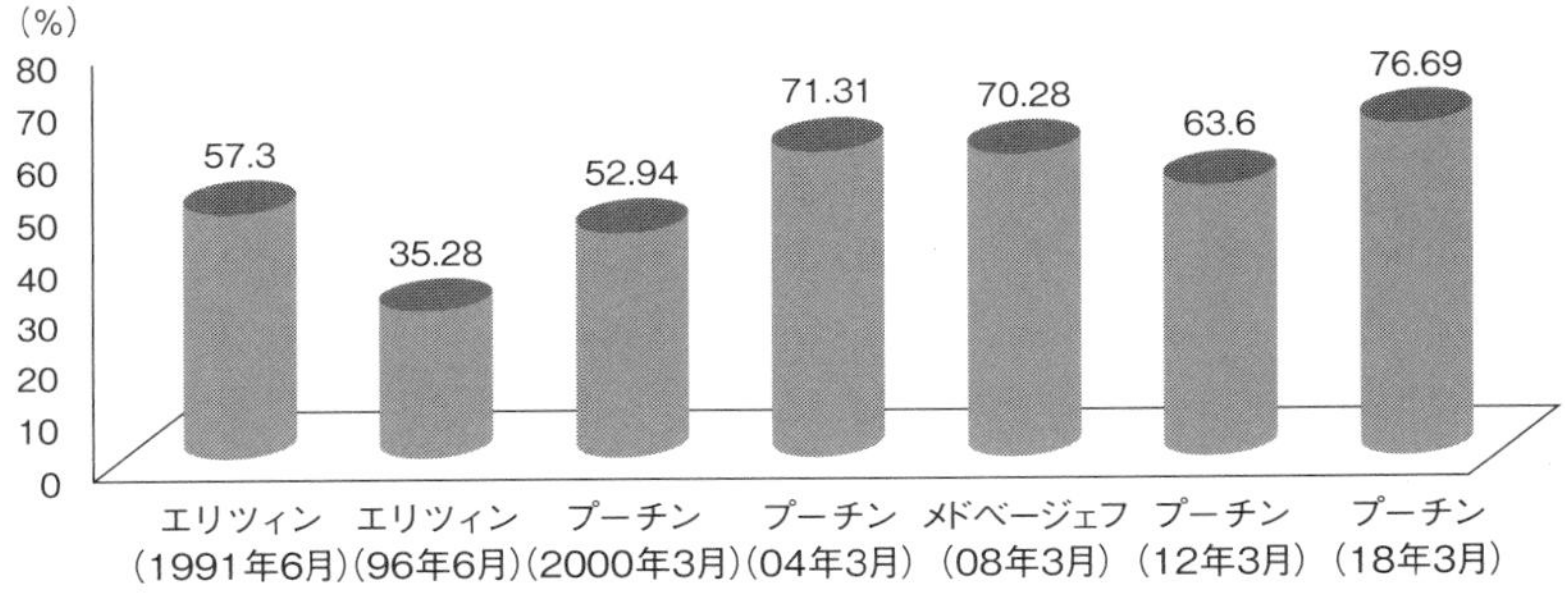

スクワ中心部の広場で開いた集会で、演壇に立ったプーチンは「我々は勝利した」と勝利宣言をした。プーチンの右目から、一筋の涙が頬を伝った。[31] 涙の意味は何だったのだろうか。

プーチンはさっそく同年6月、無許可のデモ参加者に法外な罰金を科すことなどを盛り込んだデモ規制強化法に署名。法規制以外の分野でも、野党勢力の選挙排除を徹底したり、反政権デモを主宰する野党指導者らの監視や拘束をより頻繁かつ執拗に実施したりして、反政権活動への弾圧を一気に強めていったのである。

第4章 強権統治と命の重さ

1 ブチャの惨劇

キーウの攻防

「拷問された後、後頭部や目を撃たれた人々。路上にいただけで撃たれた人々。苦しんで死ぬように井戸に落とされた人々。アパートや家のなかで、手榴弾の爆発で殺された人々。道路の真んなかで、戯れで戦車にぺちゃんこにされた乗用車に乗っていた人々。手足を切り落とされ、喉を切り裂かれた人々。子どもたちの前でレイプされ、殺された人々。聞きたいことを聞けなかったという理由だけで、舌を切り落とされた人々。これらは、過激派組織のイスラム国（ＩＳＩＳ）のテロリストたちが占領地でやってきたことと何が違うのでしょうか？」[1]

2022年4月5日、米ニューヨークで国連安保理の緊急会合が開かれた。議題はウクライナでのロシア軍による民間人の殺害。会合の冒頭、ウクライナ大統領のゼレンスキーがオンラインで演説し、首都キーウ郊外のブチャで起きた惨劇の残酷さを切々と訴えた。

同年2月24日、ウクライナでの「特別軍事作戦」を開始したロシア軍は各地に侵攻した。ミサイル攻撃に加え、地上部隊が国境線を越えて進軍。瞬く間に首都キーウの包囲網を狭めていった。キーウには特殊部隊も送り込まれ、ゼレンスキーの暗殺を画策していたとされる。プーチンは当初、侵攻から数日間でキーウを陥落させ、戦闘を終了し、ゼレンスキー政権を排除して、親ロシア派の傀儡政権を樹立するシナリオを描いていた。

ロシア軍の猛攻を目の当たりにし、首都陥落も間近いとみたゼレンスキーは早々に停戦交渉を求めた。停戦協議では、ウクライナの非武装化、中立化、NATO非加盟の確約、ゼレンスキー政権の処遇などが焦点となった。

一方で戦闘は続いた。ウクライナ軍は米欧による軍事支援や衛星画像を含めた軍事関連情報の提供などもフルに活用し、ロシアの猛攻に対して防戦した。ゼレンスキーもキーウにとどまり、国民には徹底抗戦を呼びかけた。ウクライナ市民はかつてなく団結し、士気も高まった。ウクライナ軍は、当初は時間の問題といわれた首都陥落を阻止した。

「望んだように、迅速には進んでいない」。プーチンの側近の一人、国家親衛隊隊長のビクトル・ゾロトフはウクライナでの軍事作戦が計画通りに進んでいないことを認めた。[2]

戦争犯罪

補給路の問題もあって苦戦したロシア軍は、侵攻戦術の見直しを余儀なくされた。兵力を東部や南部に集中する一方で、首都制圧は断念。地上部隊はキーウ周辺から撤退した。ウクライナ政府は4月2日、首都を含むキーウ州全体をロシア軍から取り戻したと発表した。だが、ブチャなどキーウ近郊で発見されたのは、道路などに無残に横たわっていた多数のウクライナの民間人の遺体だった。その数は400人を超えていたという。

米欧からは、多数の民間人が殺害されたことに対して「戦争犯罪だ」などと非難する声が相次いだ。国連総会は4月7日、緊急特別会合を開き、国連人権理事会のロシアの理事国としての資格を停止する決議を採択した。賛成93カ国、反対24カ国、棄権58カ国だった。米欧は軍事支援を中心にしたウクライナ支援の一層の拡大、ロシアに対する経済制裁の強化に動いた。

ウクライナ国防省情報総局は、ロシア陸軍の「第64独立自動車化狙撃旅団がブチャでのウクライナ市民に対する戦争犯罪に直接関与した」と断定。[3]同旅団に所属するロシア兵士のリストを公開した。ロシア側の要求に米国が難色を示すなどして難航していた停戦交渉は、ブチャの惨劇を機にウクライナ側が硬化し、完全に頓挫した。

国際社会がロシア批判を強めるなか、ロシア側はプーチン自らが、ロシア軍によるブチャの民間人の虐殺は「フェイク（偽情報）だ」[4]と主張。ロシアの国営テレビは道路に横たわっている死体があたかも動いたようにみえる動画などを紹介し、ウクライナ側の自作自演説を言い立てた。

それでもロシア国民に「フェイク」と完全に信じ込ませるには、説得材料がまだ不足していると考えたのだろうか。プーチンは4月18日、ブチャなどで民間人を大量虐殺したとされる第64独立自動車化狙撃旅団に何と、「親衛隊」の名誉称号を付与する大統領令まで発令した。ウクライナでの特別軍事作戦における同旅団の「巧みで断固たる行動」は、軍人の務めをまっとうし、「勇気、献身、そして高いプロ意識」を示す模範になったとたたえたのだ。[5]

人命軽視

「今や世界の人々は、我が都市ブチャが占領されていたときに、ロシア軍が何をしていたかを目の当たりにしました。しかし、我が国で占領された他の都市や地域で彼らが何をしたのかを、世界の人々はまだ知りません。地名は違っても、残酷さは同じです。同じ犯罪行為が起きているのです」[6]

ゼレンスキーはくだんの国連演説で、こうも訴えている。

ウクライナ各地で繰り返されるロシア軍の空爆により、アパートや集合住宅、ショッピングセンター、病院や学校なども被害を受け、多くの一般市民が犠牲になった。ウクライナ側の情報によれば、ロシア兵による占領地での民間人の虐殺や金品の略奪、ウクライナ人捕虜への拷問、市民や子どもたちのロシアへの強制連行なども頻発している。

2022年4月以降、ロシアとウクライナの戦闘は、後にロシアが一方的に「併合」を宣言したウクライナ東部（ルガンスク、ドネツク両州）と南部（ザポロジエ、ヘルソン両州）の4州が中心になっていた。だが、ロシア軍は同年10月から再び、首都キーウを含むウクライナ各地の主要都市でエネルギー・軍事・通信施設などを標的にした大規模なミサイル攻撃を開始した。

その直前、ロシアとクリミア半島を結ぶ「クリミア橋」で爆発が起き、橋の一部が損壊する〝事件〟があった。2014年春にクリミアを自国に併合し、国民人気を高めたプーチンにとって、「クリミア橋」は自身の功績を誇示する象徴でもあった。橋の爆発はウクライナ特殊機関による「テロ行為」と断じたプーチンは、「我が領土に対するテロ行為が続けば、ロシアの報復は厳しくなる」と警告。ウクライナに対する大規模なミサイル攻撃は、橋の爆発に対する報復攻撃だと公言した。[7]

―2― KGBの系譜

人殺しの独裁者

「報復」は執拗だった。ロシア軍によるウクライナ各地へのミサイル攻撃は、10月以降も連日のように続いた。しかも、発電所などエネルギー関連を中心にした民生インフラ施設を集中的に破壊するようになった。厳しい冬を迎えるなか、主に人口の多い都市部で停電や断水をどんどんと広げ、生活に苦しみ、寒さで凍えるウクライナ市民の間で厭戦機運を高めようとしたのだ。「報復」はいつしか、市民を標的にした卑劣な作戦へと転じていたわけだ。

ロシア軍は精度の低い旧式のミサイルも多用。市民の犠牲はさらに増えた。国連人権高等弁務官事務所（OHCHR）の集計では、ロシア軍が侵攻した2022年2月以降、ウクライナでは合計で約9000人の民間人が犠牲になった。[8] 実際の死亡者数ははるかに多いとみられている。

「さて最近は、我々が隣国のエネルギーインフラを攻撃しているのではないかと、やたら騒がしい。そうだ。我々がやっている。でも、誰が最初に始めたんだ？ クリミア橋を攻撃したのは誰だ？……」[9]

2022年12月8日、モスクワのクレムリンで開かれたロシアの英雄に対する「金星勲章」の授与式。プーチンは列席者との対談で、民間人に多大な生活苦を強いるウクライナでの非人道的な電力インフラ攻撃について、極めて当たり前のことをしているかのように、平然とした表情でうそぶいた。

そんなプーチンの性格について、ウクライナ侵攻当初から最も激しく個人攻撃してきたのは、前述したようにやはり、米大統領のバイデンだろう。

「プーチンの残忍さ、そして彼と彼の軍隊がウクライナでやっていることは極めて非人道的だ[10]」

「(プーチンは)人殺しの独裁者だ」

「ウクライナの人々に非道な戦争を仕掛けている根っからの悪党」(上記発言はいずれも2022年3月17日[11])

「帝国の再建に熱中する独裁者が、人々の自由への愛着を消し去ることは決してない。残虐行為が人々の自由への意志を弱めることは決してない。ロシアがウクライナに勝利することは決してない……」

「この男(プーチン)が権力の座に居座ってはならない」(上記発言はいずれも同年3月26日[12])

さすがにだんだんと控えるようにはなったが、侵攻当初のバイデンによるプーチン批判の言葉は、平時であれば外交問題になりかねないほど辛辣だった。バイデンはオバマ政権下の副大統領時代から、ロシアを率いるプーチンと接してきた。当時からプーチンの本性を見抜いていたのかもしれない。

それにしても、ウクライナ侵攻で改めて浮き彫りになったプーチンの冷徹さ、冷酷さは一体、どこからきているのだろうか。

不滅の連隊

2015年5月9日、ロシアの首都モスクワ中心部の赤の広場で、第2次世界大戦の対ドイツ戦勝記念式典が開かれた。プーチン政権は国威を発揚し、愛国心を鼓舞する場として、大祖国戦争とも呼ばれる対独戦の戦勝式典を極めて重視してきた。しかもこの年は、戦勝70年の大きな節目だった。

だが、ロシアが前年にウクライナ領クリミア半島を併合したことなどが影響し、日米欧の首脳はこぞって式典参加を見送った。そこでクレムリン主導で考えた〝妙案〟だったのだろうか。軍事パレードなど毎年恒例の式典行事が終了すると、大きな親族の顔写真や遺影を掲げた市民たちが続々と広場に集まり、行進を始めたのだ。

祖先の偉業をたたえ、戦没者をしのぶ。「不滅の連隊」と名づけられたこの行進には、父ウラジミル・スピリドノビッチの写真を掲げたプーチンも参加した。

恐らく、これに連動したクレムリンの〝宣伝企画〟だったのだろう。5月9日の行進直前の4月30日、平素は私生活を話したがらないプーチンがルースキー・ピオネール誌に手記を公表した。独ソ戦当時の父と母マリヤ・イワノブナの生きざまを明らかにした手記だった。概要は以下のようなものだ。

……父はセバストポリの潜水艦部隊で水兵として兵役を務めた後、レニングラード州に戻り、工場で働いた。戦争が始まった。父は軍需工場で働き、軍への招集を免除されていたが、共産党への入党と前線行きを希望した。父は内務人民委員部（ＮＫＶＤ）の破壊工作部隊に配属された。橋や線路などの破壊が主な任務だった。

誰かが密告したのだろう。ある村に到着し、数時間離れて村に戻ると、敵が待ち構えていた。父は数時間、沼のなかに身を隠し、葦《アシ》の茎で呼吸した。ドイツ兵があと数歩まで近寄る音や犬の鳴き声を聞いた……。部隊は28人のうち、24人が戦死した。生き残ったのは父を含めて4人だけだった。

その後、軍に編入され、レニングラードの防衛に当たったが、敵の手榴弾で脚に大けがを負った。救護を求めるには、冬で凍結しているネヴァ川を歩いて対岸に行かなければならなかったが、動けなかった。見晴らしのよいネヴァ川は敵の攻撃を受けやすく、連れて行ってくれる人もほとんどいなかった。ところが偶然、家の隣人が近くにいた。彼は父を対岸まで連れて行ってくれた。「君は生き残った。僕は死地に行く」。隣人はこう言い残して、ネヴァ川を戻っていった。後日談だが、父は戦後の1960年代初め、レニングラードの食料品店で偶然、その命の恩人と再会したという……。

父親の影

ルースキー・ピオネール誌に掲載されたプーチンの手記は、さらに続く。

……母は、けがをして入院した父を見舞った。2人には当時、3歳になる息子がいた。街は封鎖され、飢餓が襲っていた。父は医者と看護師に内緒で、病院食を母に渡した。母はそれを隠して家に持ち帰り、息子に与えた。父は飢え、病院で倒れた。医師と看護師は何が起きているかを知り、母の病院への出入りを禁じた。子どもは飢えから救うため、当局が連れ去った。

子どもは連れ去られ、母は一人になった。

あるとき、外出を許された父は松葉づえをついて、家に帰った。家に近づくと、衛生兵が死体を運び出していた。母だった。近づくと、まだ息をしているようにみえた。「まだ、生きているよ！」。父は言った。「もう、もたない」と衛生兵。父は松葉づえを投げつけ、母を部屋に戻すように命じた。衛生兵は言った。「分かったよ。でも、我々が今度ここに来るのは2、3、4週間後だ。（部屋に）戻すのなら、自分で処分するんだな」

結局、母は生き延び、41歳のときに自分（プーチン）を生んだ……。[13]

ナチス・ドイツがソ連に侵攻し、ロシアでいう大祖国戦争、つまり独ソ戦が始まったのが1941年6月22日。当時のレニングラード州党委員会は翌月の7月末、偵察や諜報、破壊工作を担う35～50

人規模のパルチザン部隊を300部隊創設し、NKVDに従属させる決定を下していたという。[14] プーチンの父がNKVDの破壊工作部隊に入ったのも、そういった経緯が背景にあったからかもしれない。ただNKVDは、プーチンが長年所属したKGBの前身でもある。父が戦後もNKVD、そしてKGBと何らかの関係を維持していた可能性は否定できない。

プーチンはKGB職員をめざした理由として、子どものころにみた映画「盾と剣」を挙げている。諜報員の活躍を描いたもので、「小さな力、まさに一人の力で軍が総がかりになってもできないことをなし遂げる。一人の諜報員が1000人の運命を決めることに感動した」と語っている。[15] だが、実際のところは、かつてNKVDに所属し、破壊工作に携わった父親の影響が、どこかにあったのではないだろうか。

3 醜聞ビデオ

「中庭」のごろつき

「ヴァロージャ（プーチンの愛称）は、自分より強い人間がいて、殴られるかもしれないとは、一瞬たりとも思わなかった。殴り合いの結果など考えず、すぐに顔面を殴って、それでおしまいだ。相手が屈強な巨体だろうが関係ない。誰とでも喧嘩した。ヴァロージャは侮辱されると、瞬時に相手に飛びかかり、ひっかき、噛みつき、髪の毛の一部を引き抜いた。何でもやった。とにかく侮辱されることは、決して許さなかった」[16]

プーチンの幼いころからの友人ビクトル・ボリセンコは、プーチンの少年時代をこう振り返っている。１９５2年10月7日が誕生日のプーチンは、ソ連第二の都市レニングラードで生まれ、育った。少年期に好んで、たむろしていた場所は「中庭」。林立するアパート群の間にある空間だ。仕事をしない大人たちが昼間から酒を浴び、不良少年たちが集う場所でもあった。

当時のプーチンの不良ぶりがどの程度だったかは定かではないが、同級生と比べてピオネール（共産主義教育を目的とした児童組織）に入る時期がかなり遅れている。素行に何らかの問題があったのは確かだろう。この点については、プーチンが２０００年の初の大統領選用に出版した複数の記者との対談集のなかで、自ら語っている。

記者「ピオネールには、小学6年生になってようやく入会できたのですね。それまでの素行が、そんなにひどかったのですか」

プーチン「もちろんだ。私はごろつきで、ピオネールではなかった」

記者「面白おかしく、大げさに言っているのではないですか」

プーチン「それは侮辱だ。私は本当に、チンピラだったのだ」[17]

選挙キャンペーン用の対談集だけに、記者が言い返したように、わざと「チンピラ」だったと悪ガキぶりを誇張して語り、庶民の人気を得ようとした可能性はある。とはいえ、少年時代のプーチンは気性が荒く、喧嘩っ早い性格だったことは疑いないだろう。

プーチン自身の回顧によれば、その後にソ連の格闘技サンボ、さらには、まさに柔道とめぐり合ったことが、不良少年への道を脱するきっかけとなった。また、さして優等生でもなかった少年は、「諜報員への憧れ」からＫＧＢ入りをめざし、勉学にも励むようになった。やがてレニングラード大学に入学。法学部で学び、「念願」だったＫＧＢ職員になった。

二流の諜報員

「プーチンが大学を卒業したとき、我々はもちろん、どこで働き、何をしているのかを聞いた。でも、検察庁という話があっただけだった。ヴァロージャは時々、一言足して、軍事検察庁で働いていると話していた……。プーチンは僕には、委員会（ＫＧＢ）に入ったとは一度も明かさなかった」[18]

これもプーチンが幼少期から親しかった友人、ボリセンコが明かしたエピソードだ。プーチンの元妻（２０１４年に正式に離婚）のリュドミラも、最初に出会ったときは「自分は刑事部で働いている」と聞いたと指摘。「しばらくたってから、ＫＧＢの対外諜報部門だと知った。ただ当時は、ＫＧＢだろうが、刑事部だろうがどうでもよかった。今は違いがよく分かるけど……」と振り返っている。[19]

職業柄、所属を明かさなかったのかもしれないが、「とくに秘密にしていなかった」と話す別の友人や知人たちもいる。とりわけ身近な人ほど、自分の職業を明かせなかったとすれば、少年時代から憧れていたとはいえ、なにかと暗いイメージがつきまとうＫＧＢという自分の特殊な職業に、何らかの負い目を感じていたからではないだろうか。

そのプーチンは、ＫＧＢでエリートだったわけではない。海外赴任先もニューヨークやロンドンなどではなく、東ドイツのドレスデンだった。階級も中佐までがせいぜいだった。いわば、二流の諜報員だった。だが後に、まさにＫＧＢの勤務経験がプーチンの人生を大きく変えることになる。

転機は第一副市長まで務めた地元のサンクトペテルブルク市役所を辞め、１９９６年に首都モスクワに移ってからだ。ロシア大統領府で総務局次長からスタートしたプーチンは、とりわけ「忠誠心の厚さ」で周囲から信頼されるようになり、大統領府副長官、第一副長官と昇進を続けていた。そして

1998年7月、プーチンはKGBの国内部門を引き継いだFSB長官に任命された。KGBの職歴がようやく、自らの昇進に弾みをつけたことになる。ただし、期待された任務は、エリツィン・ファミリーを救うための裏工作だった。

スクラトフ事件

ロシアは当時、アジア通貨危機が波及し、金融危機のまっただなかにあった。ただでさえギクシャクしていた大統領と議会の関係は、経済政策を担う首相を誰にするかをめぐり、対立が一段と先鋭化。しかも大統領のエリツィンは病気がちで、統率力をほとんど失っていた。そんななか、エリツィン一家や側近たちの大規模な汚職疑惑が浮上した。

クレムリンや政府ビル、下院などの建物の改修工事を相次ぎ受注したスイス企業「マベテクス」が、大統領府幹部や一部閣僚、大統領の次女で大統領顧問のタチアナ・ディアチェンコらに多額の賄賂を渡していたという疑惑だ。「クレムリンの汚職を徹底的に摘発する」と、疑惑の本格捜査に乗り出したのが、当時の検事総長ユーリー・スクラトフだった。慌てたエリツィン陣営はスクラトフの解任を求めたが、解任権を持つ議会上院は否決。政権側は窮地に立たされていた。

1999年3月17日夜。国営テレビが中年の男性と、売春婦とみられる2人の女性が裸で、ベッドで密会している様子を隠し撮りしたビデオ映像を放映した。男性はスクラトフに似ており、大スキャンダルとなった。スクラトフは「偽造だ」と否定した。だが、プーチンは「ビデオは本物」と断じ、スクラトフは検事総長辞任を余儀なくされた。このスクラトフ・スキャンダルの工作はプーチンが主導したとされている。

当時の経緯を、スクラトフ自身が後に明らかにしている。

3月17日、上院がスクラトフの解任動議を反対143、賛成6の圧倒的な大差で否決した。翌18日朝、スクラトフは大統領のエリツィンに、入院中のモスクワ中央臨床病院に来るように言われた。病院に行く直前、知人が電話をくれ、前日の深夜に国営テレビが、スクラトフに似た人物が売春婦といちゃつく映像を放映したと教えてくれた。

車で病院に向かう途中、電話でコメントを求めてきた新聞記者に、「大規模な刑事事件の捜査に対する圧力だろう」と答えた。「何の事件?」と聞く記者に、一瞬ためらったものの、贈賄疑惑の企業名が「スイスのマベテクス社」だと初めて明かした。

部屋に入ると、エリツィン、首相のプリマコフ、そしてFSB長官のプーチンの3人がいた。机の上には「検事総長に似た人物」と記したビデオカセットと、資料が入った薄っぺらの封筒が置いてあった。「私は妻を一度も裏切ったことはないが……」。そう切り出したエリツィンは「あなたが辞表を書けば、テレビ局には放映を止めるよう命じる」と言った。「誰が私を辞めさせようとしているか、分かりますか?」。スクラトフは汚職疑惑の当事者の名前を列挙していった。だが、エリツィンは「私はもう、あなたと一緒には働けない」の一点張りだった。

そこにプーチンは口を差し挟んだ。「大統領、ビデオカセットは本物です」。エリツィンは付け加えた。「資金の悪用疑惑もあるよな」。これ以上の抵抗は無駄だと感じたスクラトフは、この場で辞表を書くが、もう少し捜査をしたいので日付は4月5日にしたいと提案。エリツィンは受け入れた。退出後、プリマコフがスクラトフを追いかけてきた。「私も近く辞めるよ。もう彼らと一緒に働けない」[20]

スクラトフは辞任し、マベテクス疑惑はうやむやになった。エリツィン・ファミリーを窮地から救ったプーチンは、ファミリーから絶大な信頼を勝ち得た。そして首相、さらには大統領代行へと異例の出世をしていくことになる。

４　疑惑の砂糖袋

大統領の後継者

「エリツィンが当初、自分の後継候補のナンバーワンとみなしていたのはネムツォフだった」。エリツィン政権下で大統領府長官を務め、エリツィンの次女タチアナと結婚したワレンチン・ユマシェフは、ロシアのメディアにこう語っている[21]。

エリツィンが後継候補にしたかったネムツォフ（筆者撮影）

１９９７年から98年にかけ、エリツィン政権の第一副首相だったボリス・ネムツォフは長身、容姿端麗で国民の人気が高かった。ただ、国営通信会社の民営化などをめぐり、反対勢力に厳しく批判されて辞任。反対勢力の支配下にあったテレビメディアからも激しく攻撃され、支持率は急落してしまった。その後、プーチン政権下で野党勢力の指導者となり、反プーチンの急先鋒となった。２０１５年2月、モスクワ中心部の街頭で銃撃され、暗殺された。

一方のプーチンはどうか。ユマシェフによると、当時、首相だったプリマコフは「プーチンを2度にわたって、FSB長官から解任しようとした」。だが、プーチンにはスクラトフの一件で、エリツィン・ファミリーを救った〝功績〟があった。エリツィンはむしろ、内政・外交両面で安定した存在感をみせ、大統領への野心も隠さないプリマコフを警戒した。1999年5月、逆にプリマコフは首相職から解任された。

エリツィンは首相の後任に、第一副首相兼内相のセルゲイ・ステパシンを選んだが、「優柔不断」とみてわずか3カ月で解任。1999年8月、今度はプーチンを首相代行に任命するとともに、自らの大統領後継候補に指名した。プーチンは1週間後、議会の承認を経て、正式に首相に就任した。

「エリツィンはプーチンが自分の改革路線を続けてくれる人間だとみた。ロシアが取り組んだ自由な改革、市場路線の改革を続け、その基本路線をねじ曲げることはないと考えた[22]」。エリツィンは2007年に死去した。自分の選んだ後継者がウクライナで戦争を起こすとは、まったく想定していなかっただろう。

アパート連続爆破事件

「プーチン・フー？（プーチンは誰？）」。プーチンはとんとん拍子で首相まで上り詰め、エリツィンから大統領の後継指名まで受けたが、内外の知名度はあまりに低かった。プーチン登用は、エリツィン政権の黒幕的存在だったベレゾフスキーなど政商たちも原則支持していたが、翌2000年3月の大統領選で当選できるかどうかは不透明だった。そんななか、ロシア国民を震撼させる事件が起きた。

1999年9月8日から9日にかけての深夜、首都モスクワの南東部グリヤノフ通りにある9階建てのアパートで、大規模な爆発が発生した。建物の一部は崩れ落ち、一部には大きな亀裂が入った。

モスクワ南東部グリヤノフ通りで起きたアパート爆破事件の現場（筆者撮影）

当初は生活用のガスが漏れたとみられたが、爆発の規模はＴＮＴ火薬換算で２００キログラム以上と極めて大きかった。真夜中で、多くの住民が就寝中だった。犠牲者は１００人近くに上った。

それから数日後の9月13日早朝。今度はモスクワ南部カシルスコエ大通りで9階建てアパートが爆発し、完全に倒壊した。爆発の規模はグリヤノフ通りの爆発とほぼ同じで、１２０人以上が犠牲になった。大統領のエリツィンは「犯罪者によるテロ行為だ」と表明。モスクワ市長のユーリー・ルシコフは「チェチェンの武装勢力が仕掛けた爆弾テロ」の可能性が大きいと断じた。

コーカサス地方に位置するチェチェンはソ連末期に国家独立を宣言したが、ロシアのエリツィン政権はこれを認めず１９９４年末、本格的な軍事進攻に踏み切った。双方は１９９６年8月、独立問題を5年間棚上げすることなどを明記し停戦・和平合意に調印。ロシア軍はチェチェン領から撤退した。

だが、1999年8月、チェチェンから越境したとみられる武装勢力が隣国ダゲスタン共和国の複数の村を占拠した。ロシア軍は武装勢力の掃討作戦を展開するとともに、チェチェンへの大規模空爆も再開していた。この時期にモスクワでアパートの連続爆発が起きたことから、多くの人々が、チェチェンの独立派武装勢力が仕掛けたテロだとみなした。ただ、チェチェンの独立派指導者は事件への関与を否定した。

爆発事件は、他の地域でも起きた。モスクワのアパート爆発より前の9月4日夜、ダゲスタンのブイナクスクで5階建てのロシア軍人用アパートが爆発で倒壊、64人が犠牲になった。さらに9月16日、南部ロストフ州ボルゴドンスクの9階建てアパート付近で大規模な爆発が起き、建物の一部が倒壊した。19人が犠牲になった。

死者数は4件合計で約300人に上った。捜査当局は一連の事件を「チェチェンに本拠を置くイスラム武装勢力の犯行」と断定した。

首相のプーチンは9月24日、記者会見で事件への対応を語った。「我々はテロリストをどこまでも追い詰める。空港なら空港で。こんなことを言って恐縮だが、便所まで追い詰めて、便所でぶちのめしてやる」[23]。各地で相次ぐアパート爆破でパニック状態になっていたロシア国民は、庶民の言葉を使いながら、必ず犯人を捕らえると約束したプーチンの力強い言葉に安堵した。その後、チェチェンへの本格的な軍事攻撃が始まった。プーチンの支持率は一気に上昇した。

リャザンの怪

プーチン会見の2日前、9月22日から23日にかけてのことだ。モスクワの南東方向に位置するリャザン州の州都リャザンで、奇妙な事件が起きた。

12階建てのアパートの入り口近くで、不審者たちが大きな袋を運んでいるのが目撃された。住民の通報で警察が駆けつけ、アパート内を捜索すると、地下室から複数の大きな袋と、時限爆破装置が発見された。アパートの住民は隣の映画館に避難し、袋は持ち出された。袋の処理に当たった地元警察の専門家は、袋の中身は軍事用のヘキソーゲンとみられる高性能の爆発物だと確信した。だが袋は、専門機関で検査する必要があるといった理由から、すぐにモスクワに移送された。

そして9月24日、プーチンの後任のFSB長官となっていたパトルシェフがようやく、リャザンの事件の概要を説明した。何と、爆弾テロを想定し、「地元の治安機関の警戒心を呼び起こすための訓練」だったと表明したのだ。くだんのアパートに仕掛けられたのは本物の爆破装置ではなく、袋も砂糖袋だったという。

ただし、FSB長官の話に国民の多くが素直に納得したとは言いがたい。そもそも、相次ぐアパート爆破で国民が極度の神経過敏になっている最中に、本物のテロと勘違いさせるような訓練をあえて実施するのか。爆破装置を本物とみなした地元警察の判断はどうだったのか……。

ロシア独立系の新聞ノーバヤ・ガゼタは2000年2月、「リャザンで何があったのか――砂糖、あるいはヘキソーゲン？」と題するリャザン事件の特集記事を掲載。現場に真っ先に駆けつけ、アパートの地下室の袋や時限起爆装置を直接みた警察官が「いまだに訓練だったとは、とても思えない」と語ったことなどを紹介した。[24]

モスクワや他の都市で爆破されたアパートは、所得水準でいえば中低層の庶民が多く住んでいた。リャザンのアパートも同様だった。チェチェンのイスラム武装勢力の犯行だとすればなぜ、政府高官や富裕層が住む高級アパートを狙わなかったのか、といった疑問も市民の間でくすぶっていた。

こうしたなか、「ロシア特殊機関による犯行」説を公然と唱えたのが、FSB元職員のアレクサンドル・リトビネンコだった。[25] 社会をパニックに陥れたうえで、プーチンを「強い指導者」としてアピールし、大統領に当選させる狙いだったというのだ。

前述したようにプーチンは2年後、米国で同時テロ事件が起きると真っ先にブッシュに電話を入れ、国際テロとの戦いで協調しようと呼びかけた。まさにロシアでは、多くの市民が犠牲になったアパート連続爆破事件の悲劇を経験していたからだ。ところが、肝心のロシアの一連の爆破事件の真相は、いまだに不明のままである。英国に亡命したリトビネンコは2006年に毒殺された。

5 ノルド・オスト

10分で占拠

1990年代初頭、英国のロンドン、米国のニューヨークに初めて行った。ブロードウェイなど劇場街で「オペラ座の怪人」や「レ・ミゼラブル」をみた。この2つの極めて感動的なミュージカルを通じて、ミュージカル劇場のイメージが完全に変わった。我々はすぐさま、こんな強い観念にとりつかれた。「僕らもこんな作品をロシアで制作し、上演したい」[26]……

ひとつのミュージカルを、専門の劇場でロングラン公演する。制作者たちがようやく長年の夢をかなえた。ロシア初のブロードウェイ式と銘打って、ミュージカル「ノルド・オスト」が開演した。2001年10月19日のことだった。

上演する劇場はモスクワのドゥブロフカにあった。物珍しさに加え、華やかな舞台、歌も踊りも上手な俳優陣、第2次世界大戦中の本物の軽飛行機まで登場する大がかりな演出……。ミュージカルは大きな反響を呼び、最大で1165人の観客を収容できるという大きな劇場は連日、大盛況だった。

初演から1年以上たった2002年10月23日の夜も、800人を超える観客が劇場を訪れ、ミュージカルに見入っていた。第2幕が始まった直後だった。覆面をして機関銃を持った戦闘員たちが舞台に登場してきた。観客の多くは当初、芝居の続きだと思っていた。戦闘員たちが天井に向けて銃を発砲したことで、ようやく異変に気づいた。戦闘員たちは観客席にも乱入してきた。総勢で40～50人。女性たちは爆薬と起爆装置のようなものを体に巻いていた。

劇場はわずか10～15分で占拠され、観客と出演者、劇場関係者ら合わせて900人以上が人質になった。劇場襲撃テロだった。事件は直ちに大統領のプーチンに報告された。プーチンはベルリンでのドイツ首相シュレーダーとの会談と、ポルトガル訪問をキャンセルした。

テロの実行犯は、ロシアからの分離独立を求めるチェチェンのイスラム系武装勢力だった。チェチェンでは3年前にモスクワなどで起きたアパート連続爆破事件を受け、プーチンの指令でロシア軍が激しい軍事攻撃を続けてきた。実行犯は人質解放の見返りとして、チェチェンでの軍事攻撃の即時停止と、ロシア軍の撤退を要求した。

催眠ガス

歌手で下院議員のヨシフ・コブゾン、反政権派の政治家のイリーナ・ハカマダやグリゴリー・ヤブリンスキー、チェチェン紛争を主に取材してきたノーバヤ・ガゼタ紙のジャーナリストのアンナ・ポリトコフスカヤ、元首相のプリマコフやイングーシ共和国の元大統領ルスラン・アウシェフ……。様々な人々が何とか平和裏に事件を解決しようと、入れ代わり立ち代わり劇場に入り、テロリストたちの説得に当たった。テロリストたちは何度か、子どもや体調不良の数人、あるときは数十人の人質を解放した。[27、28、29]

10月24日夜、政府はテロリストに人質全員を解放するよう要求。解放すれば、ロシア領から何の障害もなく出国できるとの声明を発表した。翌25日午後4時前。プーチンとの協議を終えたFSB長官のパトルシェフは、劇場内の人質を解放すれば、テロリストたちを死刑にしないと言明。「我々は交渉する。交渉して何とか、人質を解放できるようにしたい」と表明した。内相のボリス・グリズロフも「人質になった人たちは非常に困難な状況にある。病人もいるし、飲食もできていない。治療を受けなければならない人たちもいる」として人命救助を優先する構えを示した。しかし、クレムリン指導部の間では、このときすでに交渉ではなく、特殊部隊が強行突入する決定がなされていたという。[30]

25日夕に一部メディアが、26日午前6時までに政府が要求を受け入れなければ、人質を射殺するとテロリストが最後通告したと報じた。

26日未明、換気口などを通じて劇場内に催眠ガスが散布された。そして同日早朝、FSBの特殊部隊などが劇場内に突入し、テロリストたちは射殺された。同日午前10時過ぎ、パトルシェフとグリズロフはプーチンに、「人質救出作戦が成功裏に終了した」と報告した。

だが、人質の多くはガスの影響で、意識不明の状態で倒れていたり、極度の体調不良を訴えたりしていた。意識不明のまま、喉をつまらせて窒息死していた人もいた。病院に運ばれても、医師たちはガスの正体を知らされず、ほとんど治療の施しようがなかった。人質の犠牲者は最終的に、公式発表で130人、被害者組織の集計では174人に上った。このうちテロリストに殺害された人質は、5人だけだった。[31]

最後通告の有無

プーチンは26日夜、国民向け演説で、人質の犠牲者が出たことを謝罪する一方で、「我々は数百、数百人もの人々の命を救うという、ほとんど不可能なことをなし遂げた。我々は、ロシアを屈服させることは絶対に不可能だと証明した」と豪語した。[32]

一部メディアが報じたテロリストたちの最後通告は、実際はなかったとされる。ノーバヤ・ガゼタは後日、内務省の将軍の一人が明かした情報として、最後通告の期限と一部で報じられた26日朝は、チェチェン独立派勢力との和平協議を担ってきた南部連邦管区の大統領全権代表ビクトル・カザンツエフと、テロリストたちの本格交渉が予定されていたと指摘。テロリストたちは大部分の人質解放の見返りに飛行機を要求し、中東の国に逃れ、そこで最後の人質を解放する形で決着したいと考えていた。だが政権側は、最終的に交渉はしないという政治決定を下したと報じた。[33]

犠牲となった人質の一部家族らは後に、プーチン政権の劇場突入作戦の対応を批判し、欧州人権裁判所に提訴した。裁判所は2011年、突入作戦そのものは「合法的」とする半面、多くの人質が死亡した主因はガスだったと指摘。毒物学者の不足、治療した医師らにガスの成分や治療法等に関する情報提供がなかった点などを挙げ、政権による人質救出作業が「不適切だった」と認定した。

2018年3月、プーチンは国営テレビが放映した特別番組「プーチン」のなかで、ノルド・オストの事件に再び触れた。プーチンがこの番組で明かした当時の概要は以下のようなものだった。

劇場を占拠したテロリストたちは人質をバスに乗せ、モスクワ中心部の「赤の広場」に連れて行き、そこで人質を銃殺して道路に捨てることを計画していた。プーチンは言った。「そんなことは絶対させてはならない」

ＦＳＢ長官のパトルシェフが「人質を誰一人として傷つけない」救出作戦を提言した。ガスを使った特殊部隊の突入作戦だった。使用するガスは、世界でも麻酔剤として幅広く使われているアネステジン系のものだった。

しかし、真夜中にパトルシェフがプーチンに電話してきた。「ガスがうまく注入できない」。プーチンは尋ねた。「連中（特殊部隊の隊員たち）はガスなしでも突入するだろうか？」。「命令すれば、突入しますよ」とパトルシェフ。そこでプーチンは命じた。「作戦を開始してください」

プーチンは当時を振り返って、こう付け加えた。「あのときは、別の選択肢はなかったし、私以外の誰も、そんな（突入の）決定を下すことはできなかった[34]」――

―6― 他人の血

ベスランの悲劇

ロシアで9月1日は「知識の日」。学校の新学期が始まる日だ。２００4年9月1日午前9時、ロシア南部の北コーカサス地方の北オセチア共和国ベスランにある第1学校でも、新入学の小学生や家族、在校生らが校庭に集まり、新学期の始業式が始まった。大きな学校で生徒数は約９００人、教師も約60人いた。

すると間もなく、軍用トラックが学校内に乗りつけ、覆面などで顔を隠し、機関銃を手にした人々が次々に降り立った。武装集団は総勢で約30人。ロシアからの分離独立を求めるチェチェンのイスラム系武装勢力などだった。テロリストたちは銃を空や地面に向かって撃ちながら、生徒や学生、家族や教師らを体育館のほうに追い立てていった。逃げる者をみつけると、容赦なく銃殺していった。

人質たちを体育館に押し込めると、武装集団は体育館の各所に爆弾を設置。出入り口には人質を使って、机と椅子でバリケードをつくらせた。窓ガラスは割り、モスクワの劇場占拠事件のときのような催眠ガスを使わせないようにした。

テロリストたちは北オセチア、イングーシ両共和国の大統領との面談や、ロシア軍のチェチェンからの撤退、逮捕されている仲間のテロリストたちの釈放などを要求した。モスクワの劇場占拠事件と異なり、交渉はほとんど対面ではなく、携帯電話を通じて実施された。

体育館内は大勢の人質で、すし詰め状態。暑さで体調不良を訴える人質も多かったが、テロリストたちは政府当局による食料や水、飲料水の提供提案をすべて拒否した。1200人近い人質を取っていたにもかかわらず、政府側が当初、「人質は354人」とかなり矮小化したウソの数字を公表したことに、腹を立てたとの説もある。テロリストたちは「もし突入作戦を強行して仲間が殺されたら、仲間1人の死に対して、50人の人質を銃殺する」と脅した。

交渉はまったく進展のないまま、学校占拠から3日目の9月3日を迎えた。テロリストたちはようやく、初日の銃撃などで外に放置されたままの遺体を回収したいとの政府側の要請を聞き入れた。同日午後1時ごろ、遺体を回収する非常事態省の職員たちを乗せた車が、体育館の近くに停車した。その瞬間、体育館内で大きな爆発が起きた。爆発はさらに続いた。人質の一部が外に逃げ出した。外で待機していたテロ専門の特殊部隊などが一斉に突入した。テロリストたちは人質に向かって、銃を乱射した。付近では火事も発生した。やがて体育館の屋根が崩落した……。[35、36]

強行突入の有無

ベスランの学校占拠事件は、極めて悲惨な結末となった。

人質や特殊部隊の隊員など、合わせて330人を超える犠牲者が出た。犠牲者のうち186人が人質の子どもたちだった。負傷者は800人近くに上った。テロリストたちは拘束された一人を除き、全員が殺された。

なぜ、これだけ多くの犠牲者が出たのか。やはり、3日午後1時ごろに起きた「最初の爆発」が惨劇のきっかけになったとみられる。その爆発の原因については、テロリストが誤って自ら設置した爆発物を爆破してしまったという説、遺体回収を名目に体育館付近に向かった職員が実は特殊部隊の隊員で、その隊員らが突入のために発砲したという説、あるいは同じく突入目的で、現場付近を飛行していた軍用ヘリからミサイルが発射されたという説[37]なども出ているが、真相はいまだに不明なままだ。

プーチンは翌4日にベスラン入りし、負傷者が収容されている病院を見舞った。その後、現地の人質解放作戦本部の会合に出席し、「残念ながら多くの犠牲者を出してしまった。もちろん我々はあらゆる選択肢を検討したが、強行突入は準備していなかった」とあえて表明した。[38]多数の犠牲者を出した今回の事件の責任は政権側にはなく、ひとえに学校を占拠したテロリスト側にあると強調したかったのかもしれない。

それでも被害者家族の間では、政権による強行突入説がくすぶり続けた。そして真相究明を求めた。

プーチンとの面会も何度も求めたが、なしのつぶてだった。

ようやくプーチンが面談に応じたのは事件から1年後、２００５年9月2日だった。「この面談を始めるのは正直、心苦しい」。こう切り出したプーチンに対し、ベスラン被害者の母親委員会の代表は次のように語ったという。「今回の話し合いの場を設けてもらうのに、非常に苦労しました。子どもを殺され、家に残された女性たちや人々がどんな張り裂けた気持ちでいるか、あなたは想像できますか？　その罪は国家の首長であるあなたが負うべきです。ベスランの人々は皆、あなたが悪いと思っています……[39,40]」

モスクワでの劇場占拠事件にせよ、ベスランの学校占拠事件にせよ、プーチンは人質の人命よりも、自分たちに反抗し、政権を揺るがそうとするテロリストたちを「便所でぶちのめす」ことに執心していたようにみえる。

反体制派のジャーナリスト、ポリトコフスカヤは劇場占拠事件の後、プーチンについてこんな一文を残している。「この事件の恐怖と惨憺たる結末のために、彼はおおっぴらに国際的な支持と共感を集めている。ロシア国内で自分を宣伝する目的ならば、彼は他人の血を流すことも厭わない[41]」

ミニ解説④――チェチェン紛争

チェチェンはロシア南部の北コーカサス地方にある共和国だ。およそ130万人の人口の大多数を、イスラム系のチェチェン民族が占める。19世紀後半、激しい抵抗の末にロシア帝国に編入されたが、独立意識は非常に強かった。ソ連時代、第2次世界大戦の独ソ戦のさなかには、スターリンが「裏切り」を恐れて、チェチェン人らを大量に中央アジアや極東シベリアなどに一時的に強制移住させたこともあった。

ソ連末期、独立派指導者のジョハル・ドゥダエフがチェチェンの初代大統領に就任した。ドゥダエフはソ連崩壊直前の1991年11月、チェチェンの独立を一方的に宣言した。しかし、新生ロシア初代大統領のエリツィンは独立を認めなかった。

1994年12月、ロシア軍がチェチェンへの大規模攻撃を開始し、第1次チェチェン紛争が始まった。チェチェン側は山岳部などでゲリラ戦を展開し、戦闘は泥沼化した。だが、1996年4月にドゥダエフがロシア軍の攻撃によって死亡。チェチェン側の統率の乱れもあり、双方は同年8月に停戦で合意した。ロシアは安全保障会議書記のアレクサンドル・レベジ、チェチェンは独立穏健派で戦闘を指揮した軍参謀総長のアスラン・マスハドフが停戦合意に調印した。双方が結んだ「ハサビュルト合意」は、チェチェンの独立問題を5年間棚上げすることなどが盛り込まれた。

マスハドフは1997年1月の大統領選挙で当選した。しかし、大統領として共和国をまとめきれず、シャミル・バサエフら独立強硬派が離反するなど内部分裂していった。

１９９９年8月、チェチェンの強硬派武装勢力が隣接するダゲスタンに越境して複数の村を占拠したことから、ロシア軍がチェチェン攻撃を再開した。さらに同年9月に首都モスクワなどでアパート連続爆破事件が起きると、首相に就任したばかりのプーチンはチェチェン武装勢力の犯行と断定し、チェチェンへの本格的な軍事進攻を命じた。第２次チェチェン紛争により、停戦合意は破棄された。ロシア国内ではチェチェン独立強硬派によるテロ事件が頻発した。

ちなみに１９９９年9月初旬のロシアの世論調査では、次の大統領選でプーチンに投票すると答えた人々はわずか１％程度。それが10月には15％、11月には30％以上と急激に上昇していった。[42] チェチェン攻撃を主導したことが奏功した。

プーチンは一方で、イスラム教の高位聖職者でチェチェン独立派指導者の一人だったアフマト・カディロフを味方につけ、チェチェン大統領に任命した。プーチンは大規模な資金援助でカディロフを支えた。カディロフは配下の民兵組織などを使って、各地でテロ行為を繰り返すチェチェンの独立強硬派を中心に排斥していった。カディロフは２００３年10月の大統領選で当選したが、翌04年5月に暗殺された。

そして実質的に政権を継いだのは、当時20代ながら共和国内で強い影響力を持っていた息子のラムザン・カディロフだ。２００７年に正式に大統領（後に首長に肩書を変更）に就任した。「カディロフツィ」と呼ばれる民兵組織を動員し、強権的な手法で独裁体制を築いた。ロシアに極めて従順な傀儡政権で、プーチンに忠誠を誓っている。

プーチンは莫大な資金を提供しているとされるが、プーチンですらカディロフの政権運営には口出しできないという。ロシアは２００９年にチェチェン紛争の実質的な終結を宣言した。
2022年にウクライナ戦争が始まると、カディロフは自身の民兵部隊を戦地に送り込むとともに、徹底的なウクライナ攻撃を唱え、ロシア国防省の対応をしばしば批判した。カディロフは2023年3月初め、長男のアフマト・カディロフがプーチンと「非公式」に面談したと通信アプリに投稿した。[43] 3代世襲の布石ではないかとみられている。

暗殺相次ぐ

モスクワの劇場占拠事件でテロリストたちの仲介役を務めたポリトコフスカヤは、ベスランで学校占拠事件が起きると、直ちに現場に駆けつけ、再び仲介役を担おうとした。しかし、行けなかった。現場に向かう飛行機の機内で気を失い、病院に搬送されたためだ。機内で飲んだ茶に、毒物が混入されていたとみられる。このときは一命をとりとめたものの、ポリトコフスカヤは2年後の2006年10月7日、モスクワの自宅アパートのエレベーターで射殺された。後に暗殺の実行グループは逮捕されたが、誰が暗殺を依頼したのかを含めて、事件の背景はほとんど明らかになっていない。

折しも、ポリトコフスカヤが暗殺された日は、プーチンの誕生日だった。このため一部では何らかの関連を疑う見方もあり、反政権派の間では「ポリトコフスカヤは大統領を厳しく批判してきたので、暗殺は政権やプーチン自身にとって好都合だった[44]」といった指摘も出ている。

当のプーチンは事件の数日後、滞在先のドイツで「彼女の暗殺は、彼女の出版物よりも、ロシアやチェチェンに、より大きな損失を与える」と述べている。[45] ポリトコフスカヤは国内より西側で有名なだけに、暗殺事件でロシアの対外的なイメージが損なわれることを懸念した発言だった。

ポリトコフスカヤに限らず、プーチン政権下では、大統領批判の急先鋒とされてきた著名人の暗殺が相次いでいる。先に言及したように、1999年に起きたモスクワなどでのアパート連続爆破事件を「ロシア特殊機関の犯行」と主張した元FSB職員、リトビネンコは2006年11月、放射性物質の「ポロニウム」を盛られて毒殺された。英捜査当局はKGB出身者のアンドレイ・ルゴボイら2人を、暗殺の実行犯と断定している。

2015年2月27日夜には、反プーチンを掲げる野党勢力の中核的存在だった元第一副首相のネムツォフが帰宅途中にモスクワ中心部で銃撃され、暗殺された。ネムツォフは2011年12月、政権による下院選の不正疑惑を受け、「プーチンなきロシア」を掲げて大規模な反政権デモを主導した。この反政権デモのもう一人の中心的指導者だったのが、弁護士出身の反体制派ブロガー、アレクセイ・ナワリヌイだ。ナワリヌイは政権与党の「統一ロシア」を「詐欺師と泥棒たちの党」と酷評。ネムツォフ亡き後は、プーチンに対抗できるほぼ唯一の反体制派指導者として、反プーチン運動を支えた。

だが、そのナワリヌイも2020年8月、統一地方選の応援で訪れたシベリアのトムスクからモスクワに向かう飛行機のなかで意識不明の重体に陥り、シベリアの病院からドイツに緊急搬送された。ドイツ政府は猛毒の神経剤「ノビチョク」系の物質で襲撃されたと断定した。ナワリヌイは何とか回復してロシアに戻ったが、帰国時に逮捕され、刑務所に収監されたままだ。

一連の反体制派指導者や活動家、ジャーナリストらの暗殺・襲撃事件にプーチンが直接、関与しているかどうかは不明だが、プーチン政権下で黒い闇が広がっていたことは疑いない。

第5章 裸の王様

1 踏み絵の安保会議

SVR長官の動揺

ナルイシキン「西側のパートナーに対し、ウクライナに平和とミンスク合意の履行を短期間で認めるよう最後のチャンスを与えても……。そうでなければ……」

プーチン「そうでなければ、とは何ですか。あなたは対話プロセスの開始を提案するのですか、それとも共和国の主権を認めるのですか。はっきり答えてください」

ナルイシキン「承認提案の支持を……」

プーチン「支持するつもりなのか、支持するのか。明確に答えてください」

ナルイシキン「提案を支持して……」

プーチン「イエスかノーか、答えてください」

ナルイシキン「はい、私はドネツクとルガンスクの両人民共和国のロシアへの編入を支持します」

プーチン「そんな話はしていないし、討議もしていません。今、話しているのは独立を認めるかどうかです」

ナルイシキン「はい、私は独立承認の提案を支持します」

プーチン「よろしい。座ってください[1,2]」

２０２２年２月21日、首都モスクワのクレムリン。大きな吹き抜けのホールの片隅には、机に両肘をついて座るプーチン。遠く離れた場所には、ロシアの各国防・治安関係のトップ、首相、外相、上下両院議長らがそれぞれ小さな椅子に座り、緊張した面持ちでプーチンと対座していた。机はなかった。異様な雰囲気のなか、事実上の最高政策決定機関とされる安全保障会議が開かれたのだ。

安保会議は通常、非公開だが、この日は開催場所も変更し、討議の一部始終が例外的に公開された。ウクライナ東部ドネツク、ルガンスク両州の親ロシア派が支配する地域の国家独立を認めるかどうかが主要テーマだった。司会役のプーチンはまるで踏み絵を踏ませるように、参加者を一人ずつ立たせて賛成か反対かを聞いていった。会議をあえて公開したのは、政権指導部の総意で両地域の独立を承認したと国民に納得してもらい、両地域からの要請という形でロシアがウクライナに軍事侵攻することで、侵攻の〝正当性〟を内外に誇示するためだった。

前大統領で安保会議副議長のメドベージェフ、上院議長のワレンチナ・マトビエンコらが次々と、明快に「独立支持」を表明していった。一方で、安保会議書記のパトルシェフのように慎重姿勢を示したり、曖昧な態度に終始したりする閣僚も若干名いた。そんななか、とくにプーチンをいらだたせたのが、前述の対外情報局（ＳＶＲ）長官セルゲイ・ナルイシキンだった。恐らく一家言を持っていたのだろうが、同僚たちの面前でプーチンに激しく詰問され、しどろもどろになってしまった。

ちなみにロシアはナルイシキンの言葉通り、後に東部両地域のロシア編入に動く。とはいえ、このときにプーチンが欲していたのは「独立支持」だった。プーチンは政権幹部と熟考を重ねたうえで、ウクライナ侵攻を決断したように見せかけたかったようだが、公開された安保会議は図らずも、プーチンの独善ぶりを際立たせた。3日後に始まったウクライナ軍事侵攻が、「プーチンの戦争」と呼ばれるゆえんでもある。

ドンバスの争乱

ウクライナ東部のドネツク、ルガンスク両州はドンバスとも呼ばれる。世界有数の石炭の産地であるドネツ炭田の略称だ。帝政ロシア末期から炭鉱開発が本格化した。ウクライナ領に編入されたソ連時代は炭鉱業、製鉄、冶金など重工業の中心地のひとつとなった。ロシアからの移住者も多く、ロシア系住民の比率は約4割に上る。[3]

ソ連崩壊後はロシアとの関係強化を求める声が根強かった。かつてポーランドやオーストリアの支配下にあり、欧州接近を望む人々が大勢を占めている西部地域と大きく異なる。親ロ派の大統領としてプーチンが支えたものの、2014年のマイダン革命でロシアに逃亡したヤヌコビッチもドネツク出身だった。

その東部地域で争乱が起きたのは2014年春。ロシアがウクライナ領クリミア半島を強制併合したのとほぼ同時期だった。マイダン革命に反対する勢力が、東部や南部の各地でデモや集会、暴動を起こしたのだ。

北東部のハリコフには「ほどなくロシアの『旅行者たち』が『反マイダン』のデモに参加するため

に国境を越えてやってきた」[4]。クリミアで暗躍していた元ロシアFSB大佐イーゴリ・ストレルコフ（ギルキン）ら、プロ集団の義勇兵たちも続々、東部入りした。

ドネツク出身のウクライナの大富豪リナト・アフメトフをはじめ、ヤヌコビッチ政権を支えていた国内の財界人らも、反マイダン運動を主に資金面から支援した。プーチンが当初から、ウクライナ東部で争乱を起こすように直接命じていたかどうかは不明だが、ロシアが様々な形で親米欧派との対立をあおったことは疑いない。

２０１４年４月12日、ストレルコフをリーダーとする武装グループは、ドネツク州スラビャンスクの警察署を占拠した。これが本格的な東部紛争の端緒とされている[5]。それ以降、ウクライナ東部地域は親ロ派武装勢力とウクライナ政府軍による泥沼の戦闘へと向かっていった。

主権国家宣言

２０１４年４月、ウクライナ東部の親ロ派武装勢力は「ドネツク人民共和国」「ルガンスク人民共和国」の創設をそれぞれ宣言した。翌月の５月11日には両州で「人民共和国の独立を支持するか」を問う住民投票を実施。大多数が独立に賛成したとして「主権国家」を宣言した。

プーチンはこのとき、住民投票の結果に「理解」は示したものの、国家独立は承認しなかった。クリミアのように、フルシチョフ時代にロシアからウクライナ領に変更されたわけでもない。国家独立を認めてロシアに併合するのは得策ではないと、当時は判断していたのだろう。

もっとも水面下では、兵器等の軍事物資を供給したり、私兵などと称してロシアの兵士を現地に派遣したりして、親ロ派武装勢力を積極支援した。さらに和平協議を優位に進める思惑とみられるが、

2014年8月にはロシア軍がウクライナ領に越境し、あからさまに軍事介入したこともある。ロシア軍は2022年2月の軍事侵攻で初めて、ウクライナ東部に侵攻したわけではない。

それはともかく、「ドネツク人民共和国」ではストレルコフが「国防相」に就任。地元の武装勢力を指導した。ウクライナ側は、ストレルコフはロシアの治安機関の手先だとみなした。親ロ派武装勢力とウクライナ政府軍の戦闘は激しさを増した。

2014年7月、オランダのアムステルダムからマレーシアのクアラルンプールに向かっていたマレーシア航空機「MH17」が、ウクライナ上空で撃墜される事件が起きた。乗客・乗員298人全員が死亡した。ロシアは親ロ派武装勢力の関与を否定したが、ストレルコフは翌8月に「国防相」を辞任した。オランダの裁判所は2022年11月、マレーシア航空機は親ロ派が発射したロシア製の地対空ミサイルで撃墜されたと断定し、殺人罪に問われたストレルコフら3人に終身刑を言い渡している。[6]

ウクライナ東部の戦闘は激化する一方だった。2014年9月、ベラルーシの首都ミンスクで当事者らが会合を開き、いったんは停戦協定（ミンスク1）に合意した。しかし、合意は順守されなかった。泥沼の紛争を食い止めようと、ドイツ首相のメルケルとフランス大統領のフランソワ・オランドが仲介に動いた。

2015年2月、ロシア、ウクライナと独仏の首脳が一堂に会談し、ミンスク合意が結ばれた。包括的な停戦、重火器の撤収、ウクライナからの外国部隊の撤退、ウクライナ政府による国境管理の回復などを規定。さらには、ウクライナが憲法改正により東部の親ロ派支配地域に幅広い自治権を持たせる「特別な地位」を付与することや、同地域での地方選挙の実施などが盛り込まれた。ロシアと親ロ派にとってかなり有利な合意だった。

果たして、ロシアはそれを壊してまで、ウクライナに軍事侵攻する必要性があったのか。くだんの安保会議の当日、ナルイシキンは本音ではプーチンに翻意を促し、米欧やウクライナともう一度、話し合うべきだと主張したかったのかもしれない。

２　ミンスク合意

「国民の僕」

「東部で続く親ロ派との紛争の終結が最優先課題だ」。２０１９年5月20日、ゼレンスキーがウクライナの新大統領に就任し、ドンバス紛争の解決に強い意欲を示した。[7]

ゼレンスキーは俳優、コメディアン出身だ。人気のテレビドラマシリーズ「国民の僕《しもべ》」で主役を務め、名声を確立した。このドラマは、しがない高校の歴史教師がひょんなことから大統領になり、汚職や腐敗に立ち向かうという筋書きだった。

ウクライナ国内でフィクションの世界の「大統領」を、本物の大統領にしようという機運が盛り上がった。２０１９年の大統領選で、当初は当人も「当選はあり得ない」と思っていた。だが、同年4月21日に実施された決戦投票で、現職大統領だったポロシェンコを大差で破って勝利した。テレビドラマの効果が大きかった。同時に、このドラマを放映したテレビ局のオーナーで、大富豪のイーホル・コロモイスキーの支援を受けたことも、勝因のひとつに挙げられている。

プーチンは、ウクライナの親米欧派のポロシェンコとは常に敵対してきた。プーチンは、マイダン革命で親ロ派のヤヌコビッチが大統領の座を追われたことを「非合法クーデター」とみなす。ポロシエンコがヤヌコビッチ弾劾後の大統領選で当選したにもかかわらず、プーチンは正式な大統領とみなしてこなかった。ポロシェンコが2015年のミンスク合意に同意したのに、反ロ感情をあおるだけで、合意をまったく履行しなかったことへの怒りもあった。

それだけに当初は、ゼレンスキー政権の誕生に多少は期待した面もあったようだ。プーチンは2019年4月25日、極東ウラジオストクで北朝鮮の金正恩朝鮮労働党委員長（現総書記）と会談したあとの記者会見で、ウクライナ大統領選の結果は「ポロシェンコの政策の完全な失敗」を露呈したと指摘。ゼレンスキーとは「両国関係を完全に回復したいし、我々はその用意がある」と述べた。ただし、「我々が一方的にできるわけではない」として、ゼレンスキーの歩み寄りが先決との見方を示していた。[8]

国民の反発

ゼレンスキーは当初、公約実現に向けて積極的に動いた。

2019年10月、ロシアとウクライナ、OSCE、そしてウクライナ東部ドネツク、ルガンスク両州の親ロ派の各代表は「接触グループ」の会合で、ミンスク合意にもとづく戦闘停止で合意した。ミンスク合意に盛り込まれている東部の親ロ派支配地域への「特別な地位」の付与を具体的に進めることでも一致した。ゼレンスキーはその履行に際して、「シュタインマイヤー・フォーミュラ（方式）」を受け入れることに関しても基本的に同意した。

この方式はドイツ大統領のフランクワルター・シュタインマイヤーが外相時代に提案したもので、東部2州の親ロ派支配地域で地方選挙を繰り上げ実施した当日に、同地域に「特別な地位」を付与する法律を発効するとしている。実質的にウクライナによる国境管理の回復よりも、親ロ派地域への「特別な地位」の付与を優先した方式で、ロシアにとっては、ミンスク合意をさらに有利に肉づけする内容だった。

だが、東部紛争の解決を急ごうとロシアに相当な譲歩姿勢を示したゼレンスキーに対し、ウクライナ国民は激しく反発した。ゼレンスキーの支持率は急落し、対ロ譲歩路線の見直しを迫られた。ゼレンスキーのロシアへの態度は一変し、強硬になった。

２０１９年12月9日、フランスのパリでロシア、ウクライナと仲介役の独仏による4者首脳会談が開かれた。プーチンとゼレンスキーの初顔合わせでもあり、両者は個別会談も実施した。ドイツは首相のメルケル、フランスは大統領のエマニュエル・マクロンが参加した。

4者会談では東部地域の停戦、兵力の引き離し、すべての捕虜の交換などで合意した。しかし、ミンスク合意にもとづく東部親ロ派地域への自治権付与の具体的な段取りなどには踏み込まなかった。懸案は継続協議となり、4人の首脳が4カ月以内に再会談することになった。

会談後の記者会見でプーチンは「ミンスク合意以外の選択肢はなく、その完全な実現に向けてあらゆる努力を傾ける必要がある」と表明した。対するゼレンスキーはロシアに安易に妥協しない姿勢を誇示するかのように、次のように語った。「ウクライナは独立国家であり、政治の路線は自分で決定する。それを決めるのは国民だ。東部地域の問題解決のため領土を無理やり引き離すという妥協は不可能だ。何度も言うが、ドンバスはクリミアと同様、ウクライナの領土なのだ[9]」

時間稼ぎ

「4カ月以内」で合意していたロシア、ウクライナと独仏の4者による首脳会談の再会談は結局、開かれなかった。東部地域の停戦などの合意事項もほとんど履行されなかった。ウクライナ東部紛争の死者は、双方合わせて1万4000人を超えた。

「希望は最後についえるという。希望はまだあるが、彼（ゼレンスキー）はパリから戻ってから、ミンスク合意を見直さなければならないと言い始めた」。プーチンは2020年2月、ロシアのタス通信が企画した「プーチンへの20の質問」のなかで、ウクライナに関する質問にこう答え、ゼレンスキーへの不満を口にした[10]。

プーチンはその後も、東部紛争を解決するための基礎は「ミンスク合意以外はあり得ない」などとして、ウクライナ側に早期履行を迫ったが、まったく進展はなかった。翌2021年春、ロシア軍はウクライナとの国境地帯に兵力を結集させ、軍事的な威圧を始めた。その後、いったんは引いたものの、同年秋から再び、10万人規模の兵力をウクライナとの国境付近に展開させた。

一方、ウクライナは2021年10月末、東部にある親ロ派武装勢力の軍事拠点を、トルコ製の軍用ドローン「バイラクタルTB2」を初めて使って攻撃した。プーチンは激怒した。この攻撃もプーチンが最終的に、ウクライナへの軍事侵攻を決断した理由のひとつとされている。

侵攻に向けたきな臭い雰囲気が強まるなか、独仏は「ミンスク合意の履行」を説得材料にして、戦争を食い止めようとした。独仏はロシア、ウクライナとの4カ国の高官協議を断続的に開いた。仏大統領のマクロンや、メルケルに代わって2021年12月に独首相となったオラフ・ショルツがプーチンと相次ぎ会談した。だが、プーチンは結局、東部２州の親ロ派支配地域の「国家独立」を承認したうえで、ついには「ミンスク合意は存在しない」と言明。ウクライナへの軍事侵攻へと突入していった。

「ミンスク合意はウクライナに時間を与えるための試みだった」。メルケルは２０２２年末、独紙のインタビューで、ウクライナが軍事力を強化する時間を確保するために、ミンスク合意が使われたとの見解を示した。「２０１４～15年当時のウクライナは今ほど（強い国）ではなかった」[11]からだという。

プーチンはすぐさま、メルケルの発言に飛びついた。「意外だった」「残念だ」「皆が我々をだましていたのだ」……。そしてこう結論づけた。「我々が（ウクライナで）特別軍事作戦を始めたのは正しかったということだ。なぜなら、誰もミンスク合意を履行するつもりがなかったからだ」[12]

だが、ミンスク合意は、仮にメルケルの言うような狙いで作成されたにせよ、独仏が仲介した国際的に認知された合意文書だった。しかも、ロシアにとって極めて有利な内容だった。ロシアとしては、このミンスク合意を盾に、軍事侵攻ではなく、政治交渉を粘り強く続けることで、ウクライナを追い詰める方策もあったはずだ。しかも前述したように、東部紛争が膠着状態のままであれば、ロシアが毛嫌いするウクライナのＮＡＴＯ加盟も実質的に不可能なままだった。

それにもかかわらず、なぜプーチンはミンスク合意を自ら破棄し、ウクライナ侵攻という「プーチンの戦争」に踏み切ったのだろうか。

3 強まる孤立

長い机

「西側の国々は経済分野で、我が国に対して非友好的な行動をとっている。誰もがよく分かっていると思うが、非合法的な制裁のことだ。しかし、それだけではない。NATO主要国の高官たちが我が国に対して攻撃的な発言をするようになっている。したがって、国防相と軍参謀総長に対し、ロシア軍の抑止力を特別警戒態勢に引き上げるよう命じる」[13]

2022年2月27日、モスクワのクレムリン。10メートルぐらいはある細長い机の端に座ったプーチンが、遠く離れた反対側の机の端に緊張した面持ちで座っている2人に命じた。要は核戦力を運用するロシア軍部隊に対し、核兵器を迅速に使用できるような高度警戒態勢にしておくよう命じたわけだ。

命令を受けた2人は、国防相のショイグと、軍参謀総長のワレリー・ゲラシモフ。2人は一瞬、困惑したような表情を浮かべ、その後に「了解しました」と返答した。ショイグは翌28日、大陸間弾道ミサイル（ICBM）などを扱う部隊が特別警戒態勢に入ったと、プーチンに報告した。だが27日の会合の様子から判断すると、核戦力をめぐる命令は唐突で、プーチンが独断で決断したとみられる。事前に国防省幹部とは調整していなかった可能性が大きい。

米欧ではにわかに、プーチンの精神構造への関心が高まった。米紙ワシントン・ポストは2022年3月初め、「プーチンは孤立して少数のアドバイザーに頼っている。彼らはプーチンに、ウクライナを制圧するのがどれだけ困難で、どれだけ費用がかかるのかについて真実を伝えていない」「彼は新型コロナウイルス流行の影響で孤立し、イエスマンたちに取り囲まれている」といった米欧の情報機関の分析を報じた。[14]

かつて駐ロシア大使も務めたロシア通の米中央情報局（ＣＩＡ）長官、ウィリアム・バーンズも同年3月8日、米議会でプーチンについて「憤慨し、いらだっているが、常軌を逸しているわけではない」などと証言した。プーチンは国内でどんどん孤立していき、大統領に反論する意見からも遠ざけられていると指摘。大統領の行動を抑えようとする側近がいないなか、プーチンは「ウクライナの反撃する意思と、西側が行動を起こす意思」を見誤り、戦争に突入していったと分析した。

バーンズは「プーチンは自分の軍隊の遂行能力（の低さ）にも動揺しているはずだ」と付け加えた。[15]

新型コロナの余波

新型コロナウイルスは２０２０年以降、ロシアでも猛威をふるった。プーチン政権は国際線の運航停止などで外国人の入国を制限したり、憲法改正の国民投票の実施を延期したりしたが、国内の感染者や、感染による死者は日を追うごとに急増していった。

プーチンは２０２０年3月24日、最前線で対応に当たっているモスクワの病院を視察した。ところが、病院内を案内し、プーチンと握手も交わしていた担当医師が新型コロナウイルスに感染していたことが、同月末に明らかになった。慌てた大統領府は同年4月1日から、プーチンの参加する会合を原則、オンライン形式に切り替えた。直接面談する場合は、面談者の事前の長期隔離が前提となり、急を要する対面での面談の場合は、プーチンが極力、面談者との距離をあけるようになった。プーチンが直接会う人々は急減した。ロシアがウクライナに軍事侵攻した2022年の時点でも、状況はあまり変わらなかった。

長い机の端と、反対の端に座った核戦力をめぐるプーチンとショイグらの2022年2月27日の会談もまさに、新型コロナウイルス対策に配慮したのだろう。新型コロナウイルスが流行する前、プーチンとショイグは夏休みをともに過ごすなど公私ともに親密だった。そのショイグですら感染対策で遠ざけていたとすれば、肝心のウクライナ侵攻作戦の詳細を、プーチンと軍幹部の間で事前に詰め切っていなかった公算が大きい。

バーンズによれば、プーチンはウクライナの首都キーウを「2日間で制圧できる」と確信していたという。ロシア軍の戦闘能力を過大評価する一方で、ウクライナ側の激しい抵抗や反撃をさほど想定していなかったようだ。冷静で的確な専門家の分析があったとしても、プーチンの耳には入っていなかったのだろう。

FSB第5局

「プーチンがFSB第5局への懲罰を始めた」。独立系メディア「メドゥーザ」は2022年3月上旬、FSB第5局の局長と次長が逮捕され、自宅軟禁になったと報じた。

第5局は主に旧ソ連諸国をロシアの勢力圏につなぎとめる工作を担う部局で、プーチンがFSB長官時代に発足。ウクライナの「オレンジ革命」など、旧ソ連で相次ぎ起きたカラー革命で親ロ派の指導者たちが権力の座から追われたため、旧ソ連諸国でロシアの影響力を維持させることを主眼に、2004年から独立した部局として機能が強化されたという。諜報活動だけでなく、親ロ派の指導者を選挙で支援することなども主要任務となっていた。

旧ソ連諸国のなかでもウクライナは、第5局が最も重視していた国だった。今回のウクライナ軍事侵攻に際しても、ウクライナの政治状況などの情報をプーチンに流していた。しかし、軍事作戦はプーチンの思い描いたようには進まず、プーチンもようやく、第5局の分析情報が誤っていたことに気づいた。要は「第5局はプーチンの怒りを恐れ、プーチンが聞きたい情報だけを伝えていた」[16]。第5局が流した情報のなかには、侵攻したロシア軍が首都キーウ入りすれば、現地の人々から歓迎されるはずだ、といった分析まであったとされる。

メドゥーザの報道から約1カ月後。英紙タイムズは、プーチンがFSB第5局の職員約150人を解雇・追放し、当時の局長はモスクワのレフォルトボ刑務所に入れられたと報じた。ウクライナ侵攻当初の軍事作戦の失敗の責任を取らせたのだという[17]。

ウクライナでの軍事作戦が、まったく首尾よく進まない――。プーチンの怒りの矛先は、軍部にも向いている。侵攻開始以降、ロシア黒海艦隊の司令官、西部、東部、南部、中央の各軍管区の司令官、補給担当の国防次官らの更迭・解任情報が相次いでいる。

ウクライナ侵攻作戦を統括する総司令官についても、２０２２年10月に任命されたセルゲイ・スロビキン（前職は航空宇宙軍総司令官）が翌23年1月に副司令官に降格。後任の総司令官にはついに、軍制服組でトップの参謀総長ゲラシモフが兼任のまま任命された。

ウクライナ軍事侵攻を機に、皇帝とも称されるプーチンの独善ぶりが、いたるところで顕著になっている。ロシアでは「プーチンの戦争」を誰も止められないのか。そもそもプーチン一人に権力が集中するロシアの政治システムは、どのように形成されたのだろうか。

4 インナーサークル

ロシアの一市民

質問「あなたは政治家ですよね」
プーチン「いいえ、私は政治家ではない。政治家とは政治的なキャリアを積んだ者のことだ。私はそうしてこなかった」
質問「では、あなたは何者ですか？」
プーチン「私は大統領になったロシアの一市民だ[18]」
プーチンはかつて、ある研究所の所長とこんな会話をしたことがあるという。
ソ連最後の最高指導者だったゴルバチョフはスタブロポリ地方のソ連共産党委員会第一書記、党中央委員会書記、党政治局員と上り詰めたうえで、党書記長、大統領となった。プーチンの前任者のエリツィンも、スベルドロフスク州党第一書記、党中央委員、党政治局員候補、モスクワ市党第一書記などを歴任した。長年にわたって政治家としてのキャリアを積みながら、帝王学を学んできたわけだ。
しかし、プーチンはどちらかというと裏方のKGB出身だ。しかもKGB時代はさしたるエリートでもなかった。その後も、地方行政府では第一副市長まで務めた経験はあるものの、モスクワでは内務官僚的な仕事が多く、1999年秋に首相に就任するまで、中央政界で表舞台に立ったことはほとんどなかった。「ロシアの一市民」という当人の言い方には当然、多少の謙遜が含まれているだろうが、自分が政治家としては、ずぶの素人で、政治的なカリスマもないことを自覚していたのだろう。

ロシアのある女性ジャーナリストは１９９８年12月、ＦＳＢ長官だったプーチンにインタビューしたときの様子を書き残している。自分の長官職解任の噂に触れたプーチンは「大統領（エリツィン）は3期目の出馬はないと明言している。次の大統領はこの（ＦＳＢ長官）職に能力が高く、自分に献身的な人物を据えたいと願うだろう。私が退かなければならないのは明らかだ……」と話したという。

このジャーナリストは「プーチンは当時、自分が将来、『帝位継承者』になるとは夢にも思っていなかった。それどころか、今のささやかな職ですら突然、地獄に落ちるように失ってしまうのではないかとビクビクしていた」と振り返っている。[19]

ところが、一市民で、政治家としてずぶの素人だったプーチンが突然、「帝位継承者」となり、ロシアという大国を率いることになった。自分のキャリアの弱みをどう補っていくか。プーチンが真っ先に取り組んだのは、政権運営を表と裏で担う側近たちを、自分の親しい人間で固めていったことだ。主な人材の発掘先は、かつて自分が所属していたＫＧＢと自分の出身地サンクトペテルブルクだった。

政治局

「政治局」――。ロシアの研究機関ミンチェンコ・コンサルティングは、プーチンの側近集団を長年にわたって分析している。プーチンを中心にした権力構造を、ソ連共産党の一党独裁政権下での最高意思決定機関だった政治局になぞらえて、最も近い側近は政治局員、その下のレベルの側近は政治局員候補としている。２０２１年6月時点の分析結果によると、「政治局」入りしているプーチン（１９５２年10月7日生まれ）に最も近い側近は、以下の9人だという。[20]

（★＝ＫＧＢ人脈、☆＝サンクトペテルブルク人脈）

★ニコライ・パトルシェフ＝安全保障会議書記、元ＦＳＢ長官（１９５１年７月11日生まれ）

☆ドミトリー・メドベージェフ＝安全保障会議副議長、元大統領、元首相（１９６５年９月14日生まれ）

★セルゲイ・チェメゾフ＝国営の巨大軍需関連企業ロステックの最高経営責任者（ＣＥＯ）（１９５２年８月20日生まれ）

★イーゴリ・セチン＝国営石油大手ロスネフチのＣＥＯ、元副首相（１９６０年９月７日生まれ）

セルゲイ・ソビャーニン＝モスクワ市長、元チュメニ州知事、元大統領府長官（１９５８年６月21日生まれ）

セルゲイ・ショイグ＝国防相、元非常事態相（１９５５年５月21日生まれ）

☆ユーリー・コバルチュク＝大富豪。ロシア銀行の大株主、全国ネットのテレビ局などを傘下に収めるナショナル・メディア・グループの創設者の一人（１９５１年７月25日生まれ）

☆ゲンナジー・ティムチェンコ＝大富豪の実業家。天然ガス大手ノバテクなどの大株主（１９５２年11月９日生まれ）

☆アルカジー・ローテンベルク＝大富豪の実業家。パイプラインなどの建設業を中心に幅広く事業展開（１９５１年12月15日生まれ）

昔の仲間

パトルシェフはかつてＫＧＢのレニングラード支部に勤務し、プーチンとともに働いた。プーチンの信頼が厚く、かねて側近グループの「ナンバーワン」[21]といわれている。チェメゾフはプーチンと同時期に旧東独のドレスデンに駐在し、ともに同じアパートに住んでいて親交を深めた。

メドベージェフはプーチンと同じレニングラード大学法学部卒だ。プーチンがサンクトペテルブルク市行政府の対外関係委員会議長だったときに、同委員会の法律担当顧問を務めた。セチンも同市行政府でプーチンの実質的な秘書役を担った。プーチンが故郷からモスクワの大統領府に職を移ったときに、セチンは一緒に行きたいと懇願。プーチンは「まるで飼い猫を家に連れて行く」[22]ようにモスクワに呼んだとされる。側近の実業家のうち、ティムチェンコとローテンベルクは、プーチンが十代前半から地元で始めた柔道の練習仲間だった。

ミニ解説⑤――メドベージェフの変身

「米ロ関係をリセットしましょう」
米オバマ政権の国務長官ヒラリー・クリントンは２００９年３月６日、ジュネーブで開かれたロシア外相ラブロフとの初会談の冒頭、冷え込んでいた両国関係を再起動して立て直そうと呼びかけた。そして手製のリセットボタンをラブロフに贈呈した。ボタンには英語とロシア語で「リセット」と書いてあるはずだった。だが、ラブロフは直ちにロシア語の誤りを指摘した。リセットのロシア語は「ペレザグルースカ」だったが、荷物の過搭載を意味する「ペレグルースカ」と書かれていたからだ。[23]
誤訳したのはオバマ政権でロシア政策を担った学者で、後に駐ロシア大使になったマイケル・マクフォール。「何のためにリセットのロシア語訳が必要なのか知らなかった」といい、ロシア語の勉強がおろそかになっていたなかで、何とかひねり出した言葉だったと自伝に書いている。[24]だが、誤訳はけがの功名となった。会談の場は一気になごみ、リセットという標語が瞬く間に定着した。

そのマクフォールによれば、リセットは米国が「安全保障と経済の領域で目的を達成する手段として、ロシアと付き合いを深める」ことだった。[25]しかも当時のロシアの大統領は、リベラル派とされたメドベージェフ。プーチンなら難しいが、メドベージェフとなら目的を達成できると考えたようだ。

実際、それが結実したのが、オバマとメドベージェフが２０１０年４月にチェコのプラハで署名し、翌11年２月に発効した米ロの新ＳＴＡＲＴだった。ロシアでは２０１２年、再びプーチンが大統領に復帰したが、オバマはメドベージェフの大統領続投を望んでいたという。

メドベージェフはレニングラード出身で、プーチンと同じくレニングラード大法学部を卒業した。学生時代は重量挙げの選手で、趣味は西側のハードロック鑑賞。ディープ・パープル、ブラック・サバスなど英国のロックグループがとくに好きだった。１９８９年春、改革派のサプチャクがソ連の人民代議員に立候補した際に、選挙運動に参加。１９９０～95年にサプチャクの下で顧問を務め、プーチンとともに働いた。プーチンより13歳年下で、ＫＧＢ人脈でもないが、プーチンが首相に就任した１９９９年以降、政権を支える側近中の側近となっている。

２００７年６月、大統領補佐官だったイーゴリ・シュワロフ（後の第一副首相）は米ワシントンでの国際会合で、翌年３月の大統領選では「２人のリベラルな第一副首相」が有力なプーチンの後継候補と明かした。[26]メドベージェフと、ＫＧＢ出身のセルゲイ・イワノフだった。実際、プーチンは2人を競わせたうえで、大方の予想を覆し、よりリベラルで西側志向とされたメドベージェフを後継に選んだ。

プーチンが大統領に復帰した2012年以降、メドベージェフは長らく首相を務めた後、2020年1月に安全保障会議の副議長となった。国民の間では人気がなく、メディアにもあまり登場しなくなっていた。ところが、ロシアがウクライナに軍事侵攻して以降、国内で最も過激な好戦論者として台頭し、核兵器使用の可能性も含めた刺激的な発言で米欧やウクライナを威嚇するようになった。

たとえば、2023年2月には「米国がロシアの敗北を望むなら、我々は核を含むあらゆる兵器で自衛する権利がある」[27]と主張した。翌3月にも「外国の兵器が毎日、ウクライナに供給されている。これは核による世界の終末を近づかせている」[28]などと発言。ウクライナがクリミア半島を奪還しようとした場合も、核兵器を使用する可能性があると警告した。[29]

こうしたメドベージェフの〝変身〟については、再びプーチンの後継として、大統領復帰をめざす布石ではないかとの見方が出ている。強硬発言で愛国主義的な強い指導者のイメージを誇示し、人気回復を画策しているというわけだ。もっともメドベージェフは大統領のときに北方領土を訪問するなど、日本に対しては当初から極めて強硬だった。根っからの国粋主義者が一時的に、リベラルな仮面をかぶっていたのかもしれない。

また「政治局員候補」には、FSB長官のボルトニコフ、SVR長官のナルイシキン、長らく財務相として政権を支えた元会計監査院長官のアレクセイ・クドリン、政権初期の経済政策を立案した元経済発展貿易相でロシア最大手銀行ズベルバンクCEOのゲルマン・グレフ、ロシアの天然ガス最大手ガスプロムCEOのアレクセイ・ミレルらが含まれる。彼らはいずれもプーチンのKGB人脈か、サンクトペテルブルク人脈だ。

このようにプーチンは政権発足前後から政治、治安、経済、財界など様々な分野に〝昔の仲間〟を配置していき、権力基盤の中枢に、強固なインナーサークルを徐々に形成していった。ただし、インナーサークルの多くの人々は、単に〝仲間〟だからプーチンに協力したわけではない。エネルギーを筆頭にした国有資産の私物化を含め、莫大な金もうけのための様々な利権や恩恵が得られたからだ。プーチンと側近たちをめぐる汚職や腐敗の黒い噂は、枚挙にいとまがない。しかも、かなり以前から闇が浮上していた。

—5— 利権と恩恵

サリエの告発

「彼はきりっと相手を見据え、妥協の余地を一切みせなかった。彼は人間的な接触ができない冷徹な人だ」

1992年3月末、サンクトペテルブルク市議会の一室。同市議会議員で食糧委員会委員長だったマリーナ・サリエはサシで会って、相手の不正・汚職疑惑の真相を問いただそうとした。相手とは、同市対外関係委員会議長のプーチンだった。

ことの起こりは前年１９９１年の冬。ソ連崩壊前後の混乱期のさなかで、街中の商店には食料がほとんど並んでいなかった。連邦政府は各自治体に、石油や木材、非鉄金属などの国内資源を海外に売り、調達外貨で食料品を購入することを許可した。同市で許認可手続きや業者選定などを統括したのがプーチンだった。

ところが市内の食料不足は一向に改善しない。疑問に思ったサリエは取引資料などの開示を要求。渋ったプーチンはようやく一部資料を提出したが、原本は決してみせなかった。サリエが断片資料をかき集めて詳細に調査すると、契約額と外貨収入額がまったく合わない。さらに「仲介業者の手数料が外貨収入額の25％と法外に高かったり、資源が国際市場価格の10分の1で売却されたりしたケースもあった」。

かつてプーチンの不正を告発したマリーナ・サリエ（2000年2月、筆者撮影）

疑惑を確信したサリエは検察当局に捜査を依頼したが、「違法性はない」との返答だった。究極の手段として直談判に臨んだわけだが、プーチンはまったく聞く耳を持たなかった。面談はわずか数分で決裂。疑惑を徹底追及すると息巻くサリエに対し、プーチンは捨てゼリフを口にした。「あなたによくないことが起きますよ」。サリエは間もなく、食糧委員長から解任された。[30]

プーチンの疑惑は曖昧なまま、不問に付された。

プーチンが同市で主導した資源と食料のいわゆる「バーター取引」には、ミンチェンコ・コンサルティングが「政治局員」とみなす側近たちの一部が関与していた。とくに実業家のティムチェンコは石油取引の面で深く関わっており、後に石油トレーダーとして巨万の富を築くきっかけになったとされている。

オーゼロ

1996年、プーチンはサンクトペテルブルク郊外の高級別荘地を、不動産協同組合を通じて共同購入した。「オーゼロ（湖）」と名づけられた協同組合の共同出資者の一人が、実業家のコバルチュクだった。民間銀行の「ロシア銀行」の大株主でもあるコバルチュクはプーチンの「金庫番」と呼ばれ、政権を資金面で支えている。

コバルチュクは大手メディアグループ「ナショナル・メディア・グループ」の創設者としても知られる。同グループの会長職に就いているのは、2004年のアテネ夏季五輪で金メダルを獲得した元新体操選手のアリーナ・カバエワだ。カバエワはプーチンの愛人とされており、米英などは、ロシアによるウクライナ侵攻後に制裁対象者に指定している。

一方、「プーチンの下僕」とも称されるセチンは2012年以降、ロシア最大の国営石油会社ロスネフチのCEOとして君臨している。ローテンベルクもプーチンとの太いパイプを駆使し、政府からロシア本土とクリミア半島を結ぶ「クリミア橋」の建設工事などを受注している。

クリミア橋はプーチンが政権最大の偉業とみなすクリミア併合後の2015年に建設が始まり、18

年に開通した。政権にとってこの橋は、極めて象徴的な存在となっている。2022年10月、ウクライナ側が仕掛けたとされるテロ行為で橋の一部が爆破された際には、プーチンが激怒してウクライナ全土へのミサイル攻撃を激化させた経緯がある。

話を少し戻そう。2021年1月中旬、反体制派指導者のナワリヌイがドイツでの療養を終え、ロシアに帰国した。前年8月に西シベリアからモスクワに戻る飛行機のなかで意識不明の重体となり、ドイツに緊急搬送されていた。何とか一命をとりとめ、健康が回復して帰国したナワリヌイを、当局は空港で直ちに逮捕した。

その2日後、ナワリヌイは調査チームとともに「プーチンのための宮殿」と題する暴露動画を、動画投稿サイトのユーチューブで公開した。プーチンの側近のビジネスマンらが、ロシア南部の黒海沿岸の保養地に、プーチンのための宮殿を建設したと糾弾したのだ。宮殿の敷地はモナコ公国の約39倍の広さで、プールやカジノ、劇場などを備えた豪華な宮殿建設に、日本円に換算して約1400億円もの莫大な費用が投じられたと断じた。[31、32] これをきっかけに、ナワリヌイの釈放を求めていた若者らがプーチン政権の汚職・腐敗にも非難の声を上げ、街頭で抗議デモや集会を繰り返すようになった。

「プーチン・システム」

「(宮殿は) 私や親族のものではないし、過去に所有したことも決してない」。プーチンは疑惑の否定に躍起となった。政権側は抗議集会の参加者を次々と拘束して弾圧していったが、このままでは国民の疑念を払拭できないとプーチンは考えたのかもしれない。ナワリヌイによる暴露動画の公開からほどなく、プーチンの旧友でもある大富豪のローテンベルクが「自分が所有している」と名乗り出た。[33]

ホテルに改装するつもりだと語ったものの、逆にプーチンとその仲間が水面下でいかに癒着し、利権を分配して私財を蓄えているかを垣間見るようなエピソードとなった。

政治学者のパブロフスキーは、様々な利権を持ったり、恩恵を受けたりしている一部の政財界関係者らがプーチンを支える今の権力構造を「プーチン・システム」と名づける。このシステムの下では、利権を享受し、恩恵を受ける多くの利害関係者たちが「プーチンがいつまでも政権の座に残るよう望んでいる」という。[34] それゆえに誰も、プーチンに苦言を呈したり、プーチンの暴走に歯止めをかけようとしたりせず、システムをできるだけそのままの形で維持し、長続きさせることに執心している側面があるのだろう。

強権統治でことごとく抵抗勢力を潰し、「イエスマン」ばかりが集う居心地の良いシステムのなかで長年、安住してきたプーチンはある意味で、裸の王様のような存在になっているのかもしれない。

反体制派の政治評論家の一人は「プーチンは自分が、世界の偉大な指導者の一人だと思い込むようになっている。たとえばインドのマハトマ・ガンジー、あるいは中国の鄧小平と同水準の指導者だと錯覚し始めている。ロシアの帝国時代の領土を取り戻す、あるいは世界戦争でロシアが勝者だと見せつけたい、といった考えを持っているようにみえる」と話す。

パブロフスキーによれば、プーチン・システムは「ソ連の末期、そして1990年代の大混乱の時期を生き抜き、同じ思考、同じ境遇、同じ経験をしてきた人々の集まり」でもある。[35] プーチンと同様、あるいはプーチン以上に「強い大国」「帝国ロシア」の復活を志向していたとしても不思議ではない。

プーチンがウクライナ軍事侵攻を決断するに当たっては恐らく、反米の大国主義者であるパトルシェフやコバルチュクの影響を受けていたのだろう。とくにコバルチュクはプーチンが最も信頼する知性派の親友で、新型コロナウイルスが流行するなかでも、プライベートでしばしば会っていたといわれる。ちなみにコバルチュクの父親はウクライナ系で、著名な歴史学者だった。専門は第２次世界大戦史だったが、クリミア半島のセバストポリの海軍学校で教壇に立ったこともあった。

６　三権分立の形骸化

「翼賛議会」

賛成４０１、反対０、棄権０——。

ロシア連邦議会の下院は２０２３年２月22日午前、米ロ両国が２０１０年に調印し、翌11年２月５日に発効した新ＳＴＡＲＴの履行を停止する法案を採択した。[36] 新ＳＴＡＲＴの履行停止は、プーチンが前日の２月21日、年次教書演説のなかで表明したばかりだった。そのプーチンが議会での審議を要請したのだが、下院は大統領演説から丸一日もたたないうちに法案をスピード審議し、しかも全会一致で承認したわけだ。

ロシアの連邦議会は、地方の代表者で構成される上院（連邦院、定数１７０）と、選挙で議員が選ばれる下院（国家院、定数４５０）の両院制だ。

下院は２０２３年６月時点で、プーチンの政権与党である「統一ロシア」が３２１議席と、全体の７割以上を占める。続いて「ロシア共産党」が57議席、中道左派の「公正ロシア・真実のために」が28議席、極右の「ロシア自由民主党」が23議席、政権に近い改革派新党の「新しい人々」が15議席となっている。[37] こうした野党はすべて「体制内野党」で、政権を批判する真の野党勢力は下院で議席を持っていない。結局、今の議会は、プーチンの方針を追随するだけのいわば「翼賛議会」になっているのが現状だ。

2022年2月、プーチンはウクライナ東部2州の親ロシア派支配地域の「国家独立」を承認し、東部2州からの軍事支援要請に応えるという名目でウクライナに軍事侵攻した。下院はその直前、プーチンに対して、東部2州の親ロ派支配地域を独立国家と認める法案を承認するよう求めた決議を採択している。実際はプーチンが主導したのだが、あくまでも議会の要請にもとづいて承認したという形にして体裁を整え、侵攻の言い訳のひとつにした。「翼賛議会」たるゆえんである。

政権与党づくり

ロシアで政権与党づくりが本格的に始動したのは、1999年8月にプーチンがエリツィン大統領の後継候補として首相に就任したころだった。といっても、発案した中心人物はプーチンではなく、政商ベレゾフスキーだったという。

ソ連最後の最高指導者となったゴルバチョフ、ロシア初代大統領のエリツィンはいずれも、議会対策に苦しんだ。とくにエリツィンは新憲法問題で議会と激しく対立。1993年10月には、軍に命じて議会勢力が立てこもるモスクワの最高会議ビル（現政府ビル）を砲撃させ、多数の死傷者を出した。安定した政権運営には政権与党の存在が不可欠だと、ベレゾフスキーらは考えたわけだ。

さらに当時、次期大統領の有力候補に浮上していた元首相のプリマコフが、モスクワ市長のルシコフと組み、中道連合の「祖国—全ロシア」を率いて下院選に臨もうとしていた。プリマコフの連合が勝てば、エリツィン政権下で築いた自らの利権が奪われかねない——。そんな危機感もあって、エリツィン派の政財界の要人たちは、プーチンとともに政権を支える与党「統一」の勝利に力を入れた。ベレゾフスキーは主に、自らが実質支配していた全国ネットのテレビ局を使って貢献した。テレビを通じてプーチンとプーチンが率いる政党を賛美し、同局の報道番組の看板キャスターを通して、ルシコフやプリマコフの悪評を広めた。プーチン陣営の選挙対策を担当した補佐官は選挙後、この看板キャスターが「下院選の結果を決定づけた」と語った。[38]

1999年12月19日、下院選の投開票が実施された。政権による様々な工作が奏功したのだろうか。「統一」は「祖国―全ロシア」に僅差で勝利し、ロシア共産党に次ぐ第2位の議席を獲得した。第一歩としては大成功だった。

政権のイデオローグといわれたスルコフ（筆者撮影）

ちなみに当時、「統一」を躍進させようと大統領府サイドで奔走したのが、内政担当副長官のウラジスラフ・スルコフだった。父親はチェチェン人。オリガルヒ系の2つの銀行の幹部職などを歴任して1999年に大統領府入りした。当初から他の大統領府幹部とは性格が異なり、官僚というよりはデザイナーのような雰囲気を醸し出していたという。

スルコフはプーチンのKGB人脈でも、サンクトペテルブルク人脈の人間でもない。だが、やがてプーチン体制を影で支えるイデオローグ（理論家）的存在になる。スルコフの発案のなかでとりわけ有名なのが、「主権民主主義」だ。西側の民主主義だけでなく、強権的な統治体制も民主主義だと主張し、プーチンの強権体制を正当化したのだ。

これに関連して、スルコフは「西側の連中が我々に民主主義を語るとき、彼らが考えているのは、我が国の石油やガスの埋蔵量のことなのだ」と語っている。[39] 西側による米欧流の民主主義の押しつけに、かなり反発していたのだろう。スルコフは副首相や大統領補佐官も歴任し、2020年に辞任するまで、プーチンの重要な側近の一人として存在感を発揮した。

中央集権の強化

話を元に戻そう。「統一」は2001年12月、競合していた「祖国―全ロシア」と統合し、巨大な政権与党「統一ロシア」が誕生した。2003年12月の下院選以降、「統一ロシア」は第1党の地位を不動のものにしていく。

一方で、政権は政党法を成立させ、党員数や全国の支部の数などが一定数に満たない少数政党は下院選に参加できないようにした。また、選挙登録の不備など様々な理由をつけて、政権に批判的な野党勢力を徐々に選挙から排除していった。さらにプーチンは「自分を支持する政党には責任を持つ」[40] との原則のもと、ロシア共産党など下院で議席を持つ野党にも圧力をかけ、重要案件では政権を支持する「体制内野党」として取り込んでいった。

政権基盤を強める手段として政党改革を推進したプーチンは、エリツィン政権下で進んでいた地方自治も見直し、中央集権化を進める行政改革にも本腰を入れた。1期目の大統領就任直後の2000

年５月、全国を７つの連邦管区（行政管区）に分割し、それぞれの管区に大統領が直接任命する「大統領全権代表」を監督役として配置する抜本改革を断行したのだ。中央による地方の統制を一気に強めるのが狙いだった。

連邦議会の上院についても、地方の実力者である各自治体の首長と議会議長の上院議員兼務を禁じ、中央政権に対して、より忠実な議会へと改組させた。

さらに２００４年、子どもたちを中心に多数の犠牲者を出したベスランの学校占拠事件を受け、プーチンは地方知事など各地方自治体の首長の選出方法を改め、従来の公選制から実質的な大統領任命制に変更した（その後、公選制を復活）。ロシアの分裂を回避し、統一国家として維持していくには、地方を含めた統治機構の一体化と、中央への権限集中が欠かせないという理屈だった。

一連の地方改革と「統一ロシア」の地方浸透の相乗効果で、全国レベルで〝総与党化〟が進展していった。プーチンは司法にも圧力をかけ、裁判所幹部を中心に政権への追随を強要した。プーチン体制を支える強固な基盤が確立していくなかで、ロシアの三権分立は完全に形骸化した。

プーチン体制の現実は、たとえば、下院議長のビャチェスラフ・ウォロジンの経歴をみればよく分かる。ウォロジンは副首相、大統領府第一副長官などを歴任。そのうえで、プーチンによる実質的な任命により、２０１６年から下院議長を務めている。「統一ロシア」に属し、プーチンの熱烈な支持者の一人でもある。

そのウォロジンはロシア大統領府が事実上主催する国際会議の場で、次のように公言したことがある。「プーチンがいるからロシアがある。プーチンがいなければ、ロシアはない」[41]

第6章 しぼむ大国

1 「独裁帝国」の表裏

批判恐怖症

「プーチンは決断力がない。弱い人間だ」

「彼（プーチン）は概して、慌てふためくほど批判を恐れている。したがって要するに、彼は反体制派が怖いのだ[1]」

当初は親しい間柄だったのに、プーチンの大統領就任後に激しく対立し、やむなくロシアを去って、英国で命を落とした政商ベレゾフスキーが遺した言葉だ。

2000年春、ベレゾフスキーはプーチンに対し、反体制派を育成するよう進言した。「ロシアの民主改革を不可逆なものにする」ためには、反体制派の存在が不可欠だと主張したのだ。だが、プーチンはまったく聞く耳を持たず、逆に反体制派の排除に腐心した。ベレゾフスキーもまさか、プーチンが「独裁帝国」のようなものを築き上げるとは想像していなかったに違いない。

プーチンは極めて強固な権力基盤を背景に、大統領の座にどっぷりと居座り、さらなる延命につなげようと、政治システムの改変に熱心に取り組んでいった。それが2020年の憲法改正だ。

「たぶん、連続2期の『連続』を削除してもよい」。2019年12月、プーチンはモスクワで開いた年末恒例の記者会見で、憲法は「社会の発展水準に合致させる必要がある」と指摘。大統領の任期などを見直す憲法改正に前向きの姿勢を示した。[2] 当時の憲法規定では、連続2期務めた大統領がいったん退き、間隔をあけた後に再び、連続2期まで大統領職を担うことができた。

プーチンも2000年から08年まで2期連続で大統領になり、メドベージェフ政権下で首相を務めた後、12年から再び大統領職に復帰。2018年に再選されていた。憲法を改正しない限り、プーチンは2024年の大統領選には出馬できない。そんななか、プーチンが逆に単純に2期までとする大統領任期の短縮を示唆するような発言をしたため、「プーチンは院政への布石を敷こうとしている」「政治生活の引退を決断したのでは?」といった噂が飛び交った。

翌2020年1月、プーチンは年次教書演説でさっそく、政治システムを変革するための憲法改正を提案した。前年末の記者会見で表明したように、大統領任期を最大2期に制限するほか、議会権限を強化することを改憲案の骨子とした。[3] プーチンが院政を模索しているとの臆測はますます強まった。連邦議会では改憲案の集中審議が始まり、追加・修正条項が次々と固まっていった。

テレシコワ提案の怪

改憲案の作業が大詰めを迎えていた2020年3月10日のことだった。下院本会議で突然、大きな修正動議が持ち上がった。世界初の女性宇宙飛行士で、政権与党「統一ロシア」所属議員のワレンチ

女性初の宇宙飛行士テレシコワの人気はいまだに高い（写真はヤロスラブリの記念館、筆者撮影）

ナ・テレシコワが壇上に立って紙を読み上げ、「憲法の大統領任期の制限を撤廃すべきだ。あるいは国民が望むなら、現職大統領が再び出馬できる可能性を憲法で規定すべきだ」と、唐突に提案したのである。[4] 国の安定には、プーチンの続投が欠かせないとの趣旨だった。

　下院に急遽呼ばれて演説したプーチンは、テレシコワ提案に原則同意した。結局、改憲案では大統領任期を2期までとするとともに、今回の改憲前の大統領の任期をゼロとする「ゼロ条項」案を盛り込むことで決着した。改憲案は7月の全国民投票で賛成票が約78%に上り、成立。プーチンは最長で2036年までの続投が可能になった。

　ところが、くだんのテレシコワ提案には疑惑がつきまとっている。提案はテレシコワ本人の意思ではなく、「自分がそのような提案をすると知ったのは、下院本会議の当日の朝だった」というのだ。[5] 実はテレシコワ提案に先立つ同年2月、大統領補佐官を退任したばかりのスルコフがインタビューで「大統領の任期をゼロにする必要性が出てくる」と予言していた。[6]

一方のプーチンは同年1月中旬、サンクトペテルブルクで開いた市民との会合で、「国家の指導者たちが次から次へと、人生最期の日まで権力の座に居座り、政権移行に必要な条件も整えずに死んでいった1980年代半ばの状況に戻ることを懸念する」と表明。自らの退陣を示唆するような態度を示していた。[7] ところが、テレシコワ提案が出ると今度は「選挙がなかった1980年代と今とは状況が違う」と弁明し、前言をあっさりと翻してしまった。

恐らく政権は、当初からプーチン続投のための改憲をもくろんでいたようだ。しかし、超長期統治に対する世論の反発に配慮。プーチン自身はまずは自らの任期延長を否定し、国民人気の高いテレシコワの切なる願いに応じて、やむなく「ゼロ条項」案に同意する――。こんなシナリオを描き、国民の支持を集めようとしたのだろう。

権力のとりこになったプーチンは2022年2月、ウクライナへの軍事侵攻を決断した。「プーチンの戦争」は勝つにせよ、負けるにせよ、他人任せにはできない。自ら戦争に幕を引こうとすれば、それまでは原則、健康不安さえなければ大統領を辞められないはずだ。ひょっとしたら、プーチン自身が批判した1980年代のソ連の国家指導者たちと同じ道を、プーチン自身が歩まざるを得なくなるかもしれない。

ユーコス解体

ベレゾフスキー評では「反体制派が怖い」プーチンは、大統領就任当初から政界だけでなく、財界にも厳しい圧力をかけた。標的になったのは、エリツィン時代の「民営化」と称する国有資産の安売りで大もうけし、我が世の春を謳歌していたオリガルヒと呼ばれる大富豪たちだった。ベレゾフスキーをはじめとした一部のオリガルヒは、政界にも強い影響力を持っていた。

プーチンがまず、オリガルヒに対して定めたルールは「政治に介入するな。介入しなければ、我々も邪魔をしない」だった。[8] プーチンは２０００年5月の大統領就任直後から、全国ネットのテレビ局を抱えるなどメディア支配を強めていた大富豪のグシンスキー、ベレゾフスキーの２人を追い詰めていった。その経緯は前述した通りだ。テレビは政界を操る有力な手段になっているとみなしたからだろう。

２０００年7月28日、プーチンは国内の大企業や大銀行のトップをクレムリンに呼んだ。その場でプーチンは、企業が競合他社に勝つために国家機関や治安機関を使うことは許さないが、「政権が過去の民営化の結果を見直すことはない」と公約した。[9] だが、約束は守られなかった。

政権はやがて、財界での活躍ぶりが飛び抜けていた大富豪を攻撃の標的にした。ロシアの民間石油最大手ユーコスを率いていた石油王のミハイル・ホドルコフスキーである。ホドルコフスキーも他のオリガルヒと同様、エリツィン政権による国有資産の民営化政策の恩恵を最大限受けた。とくに集中して投資していたのが石油分野で、ユーコスを短期間で世界有数の一大石油企業に育てた。

ホドルコフスキーがプーチンと初めて会ったのは、１９９９年8月のプーチンの首相就任後だったという。もともと、「プーチンの首相任命には積極的でなく、むしろ反対していた。ＫＧＢ出身だからではなく、明らかに管理能力が欠如していたからだ」[10] と、ホドルコフスキーは振り返っている。

２００３年10月、そのホドルコフスキーが突然、脱税容疑で逮捕された。背景をめぐっては諸説ある。まず、「政治に介入するな」というプーチンのルールを破り、ロシア共産党や改革派野党などに政治資金を提供していたことだ。ホドルコフスキーは当時、首相や大統領職に強い関心を持っており、将来的に政界進出するための布石ともいわれた。ただし本人は、プーチンはロビー活動の禁止は口にしていなかったはずだと反論している。

次に、ユーコスが同じ石油大手のシブネフチと合併し、ロシア版の石油メジャーを創設したうえで、株式の一部を米欧の石油メジャーに売却する壮大な計画を立てていたことが挙げられる。ユーコスは石油パイプラインの国家独占を崩し、独自にパイプラインを建設して中国に石油を供給する構想も持っていた。

さらに、逮捕の直接の原因になったとされるのが、2003年2月に開かれたプーチンと産業企業家同盟の代表者たちとの会合だ。ホドルコフスキーはこの会合の場で、国営石油会社ロスネフチの汚職体質を糾弾。逆にプーチンの怒りを買ったといわれている。[11]

もっとも、「クレムリンは国内石油資産の30%もの所有権が、サインひとつで外国に移管されることが許せなかった。政権は当時、エネルギーを使ってロシアを国際政治のトップリーグの国に戻したいと考えていたからだ」[12]。プーチンは結局、ユーコスが持つ資産の魅力と、ホドルコフスキーが将来、手ごわい政敵になるかもしれないという恐れの両方を考慮し、一気に潰しにかかったのだろう。その証拠にユーコスは解体され、主要な資産はロスネフチに移管。ロスネフチのトップには、プーチンの「飼い猫」のセチンが就いた。

ホドルコフスキー自身は2005年、懲役9年の実刑判決が確定し、刑務所に収監。政治活動は不可能となった。結局、2013年12月に恩赦で釈放され、国外に逃れた。

そして時はたち、ウクライナ戦争のさなか、かつてのホドルコフスキーのようにプーチンが恐れ、刑務所に収監されたままになっているのがナワリヌイだ。ホドルコフスキーのケースと同様、ナワリヌイの長期収監を米欧が激しく非難しており、プーチンが率いるロシアの国際評価を著しく下げる一因にもなっている。

2 歪んだ歴史観

第2次世界大戦の開戦責任

「ウクライナの真の主権はまさに、ロシアとのパートナーシップによって可能になると確信している。我々の精神的、人的、文明的関係は数百年にわたって形成され、同じ源から発し、共通の試練や成果、勝利によって強固になった[13]」

プーチンが2021年7月12日に発表した「ロシア人とウクライナ人の歴史的一体性について」と題する論文の一コマだ。プーチンはどうして、ウクライナへの軍事侵攻を決断したのか。論文は侵攻の背景を探るうえで、欠かせない要素のひとつになっている。

それにしてもなぜ、プーチンは自ら歴史論文を書いたのか（あるいは自分の名前で、誰かに書かせたのか）。執筆時点ですでにウクライナへの軍事侵攻の可能性をある程度は想定していたかもしれないが、侵攻を準備するために書かれたとは考えにくい。むしろ、プーチンが長年にわたって頭のなかで練り上げてきた独自の歴史観を吐露し、ウクライナを再び自陣に引き寄せる呼び水にしようとしたように感じられる。

実はプーチンは、「ウクライナ」論文に先駆けて、第2次世界大戦をめぐる歴史論文を執筆し、発表している。米欧の歴史観に真っ向から挑戦する内容で、反響も大きかった。プーチンは恐らく、その〝成功体験〟から、歴史論文が国民の愛国心を鼓舞したり、自らの政治・外交路線を正当化したりするうえで、重要な題材になると考えたのではないだろうか。「ウクライナ」論文もその流れで執筆し、発表したようにみえる。

では、もともとの第2次世界大戦の論文は、どういう経緯で書かれたのだろうか。

2019年9月19日、欧州議会は第2次世界大戦の開戦80年に合わせて、「欧州の未来に向けた欧州の記憶の重要性」と題する決議を採択した。決議は、1939年8月にソ連とナチス・ドイツが結んだモロトフ・リッベントロップ協定と呼ばれる不可侵条約と秘密議定書が「第2次世界大戦勃発の引き金となった」と明記した[14]。要はナチス・ドイツだけでなく、ソ連にも開戦責任があったと断じたわけだ。

秘密議定書はポーランド分割を含め、東欧・バルト地域での独ソ両国の勢力圏を画定した。ドイツ軍はこの協定を締結した翌月の9月にポーランドに侵攻。対する英国とフランスがドイツに戦線布告した。ソ連軍もポーランドに侵攻して分割占領した。こうした歴史的経緯から欧州諸国の間では、第2次世界大戦の開戦責任はソ連にもあるとの見方が一般的になっている。

CIS首脳に講義

ところがプーチンは、欧州議会の決議に猛反発した。不満のはけ口の場にしたのは2019年12月20日、サンクトペテルブルク。旧ソ連の構成共和国だった国々で構成するCISの非公式首脳会議の場だった。プーチンはまるで「歴史の先生」のように、第2次世界大戦にまつわる〝自己史観〟にもとづく歴史講義を延々と続けた。

プーチンの解釈によれば、第2次世界大戦を招く一因となったのはベルサイユ条約。第1次世界大戦の戦後処理として結ばれた同条約は、「収奪」ともいえる重い賠償金を敗戦国のドイツに課した。その恨みがナチスの台頭につながり、次の大戦へと向かったという見方だ。

西側が第2次世界大戦の「開戦の引き金」になったと断じる独ソ不可侵条約についても、ソ連に先駆けてポーランドや英仏などがナチス・ドイツとの間で同様の協定を結んでいたと強調。ソ連は「欧州で反ファシスト連合を組成しよう」と呼びかけたものの拒否され、戦争を阻止する方策がなくなった段階で、やむなく最後に条約に署名したと弁明した。その一方で、ナチス・ドイツは大戦前のチェコスロバキアの分割や反ソ路線でポーランドと手を組んでいたとし、チェコスロバキアの解体こそが「アドルフ・ヒトラーの東方への行動の起点となり、第2次世界大戦の開戦の要因になった」と主張した。

会議に参加したCIS首脳を生徒に見立て、「歴史の先生」気取りで長々と歴史講義を続けたプーチンは最後に付け加えた。「私はこの話をうまくまとめて、論文を書きたい」[15,16]「第2次世界大戦から75周年の真の教訓」——。CIS非公式首脳会議での歴史講義から約半年後の2020年6月。プーチンは公約通り、前記の表題の歴史論文を米誌ザ・ナショナル・インタレストに発表した。

論文では前年末の歴史講義で語ったように、第1次世界大戦の敗戦国ドイツに重い賠償金を課したベルサイユ条約、チェコスロバキアのズデーテン地方のドイツへの割譲を認めた1938年9月末のミュンヘン会談が、第2次世界大戦を引き起こした主因だったと主張した。また、チェコスロバキアの分割などにはポーランドも加担していたとし、同国の責任にも言及した。[17]

過去を美化

プーチン論文は、ロシア国内では「偉大な勝利から75年――歴史と未来に対する共通の責任」と題し、日刊紙を発行するイズベスチヤから小冊子として発行された。小冊子には第2次世界大戦後にソ連が保管していたという当時の東欧やドイツの公電や外交記録も載せた。

論文はそうした記録を根拠に、当時のポーランドの駐ドイツ大使が1938年9月20日、ユダヤ人の植民地移住計画についてヒトラーと協議し、もし実現すれば「我々（ポーランド人）はワルシャワに、（ヒトラーの）立派な銅像を建てます」と話していたとするエピソードなども書き込んでいる。[18、19]

結局のところ、「ナチズムに対する堂々たる、かつ強烈な勝利を収め、全世界を救った」ソ連の功績を美化し、大国ロシアの偉大さを内外に訴えるのが、論文を発表した最大の趣旨だったのだろう。このため、歴史の美化にマイナスとなる第2次世界大戦の開戦責任については、ソ連の責任論を極力排除したかったようだ。

もっとも、プーチンはかつて2009年、ポーランド紙に載せた寄稿文では、「1939年8月に結ばれたモロトフ・リッベントロップ協定はまったく疑いなく、完全に非難されるべきものだ。ただし、前年に英仏もミュンヘンで、有名な協定をヒトラーと結んだ。これによりファシズムとの戦いで統一戦線を創設しようとしたすべての希望が壊された。我々は今日、ナチ政権とのいかなる協定も道徳的観点から許しがたく、現実からみてもまったく展望がなかったことを理解している」と述べていた。[20、21]つまり当時は、他国の責任論を展開しつつも、独ソが結んだ不可侵条約の非は認めていたことになる。

プーチンは2014年、ウクライナ領クリミア半島のロシア併合で、ロシア国民を熱狂させた。自らが掲げる「大国ロシア」の復活に向けた大きな一歩となり、大国を率いる「強い指導者」としての自信も一段と深めたはずだ。国内で「皇帝」のような存在となったプーチンにとっては、いかに歪んでいても、いかに世界の常識とかけ離れていても、もはや自分の脳裏にある歴史認識こそが正しく、唯一の歴史観となっているのだろう。

しかもプーチンが歴史ですら、国民の愛国心をくすぐる「政治の道具」にすぎないと考えているとすれば、歴史の歪曲もたいして大ごとではないのかもしれない。だが、歴史の歪曲はそれだけで、他国の不信感を増幅し、国際的な孤立を深めることになる。

3 論文の功罪

古代ルーシの子孫

では、ウクライナ侵攻と直接関連するプーチン論文「ロシア人とウクライナ人の歴史的一体性について」は、どんな内容なのか。

論文は冒頭、「歴史的、精神的にひとつの空間に属するロシアとウクライナの間に近年、壁が生じた。これは我々共通の不幸であり、悲劇だ」と強調。そのうえで、両国の歴史を振り返っている。主な主張は以下の通りだ。

▽「ロシア人、ウクライナ人、ベラルーシ人はともに古代ルーシの子孫だ」

古代ルーシとは、9世紀に誕生した「欧州最大の国家」（プーチン論文、以下同じ）であるキエフ公国（キエフ・ルーシ）のことだ。その指導者ウラジミル1世（大公）は公国をキリスト教（正教会）に改宗させた。同じ民であり、宗教も同じ正教を信仰していることは、その同族性を裏打ちしていると、プーチンはみなす。

▽『『ウクライナ』という呼称は、古代ロシア語の『オクライナ』の意味でしばしば使われてきた」

プーチンによると、「オクライナ」は12世紀の文献に出てくる言葉で、様々な境界地域を意味した。古い文献によれば、「ウクライナ人」という言葉も、もともとは境界地域で、外部との境界を守る任務を果たしていた人々のことを指していたという。キエフ・ルーシは13世紀、モンゴル帝国軍の侵攻で崩壊。その地域の大部分はリトアニア大公国（後にポーランド）が支配した。

14～16世紀にコサック集団が勢力を増し、17世紀にポーランド（ポーランド・リトアニア共和国）との全面戦争に突入。コサックの要請でロシア（ロシア・ツァーリ国）が参戦し、ドニエプル川右岸はポーランド領、左岸とキーウ（キエフ）はロシア領となり、「小ルーシ（小ロシア）」と呼ばれた」。さらにロシアは、帝政ロシア時代の18世紀後半、クリミアと黒海沿岸地域を支配下に収め、「ノボロシア（新ロシア）と名づけた」。要はウクライナという国は存在しなかったと言いたかったのだろう。

▽「現在のウクライナは完全にソ連時代の産物だ。その大部分は歴史的なロシアの産物としてつくられた」

１９１７年のロシア革命を経て、１９２２年にソビエト社会主義共和国連邦（ソ連）が創設され、ウクライナ・ソビエト社会主義共和国が構成共和国のひとつになった。レーニンの提案により、連邦を構成するのは「対等の権利を有する共和国」と定義された。１９３９年に「ポーランドが奪っていた領土の大部分」、40年にはベッサラビア地方の一部など、48年には黒海西部のズメイヌイ（スネーク）島、54年には「当時の法的規範に完全に違反」してクリミア半島が、それぞれウクライナ領になった。ウクライナの大部分の領土はもともと、ロシアのものだったということは「17世紀にロシアと再統合したときと、ソ連から離脱したときの領土の差を比較すれば明らかだ」と、プーチンは断じている。

経済パートナー

「ウクライナ」論文は、ソ連崩壊後のロシアとウクライナとの関係にも重きを置いている。

▽「ウクライナとロシアは相互補完できる自然な経済パートナーだ」

プーチンは、ロシアがソ連崩壊後、天然ガスを安価で供給するなど多くの分野で、ウクライナの国家独立を支えてきたと言明。互いの緊密な結びつきは、両国の潜在力を何倍にも膨らませることができるはずで、２０１４年までは数百件もの合意や共同計画が動いていたという。ロシアとしては２０１４年以降も両国の経済関係を維持しようと努力してきたし、ウクライナにとってはいまだに主要な貿易相手国なのに、「侵略国」と呼ばれるようになってしまったと嘆いている。

▽「ウクライナは一歩ずつ、地政学上の危険なゲームに巻き込まれていった」

プーチンによれば、米国とＥＵ諸国は２０１４年よりもずっと前から、ウクライナに対してロシアとの経済協力を縮小・制限するよう計画的に促してきた。ウクライナ、ロシア、ＥＵの3者で協議しようと提案したが、西側はロシアの再三の提案を拒否した。米欧が仕掛けたゲームの目的は、ウクライナをロシアと欧州の障壁とし、反ロシアの橋頭堡にすることだと、プーチンは断じている。

▽「ミンスク合意に代わる案はないと確信する」

ウクライナでは数百万人もの人々が、「反ロシア」を進める政権の計画を拒否したと、プーチンは主張する。主にクリミアや南東部の人々で、東部のドンバス（ドネツク、ルガンスク両州）では「ウクライナ政権の対応」によって内戦が避けられなくなった。ミンスク合意が結ばれ、ウクライナ代表は「完全な順守」を公言するが、実際の立場は「（ミンスク合意は）決して受け入れられない」。ウクライナ政権は単に、ドンバスがいらないのではないかという確信が募ってくる、とプーチンは記している。

▽「ウクライナの多くの人々にとって、『反ロシア』計画は受け入れがたい」

プーチンの見解では、数百万人にも上るこうした人々はウクライナで、顔を上げることを許されず、自分の意見を守る法的な機会も奪われ、脅迫され、殺されることもある。今や、ロシアを憎んでいる人だけが「正しい」ウクライナの愛国者とされる。しかし、ロシアは、ロシアの歴史的領土と近隣の人々が反ロシアに利用されることを決して容認しない。ロシアはウクライナとの対話に常に前向きで、非常に難しい問題も協議する用意がある。「ウクライナの真の主権はまさに、ロシアとのパートナーシップによって可能になると確信している」

そしてプーチンは論文の最後をこうしめくくっている。「ロシアが『反ウクライナ』になったことも、これからなることも決してない。どのようなウクライナであるべきか。決めるのはウクライナの国民だ[22]」

論文から伝わってくるのは、両国関係を悪化させているのは米欧であり、ロシアとウクライナは、本来は協調すべきだし、真により良きパートナーになりたいと願う思いだ。論文はウクライナ語でも発表されており、執筆時点ではやはり、ウクライナの人々に自分の考えを伝え、共感してほしいというのが主要な趣旨だったのだろう。

しかし、まるでウクライナをロシアの一部とみなすようなプーチンの歪んだ歴史観を、ウクライナの人々はどう感じただろうか。ウクライナではソ連時代の1930年代、スターリンの圧政によって農業集団化と大飢饉が発生。全人口の約2割に上る500万人もの人々が犠牲になったとされる。[23] これについてもプーチンは、本来は「我々共通の悲劇」だったものが、「ウクライナ民族の大虐殺」と記述されるようになり、歴史が書きかえられたと非難している。多くのウクライナ人はむしろ反感を覚えたことだろう。

ミニ解説⑥——ネオナチとバンデラ主義者

「ナチズムを倒した人々の記憶を守るのは我々の義務だ」

「ネオナチ、バンデラ主義者との衝突は避けられない状況だった」

2022年5月9日、モスクワの「赤の広場」で、毎年恒例となっている第2次世界大戦の対独戦勝記念日の軍事パレードが開催された。同年2月、ロシア軍がウクライナに軍事侵攻したことから、大統領がどのような発言をするかが注目された。

演説に立ったプーチンは前述のような発言をするとともに、ウクライナの「ネオナチ」が東部ドンバス地方で懲罰的な作戦、クリミア半島などでは領土侵攻の準備を進め、核兵器取得の可能性すら公言したと主張。ウクライナへの侵攻は「唯一の正しい決定」だったと強調した。[24]

プーチンはかねて、米欧寄りのゼレンスキー政権を「麻薬中毒者やネオナチの徒党」と批判。

「非ネオナチ化」をウクライナ侵攻の理由のひとつに挙げてきた。その背景には、ウクライナで2014年春、親ロ派のヤヌコビッチ政権が倒された「マイダン革命」を、ネオナチの極右の民族主義者たちの仕業とみなしていることがある。さらにもうひとつ理由がある。第2次世界大戦の前後に、ウクライナの独立運動を主導した政治家ステパン・バンデラの存在だ。

バンデラは1909年生まれ。「ウクライナ民族主義者組織」の指導者で、ウクライナ西部を中心に戦前はポーランド支配、その後はソ連支配からの独立を求めて、武装闘争やテロ活動を主導した。1959年、滞在先のミュンヘンでKGBの工作員に暗殺された。

そのバンデラはソ連による占領に対抗するため、一時的にナチス・ドイツとの協力を唱えた経緯がある。このため旧ソ連やロシアでは、バンデラを「ヒトラーの協力者」、バンデラ主義者を「ネオナチ」とみなして批判する。

一方、ウクライナでは「占領された領土にいた人々は誰でも、占領した政権とある程度、協力した面はあった[25]」などとし、バンデラ、あるいはバンデラ主義者とネオナチを同一視すべきではないとする見方が根強い。むしろウクライナでは1991年の国家独立以降、バンデラを英雄視する傾向が広がり、各地に銅像も建てられるようになった。

とはいえ、プーチンにとって「ネオナチ、バンデラ主義者の排除」はロシア国内では、ウクライナ侵攻の正当性を訴えるための格好の口実となっている。第2次世界大戦の対独戦で、ソ連は3000万人近い犠牲者を出した。国内ではナチズムへの憎悪や嫌悪感がいまだに根強い。それだけに「ネオナチの排除」という標語は、国民の理解や共感を得やすいわけだ。

もっとも、ウクライナを率いるゼレンスキーはユダヤ系だ。そのゼレンスキーの政権を「ネオナチ政権」と批判するのは無理がある。そこでロシア外相のラブロフは2022年5月、何とかつじつまを合わせようと「ヒトラーもユダヤ人の血が入っていた」と発言してしまった。これにはイスラエルの激しい怒りを買い、プーチンがイスラエル首相に謝罪する一幕もあった。[26]

暗躍「ラスプーチン」

ウクライナ軍事侵攻が始まって以降、しばしば指摘されてきたのが、ロシア軍の士気の低さだ。ウクライナ側は侵略者から祖国を守るという明確な目的がある。一方のロシア軍は、多くの兵士が何のために戦うのかが分かっていない。ウクライナ侵攻はほぼ、プーチンの独断で決められたため、軍幹部の多くも侵攻の目的を理解していないというのだ。

先にみてきたように、プーチンには独自の歴史観があり、ウクライナに対する特別な思い入れがある。ウクライナの多くの人々が「反ロシア」を拒否している、といった現実とかけ離れた認識も散見されるが、プーチン自身はそれなりの確固とした論理にもとづいて、侵攻を決断したはずだ。

しかし、それを軍幹部に理路整然と、納得がいくまで説明した形跡はみられない。軍最高司令官であるプーチンの命令には従うが、ロシアの軍幹部や兵士たちの多くは、何のために戦争をしなければならないのか理解できないから、士気も盛り上がらない。ウクライナに比べて圧倒的な軍事力を保持しているのに、一連の戦闘でしばしば劣勢に立たされる一因だろう。

こうしたロシア軍のふがいなさにあきれ、独自の兵士たちを送り込んでウクライナと戦ってきた勢力がある。チェチェンの首長ラムザン・カディロフと、実業家のエフゲニー・プリゴジンの部隊だ。カディロフは「カディロフツィ」と呼ばれる民兵部隊、プリゴジンは自ら創設した「ワグネル」という民間軍事会社に多くの雇い兵を抱えている。２人はいずれもウクライナへの徹底攻撃を唱えた強硬派で、それぞれの部隊を激戦地に投入。現地での様々な残虐行為を主導してきたといわれる。２人はロシア軍幹部の「失政」も激しく非難し、その影響で司令官が解任されるケースもあった。

２人のうち、とくにウクライナ侵攻後に存在感を一気に増し、プーチンにも強い影響を与えるようになったとされるのがプリゴジンだ。プーチンと同じサンクトペテルブルク出身。露天のホットドッグ売りから超高級レストランの経営者へと出世を重ね、そのレストランを愛用したプーチンと親しい関係になった。大統領府などとの間で、ケータリング契約を結ぶようになり、「プーチンの料理人」と呼ばれるようになった。

プリゴジンが国際的に知られるようになったのは、２０１６年の米大統領選へのロシアの介入疑惑だ。サンクトペテルブルクにある「インターネット・リサーチ・エージェンシー（ＩＲＡ）」が米大統領選に介入した情報工作の拠点とされ、ＩＲＡを実質運営していたのがプリゴジンだったからだ。

米紙やロシア紙によると、ＩＲＡは２０１５年半ばの時点で８００～９００人の要員を抱えていた。このうち多いときで80～90人が「米国担当」として、フェイスブック、ツイッターなどのソーシャルメディアを通じて情報工作を展開。米国人を装った多数の偽アカウントの開設や投稿、ブログの運営、政治広告の掲載などで共和党の大統領候補だったトランプを支援していたという。[27、28、29]

そのプリゴジンが今度は、ウクライナ戦争で暗躍し、自ら創設したワグネルをフル活用しているわけだ。しかもプリゴジンは兵員不足を補うため、刑務所の受刑者を兵士として積極的に採用し、ウクライナ東部のバフムトなど戦闘が激しい前線に投入した。米政府はワグネルが約1万人の雇い兵と、約4万人の受刑者をウクライナに送り込んだと推計している。[30] 戦死者も相当数に上っているとみられ、プリゴジンはバフムトの戦闘だけでワグネル部隊の約2万人が死亡したとしている。

民間軍事会社が勝手に受刑者を兵士に登用しているとは考えにくく、政権と裏でつながっているのは確実だろう。現にプーチンは2022年11月、ワグネルの動きに呼応して、重罪の受刑者を軍に動員できる法改正に署名した。

ロシアの政治評論家アンドレイ・コレスニコフはそんなプリゴジンを「ニコライ2世の時代のラスプーチンのようだ」と評する。怪僧といわれたグリゴリー・ラスプーチンは帝政末期、皇帝一家に取り入り、ニコライ2世の統治を影で操って国政を混乱させた。[31] プリゴジンは2023年6月、国防相のショイグらロシア軍幹部の対応を批判して武装蜂起を宣言。一時、ワグネルの部隊をモスクワに向けて進軍させた。その後、ベラルーシ大統領ルカシェンコらの仲介で部隊は撤収。反乱は収束したものの、プーチン政権に大きな衝撃を与えた。プリゴジンが「21世紀の怪僧」だとすれば、プーチン統治の終わりが近づいていることを暗示しているのかもしれない。

―4―「裏庭」の離反

新年の指輪

2022年12月末、ロシア第2の都市サンクトペテルブルクで、旧ソ連の構成共和国だった国々が参加するCISの非公式首脳会議が開かれた。会議を主宰したプーチンは参加国の各首脳に、金や白金を使ったとみられる高級そうな指輪を贈った。指輪には「2023年、新年おめでとう」の文字と、会議の開催国である「ロシア」が刻み込まれていた。だが、会議に出席したロシアを除く8カ国首脳のうち、指輪をつけたのはベラルーシ大統領のアレクサンドル・ルカシェンコ一人だけだった。[32]

ロシアが同じ旧ソ連の構成共和国だったウクライナに軍事侵攻して以降、旧ソ連諸国の間でロシアと距離を置く動きが顕著になっている。

国連総会は2023年2月23日、ロシアによるウクライナ侵攻開始から丸1年のタイミングで、侵攻を非難する決議を141カ国の賛成で採択した。

当事国のロシアとウクライナ、それから完全に欧州圏入りしているバルト3国を除く旧ソ連の10カ国の対応をみると、決議に反対したのはベラルーシだけだった。親米欧路線を取るジョージアとモルドバは賛成し、残る中央アジア5カ国とアルメニア、アゼルバイジャンの計7カ国は棄権、または投票を回避した。侵攻直後の2022年3月2日に国連総会が採択したロシア非難決議と同様、旧ソ連の多くの国々は少なくとも、ロシアの侵略行為を支持しなかった。

ロシアの国際政治学者トレーニンによれば、ロシアは当初、大小にかかわらず、すべての旧ソ連諸国に同等の主権を認めると宣言していた。ロシア初代大統領のエリツィンは、旧ソ連諸国の間に「兄とか、弟とかいう関係はない」と公言していたという。[33]

ところが状況は、ジョージア、ウクライナなどで「カラー革命」が起きた2003年ごろから一変した。プーチン率いるロシアは、周辺国の民主革命を米国による地政学的な侵略とみなした。プーチンが一時的に影響を受けたとされるロシアの極右思想家アレクサンドル・ドゥーギンも「米国の主要な安全保障戦略のひとつは、ユーラシア地域に、米国の利益を考慮せずに独自の政治を行う勢力が生じるのを阻止することだ」とし、その戦略の一環として、旧ソ連地域ではCIS諸国とロシアの引き離し、CIS地域での反ロシア連合の創設などを目標にしていると論じている。[34]

米国に対抗する意図もあって、プーチンはCIS地域への関与、圧力を強めてきた。前述したように、2008年にジョージア、14年にウクライナに軍事介入した。一方で、軍事同盟の集団安全保障条約機構（CSTO）の機能をロシア主導で強化。経済面ではユーラシア経済同盟を創設して、CIS諸国のつなぎとめに躍起となっていた。現在、ユーラシア経済同盟にはロシア、ベラルーシ、カザフスタン、アルメニア、キルギスの5カ国、CSTOには前述の国々にタジキスタンを加えた6カ国が参加している。

プーチンは文字通り「盟主」として振る舞うようになり、ロシアとこうした国々の関係は「対等」から「主従」の構図が次第に際立つようになっていた。ところが、ロシアによるウクライナ侵攻をきっかけに、従来の構図に大きな変化が起きつつあるようだ。

噴出する不満

「疑似国家地域の国家独立は認められない」[35]

2022年6月17日、ロシア第二の都市サンクトペテルブルクで開かれた国際経済フォーラム。プーチンも参加したフォーラムで演説した中央アジアのカザフスタン大統領のカシムジョマルト・トカエフは、ロシアが承認したウクライナ東部のドネツク、ルガンスクの両「人民共和国」の国家独立を認めないと表明した。

トカエフは同年1月、カザフで燃料価格の高騰を受けた争乱が起きた際、CSTOに軍事支援を要請し、派遣されたロシア軍中心の部隊の協力を仰いだ経緯がある。それにもかかわらず、翌2月にロシアのウクライナ侵攻が始まると、ロシアには加担せず、一貫して和平交渉による解決を求めてきた。カザフ外務省は米国の制裁を恐れてか、「カザフはロシアに制裁を科さないが、ロシアによる米欧の制裁逃れを助けることもしない」[36]と公言している。

カザフだけではない。

2022年9月15日、ウズベキスタンのサマルカンドで地域協力組織「上海協力機構（SCO）」の首脳会議が開かれ、同会議を利用した2国間会談も相次いだ。ロシアと中央アジアのキルギスの首脳会談もそのひとつだったが、プーチンが先に会談場に到着し、数分間だったが、キルギス大統領のサディル・ジャパロフが到着するまで、立ったまま待たされるという場面があった。[37]わずか数分間とはいえ、CIS諸国にとって好き嫌いはともかく、プーチンは「皇帝」のような存在だけに、侵攻前なら、ほとんどあり得ない光景だった。

同年10月14日、カザフのアスタナでロシアと中央アジア5カ国の首脳会談が開催された。その会議で、今度はタジキスタン大統領のエモマリ・ラフモンが「我々にもっと敬意を払ってほしい」「中央アジアを旧ソ連時代のように扱わないでほしい」と、プーチンに直接、訴えた。小さな国だと見下さないでほしい、ロシアの属国のような扱いをしないでほしいと、文句をつけたわけだ。[38]

さらに同年11月23日、コーカサス地方のアルメニアの首都エレバンで開かれたCSTOの首脳会議。「アゼルバイジャンに、さらなる侵略の青信号を出すようなものだ」。アルメニア首相のニコル・パシニャンはプーチンの面前で、CSTOの対応を批判し、主要な合意事項をまとめた宣言への署名を拒否した[39]。アルメニアとアゼルバイジャンは係争地ナゴルノカラバフの領有権をめぐって対立し、何度も戦闘を繰り返してきた。プーチンは従来、両国の停戦を仲介するとともに、係争地にロシア軍を駐留させ、平和維持に努めてきた。しかし、ウクライナ侵攻後はロシアやCSTOによる関与の度合いが極端に薄まり、アルメニア首相の不満が爆発したようだ。

先輩と後輩

プーチン「（ロシア）訪問に応じてくれて、ありがとう」
ルカシェンコ「まるで、私が拒否するのではと思っていたような口ぶりですね」
プーチン「いや、我々は忙しいから、自国でもやることが多いでしょう。それはともかく、昨日、あなたの記者会見を拝見しましたよ」
ルカシェンコ「みなければよかったのに。多分、がっかりしたでしょう」
プーチン「そんなことはない」
ルカシェンコ「そんなことはない？　それは私にとってプラスだ」[40]……

2023年2月17日、モスクワ郊外でプーチンと、ベラルーシ大統領のルカシェンコの首脳会談が開かれた。ベラルーシは旧ソ連諸国で唯一、ロシアのウクライナ侵攻を支持している国だ。だが、会談冒頭の両首脳のやりとり、とくにルカシェンコの言葉の端々には、トゲのようなものが感じられる。

ルカシェンコがベラルーシ大統領に就任したのは1994年。大統領歴でみれば、2000年に就任したプーチンよりも先輩だ。「欧州最後の独裁者」と称され、反体制派を徹底弾圧する一方、大統領任期の制限を撤廃するなどして権力を保持してきた。6選を果たした2020年8月の大統領選では、政権側による大規模な不正があったとされ、ルカシェンコ退陣を求める抗議デモや企業のストライキが各地で広がった。ルカシェンコは治安部隊や軍を投入し、抗議デモを徹底弾圧して鎮圧した。大統領選に出馬し、抗議行動を主導したスベトラーナ・チハノフスカヤら反体制派の指導者の多くは、国外退去を余儀なくされた。

当時、米欧がルカシェンコ批判を強めるのを横目に、プーチンは早々に、ルカシェンコの「当選」を祝福した。抗議デモが激しさを増すと、ロシアの治安部隊の現地派遣も示唆して、ベラルーシの反政権勢力を牽制した。

両国は1999年に連合国家創設条約を締結するなど、旧ソ連諸国の間でもとくに、結びつきが強い。ベラルーシは経済的にロシアに依存しており、ロシア産エネルギーを安価で調達するといった様々な恩恵を受けている。

ルカシェンコとしても、ロシアの後ろ盾がないと政権を維持できないことは重々承知している。プーチンがウクライナで始めた戦争を全面的に支持するゆえんだろう。ただし、「後輩」であるプーチンに、自国が完全に操られる事態は何としても避けたい。プーチンが始めた戦争にとことん加担し、共倒れするようなことはしたくない――。ルカシェンコの胸中には、そんな思いがあるようにみえる。

ベラルーシは確かに、ロシア軍と共同軍事演習を実施したり、自国にロシア製の短距離弾道ミサイル「イスカンデル」を配備したりしている。プーチンが表明したベラルーシ国内での戦術核兵器の配備も受け入れるとして、ロシアの対ウクライナ戦争を積極支援する姿勢を誇示している。だが、ベラルーシ軍のウクライナ戦争への参戦だけは絶対に阻止したいというのが恐らく、ルカシェンコの本音だろう。

これまでみてきたように、ロシアのウクライナ侵攻に対する旧ソ連諸国の対応は様々だ。だが、戦闘が長期化し、米欧が制裁圧力を強め、ロシア軍の劣勢が伝えられるようになるにつれ、旧ソ連諸国のロシア離れの動きは確実に強まっているようにみえる。米欧の制裁が自国に及ばないようにしたいと考える国もあれば、ロシア軍の戦いぶりをみて、ロシアに自国の安全保障を委ねることに不安を感じるようになった国もあるようだ。

そんななか、中国国家主席の習が2022年9月、旧ソ連の中央アジアを訪問した。2023年5月には、中国と中央アジア5カ国の初の対面での首脳会議を陝西省西安で開いた。米国務長官のブリンケンも2023年2月28日～3月1日、中央アジアのカザフとウズベクを訪れた。米中とも旧ソ連地域での影響力拡大を虎視眈々と狙っているのだろう。ウクライナ戦争の動静次第では、ロシアは自らの「裏庭」とする旧ソ連地域での求心力を、急速に失う可能性が否定できない。

5 制裁のボディーブロー

マイナス2%

「西側は軍事、情報だけでなく、経済面でも我々に対抗した。しかし、彼らはまったく何も得られなかったし、得られていない。それどころか、制裁を主導した者たちは、自ら罰を受けている。つまり、自分の国の物価高、失業、企業閉鎖、エネルギー危機を誘発した。それなのに彼らは自国民に、ロシア人がすべて悪いと言っているそうだ[41]」

2023年2月21日、プーチンは恒例の年次教書演説で、ウクライナ侵攻を非難して日米欧が発動

図表4　ロシアの実質ＧＤＰ成長率

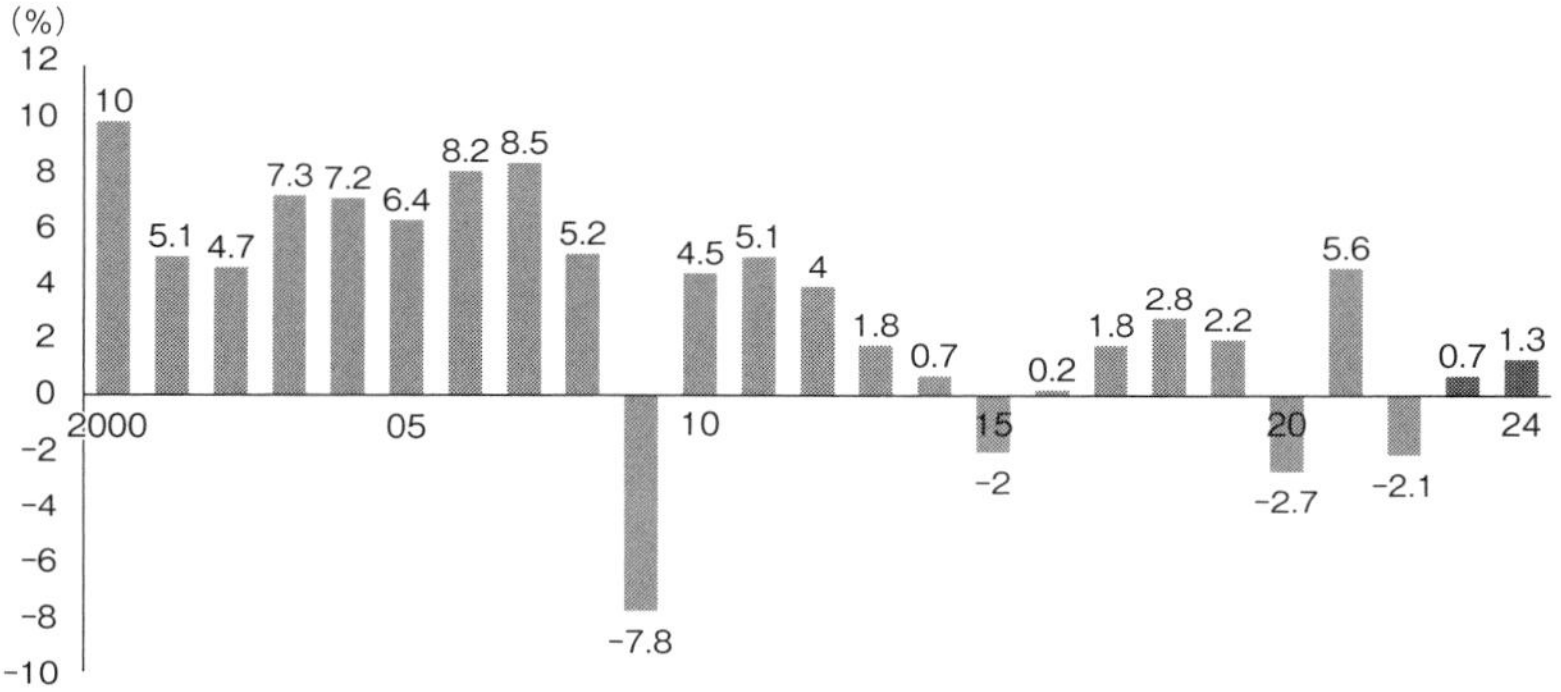

（注）2023、24年は予測
（出所）国際通貨基金（IMF）

した対ロシア経済制裁がほとんど効いていないと豪語した。プーチンはさらに、西側にとって「制裁は手段」であり、目的はロシアの「国民を苦しめて社会を内部から不安定にする」ことだと指摘。だが、ロシア経済と経済の運営システムは「西側が考えているよりもずっと強固」だと強調した。

そしてプーチンが「強固な経済」を主張する根拠に挙げたのが、「マイナス２・１%」という２０２２年のロシアＧＤＰの成長率だった。２年ぶりのマイナス成長ではあるが、「マイナス20～25%」「経済は崩壊する」とされた侵攻当初の２０２２年２、３月ごろの予測と比べれば、かなり良い数字だというわけだ。本当にそうなのか。

日米欧はロシアがウクライナへの軍事侵攻を開始した直後から、厳しい対ロ経済制裁を幾度も発動してきた。まず、プーチンや外相のラブロフなど政界要人、政権を支えるオリガルヒ幹部らの資産凍結を実施。制裁対象の個人や団体は徐々に広げていき、プーチンの２人の娘や、プーチンの愛人とされる元新体操選手のカバエワなども含まれた。

金融面では、ロシアの中央銀行や大手銀行との取引制限や資産凍結、銀行間の国際決済ネットワークである国際銀行間通信協会（ＳＷＩＦＴ）からのロシア大手銀の排除などを断行。産業・貿易面では半導体や通信装置といったハイテク製品などの対ロ輸出を原則禁止した。貿易面の最恵国待遇も撤廃した。さらに後述するように、ロシア経済を支えるエネルギー分野の本格制裁にも踏み込んだ。

ロシア経済は侵攻直後、一時的にパニック状態に陥った。侵攻前に1ドル＝75ルーブル程度だった通貨ルーブルの相場は、同約１２０ルーブル程度まで急落した。街中では日用品や食料品が急騰し、砂糖などが品不足になった。

しかし、ルーブル相場は1カ月ほどで、いったんは元の水準まで回復し、さらにルーブル高になる局面もしばらく続いた。中銀が政策金利を最高で年20％まで引き上げたほか、政府もエネルギーなどの輸出企業に対し、外貨収入の一部を強制的にルーブルに換金するよう義務づけた。こうした政策が奏功した。日常生活に欠かせない食料品などの品不足はほとんどなくなり、値上がりもかなり抑制された。モスクワのある日本人駐在員によれば、「街中のスーパーは侵攻前とほぼ変わらず、モノがあふれている」という。

「ロシアに対する経済電撃戦はもとより、成功するチャンスはなかった」[42]。プーチンは２０２２年6月、サンクトペテルブルクでの国際経済フォーラムの演説で、西側の制裁にロシアが打ち勝ったとの認識を示した。一見すると、確かにプーチンが豪語しているように、ロシアは西側の制裁の影響をほとんど受けていないようにも感じられるのだが、果たしてどうだろうか。

ノルドストリーム悲話

２００５年9月8日、ドイツのベルリン。ロシアの天然ガス最大手ガスプロムと、ドイツのエネルギー大手エーオン、化学大手ＢＡＳＦの首脳が世紀の合意文書に署名した。バルト海の海底を通じて、独ロ間を直接結ぶガスパイプラインを建設しようというもので、後にこのパイプラインは「ノルドストリーム」と呼ばれるようになる。

「大急ぎで準備された」とみられる署名式典には[43]、ドイツ首相のシュレーダーと、訪独したプーチンが同席した。シュレーダーは10日後に、連邦議会選挙を控えていた。パイプライン建設合意は、友人であるシュレーダーに対するプーチンの選挙応援でもあった。だが、18日の選挙では、与党のドイツ社会民主党（ＳＰＤ）が、メルケル率いるキリスト教民主・社会同盟（ＣＤＵ・ＣＳＵ）に僅差で敗れた。シュレーダーはメルケルに、首相の座を譲ることになった。

選挙から2カ月後の２００５年11月、ガスプロム幹部がシュレーダーに面会を求めてきた。ハノーバーの空港ホテルで会うと、先方はノルドストリームの運営会社の会長就任を要請してきた。シュレーダーは悩んだ。すると12月9日、プーチンが自ら携帯電話に電話をかけてきた。シュレーダーは会長就任を受諾した[44]。

ロシアのガスが初めて欧州に供給されたのは、旧ソ連時代の１９７３年。ソ連書記長のレオニード・ブレジネフと西独首相のヴィリー・ブラントが１９７０年に結んだ合意にもとづき、西独がソ連に大口径のガス管を提供し、西独のガス会社がソ連製ガスを購入したのがきっかけだった[45]。

冷戦時代からロシア産ガスを調達してきたドイツにとって、独ロ間を直結するパイプラインが稼働

図表５　ロシアの対外貿易（品目別）

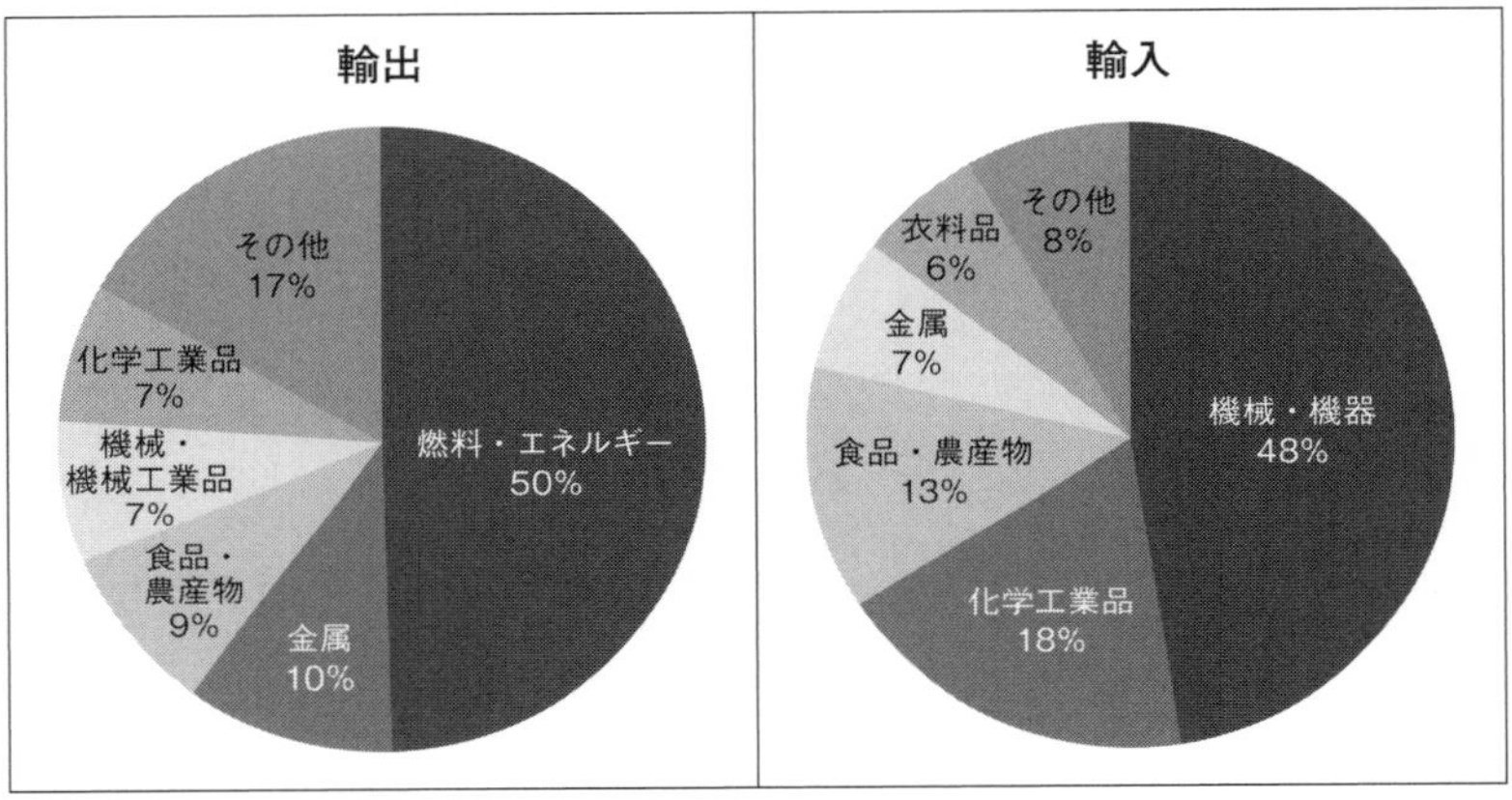

（出所）2020年、ロシア連邦関税局、CIS向けを除く

すれば、より大量のガスを安価で安定的に調達できる。シュレーダーの後押しもあって、産業界は総じて計画を歓迎した。当初は建設に否定的だったメルケルも、次第に態度を軟化。２００６年１月、首相としてプーチンと初会談したメルケルは、「ノルドストリームは欧州にとって非常に重要だ」と表明した。[46]

　合計２本のパイプラインは２０１１年に１本目、翌12年に２本目が開通し、ロシアから欧州に天然ガスを安定供給する主要ルートとなった。ドイツを筆頭に欧州は、天然ガス輸入の約４割をロシアに頼るようになった。独ロ間の直結ルートの輸送量を倍増すべく、２０１８年からは「ノルドストリーム２」の敷設が始まり、２０２１年９月に完工した。

　だが、ロシアのウクライナ侵攻で状況は一変した。欧州はこぞってロシア産ガスの調達削減に動き、ロシアも反ロを鮮明にした欧州への対抗措置として、欧州へのガス供給を大幅に絞った。ノルドストリーム２は認可手続きが停止され、稼働しないまま凍結された。

　こうしたなか、２０２２年９月に両パイプラインでガス漏れが発生し、複数の破損が確認された。ノルドストリーム経由のガス供給は完全に停止された。スウェーデンの検察当局は同年11月、破損は「爆破による破壊工作」と断定した。ロシア、ウクライナ政府は双方ともに関与を否定している。

ウクライナ侵攻前、ロシアの天然ガス輸出の約8割、石油輸出の約5割が欧州向けだった。侵攻後、ロシアとのエネルギー取引がもともと少ない米国は、対ロ制裁の一環として早々に、ロシア産原油、石炭、天然ガスの全面禁輸を表明した。

EUも米国に追随するように、段階的に対ロ制裁を強化。まず石炭輸入を禁じ、原油も2022年12月から海上輸送の輸入を停止した。同月からはG7とともに、ロシア産原油の取引価格に上限を設ける制裁も発動。2023年2月からは、EUはロシア産の石油製品の原則輸入禁止、G7は同製品の上限価格を超えた取引を制限する措置に踏み切った。侵攻を機に、欧州のエネルギー調達の脱ロシア依存が急速に進んでいる。ロシアは自国経済の生命線ともいえるエネルギー戦略の大幅な見直しを迫られつつある。

マクドナルドの撤退

ロシア経済を直撃しているのは、西側の対ロ制裁だけではない。大手を中心に米欧の民間企業も相次ぎ、ロシア市場から手を引き始めている。

米外食大手のマクドナルドは2022年3月初め、ロシアで展開する全850店の一時閉鎖を決定。同年5月にはロシア市場からの撤退を発表。フランチャイズ契約している地元企業に事業を売却した。

マクドナルドは旧ソ連末期の1990年1月31日、モスクワ中心部のプーシキン広場にロシアの第

モスクワっ子に人気だったイケアもウクライナ侵攻で閉鎖（筆者撮影）

1号店をオープンした。米ソ首脳は前年末、東西冷戦の終結を高らかに宣言したばかりだった。マクドナルドの進出は冷戦終結の象徴とされ、店頭には連日、長蛇の列ができた。それから30年超が経過し、ロシア市民の間では、人気のファストフード店としてすっかり定着していた。マクドナルドの撤退を惜しむ人々は少なくない。

マクドナルドだけではない。スターバックス、コカ・コーラ、ダノン、アップル、マイクロソフト、オラクル、ＩＢＭ、ウォルト・ディズニー、メルセデス・ベンツグループ、フォード・モーター、フォルクスワーゲン（ＶＷ）……。ロシア軍のウクライナ侵攻後、米欧の数多くの企業がロシア事業の停止や撤退、工場・店舗等の閉鎖などに踏み切った。米エール大学経営大学院によると、２０２３年６月時点でロシアに進出する企業のうち、１００0社以上が事業を縮小したという。[47]

カザフ大統領のトカエフは「およそ１４００社の大手外国企業のうち、半数がロシア市場での活動を停止したり、完全撤退したりしている」と述べ、こうした企業を自国に招き入れる環境を整えるよう政府に命じている。[48]

エネルギー分野でも英石油大手のシェルが、日本企業も参画する極東の石油・ガス開発事業「サハリン2」からの撤退を表明。米エクソンモービルも「サハリン1」からの撤退を決めた。英BPはロシアのウクライナ侵攻直後、保有するロシア国営石油大手ロスネフチの全株式（19・75％）の売却とロシア事業からの撤退を決定した。

ロシアの社会経済学者ナタリア・ズバレビッチによれば、外国の大手民間企業が撤退した影響が大きく、「自動車はほとんど買えなくなり、電子機器は価格が高騰した。家電製品の販売も落ち込んだ」。また、「市民の間では手ごろで品質の良い家具を提供していた（スウェーデンの家具大手）イケアの撤退を惜しむ声が根強い」[49]という。

欧州ビジネス協議会（AEB）によれば、2022年のロシアの新車販売台数は前年比58・8％減の約68万8000台だった。[50]西側の自動車メーカーがこぞって撤退した影響が大きい。アップル製品をはじめとする電子機器は並行輸入などで調達可能というが、西側が対ロ制裁のひとつとして発動した半導体などハイテク製品の禁輸措置は、代替品の調達が難しいだけに影響が大きい。米国製半導体を中国経由で大量輸入しているという一部報道があるものの、長期的には制裁の影響がロシア産業界に徐々に打撃を与えていきそうだ。

エネルギー分野も米欧メジャーの撤退で、新規開発や関連施設の設備更新などが難しくなる。主要な輸出先だった欧州市場の脱ロシア依存は今後も一段と加速するとみられる。原油などは一時的に中国やインドが大量に買いつけているものの、欧州向けの減少分を補うほどではない。欧州の信用を失った影響は大きく、仮にウクライナ戦争が終結しても、欧州の需要家はなかなか戻ってこないだろう。

かつてプーチン政権下で経済発展貿易相を務めたグレフ・ズベルバンクCEOは「手をこまぬいていれば、ロシア経済を（侵攻前の）2021年の水準に回復させるのに10年かかる恐れがある」[51]と警告する。戦争が長期化すれば、戦費もかさみ、財政赤字が恒常化する事態も予想される。2022年のGDP成長率は小幅なマイナスにとどまったとはいえ、制裁のボディーブローはじわじわと、ロシア経済の体力を消耗させていくだろう。

―6― 侵攻の代償

核の威嚇

偶然とはいえ、米ロ首脳はともに、「侵攻1年」を相当強く意識していたのだろう。米大統領バイデンは2023年2月20日、ウクライナの首都キーウを電撃訪問した。その翌日の21日、ロシア大統領プーチンは侵攻で延期していた年次教書演説をモスクワで実施した。

「1年前の暗い夜、世界は文字通りキーウの陥落、そして、ウクライナの終わりすら覚悟していた。だが1年後、キーウもウクライナも、民主主義もしっかりしている。米国民は、そして世界は皆さんとともにある[52]」

予告なしにキーウを訪れたバイデンは20日、ウクライナ大統領のゼレンスキーと会談。ウクライナを積極支援し、プーチンに立ち向かう断固たる意志を強調した。バイデンのウクライナ訪問はロシアによる侵攻後、初めてとなった。

数カ月前から極秘に計画し、ポーランドから車と列車でキーウ入りするという異例の訪問だった。ロシアによるウクライナ侵攻からちょうど1年のタイミングで決行することで、ウクライナを支える西側の結束が依然、まったく揺らいでいないことをアピールしたかったのだろう。

一方のプーチンも、負けていない。

「何回も言ってきたが、我々はウクライナの人々と戦っているのではない。ウクライナの人々はウクライナの政権と、西側の支配者たちの人質になっている。西側の支配者たちはウクライナを政治、軍事、経済面で実質的に占領し、数十年にわたって産業を破壊し、豊富な天然資源を略奪してきた」[53]

バイデンのキーウ訪問の翌日の21日、モスクワで年次教書演説に臨んだプーチンは、ウクライナ戦争は実質的に、米欧との戦いだと強調した。そして前述したように、西側への対抗策として打ち出したのが、米ロの新STARTの履行停止だった。

プーチンとしてはウクライナでの「特別軍事作戦」からちょうど1年の節目に当たる24日を視野に教書演説の日程を設定し、演説で何らかの戦果を国民に誇示したかったのだろう。しかし、戦闘は膠着状態で、目標とする東部の完全制圧にはほど遠い。そこで新STARTを持ち出して西側を威嚇するとともに、「核大国」ロシアの存在感を内外に誇示しようとしたようだ。実際、プーチンは延々と続いた教書演説の終盤のクライマックス部分で、新STARTの履行停止に言及した。この表明をするための演説だったと言っても過言ではない。

新STARTは、米ロが戦略核弾頭と、戦略爆撃機やICBMなどの運搬手段の配備数に上限を設けた条約だ。2010年4月、当時の両大統領オバマとメドベージェフが署名し、翌11年2月に発効した。米ロは世界の核弾頭の約9割を保有しており、大幅な核軍縮を進める画期的な条約となった。有効期間は10年間で、米前大統領のトランプは中国の参加が不可欠だとして単純延長に難色を示したが、バイデンは大統領就任早々に無条件延長を表明し、米ロの合意で5年間延長されていた。

米ロ間では2002年、米ブッシュ政権がABM制限条約から一方的に脱退した。射程500～5

５００キロメートルの地上発射型ミサイルの保有・製造を禁じる中距離核戦力（ＩＮＦ）廃棄条約も米トランプ政権が一方的に離脱を表明し、２０１９年に失効した。この結果、新ＳＴＡＲＴは米ロ間に残る唯一の核軍縮条約となっている。

プーチンはこれまで、米側による軍備管理条約からの一方的な脱退や離脱を激しく批判してきたが、ロシアも結局のところ、〝同罪〟ということになる。もちろん、プーチンは「履行停止」であり、「離脱ではない」と強調している。核の威嚇といっても、新ＳＴＡＲＴは米ロが互いを直接攻撃するための戦略核を対象にしたもので、履行停止によって核戦争の脅威が一気に高まるわけではない。

とはいえ、ウクライナ戦争で決定的となった米ロの対立は、核大国間の唯一の核軍縮条約まで事実上、反故にしてしまった。米ロの相互不信はウクライナ戦争後も容易には解消されず、世界の核軍備管理も危うい状況が長引きそうだ。

中印の警告

プーチン「ウクライナ紛争をめぐるあなたの立場、あなたがいつも話している懸念は承知しています。我々は一刻も早く（戦闘を）やめるように、あらゆる努力をします。ただ残念ながら、対峙するウクライナ指導部は対話プロセスを拒否し、自分たちの目的を軍事的手段、彼らの言い方では『戦場で』達成したいと公言しています」

モディ「今は戦争の時代ではありません。我々は何度も、とくに電話会談を通じて、この話をしてきました。民主主義、外交、対話――。これらは解決策をみつける重要な手段です。将来は平和が不可欠です[54]」

２０２２年9月16日、中央アジアのウズベキスタンのサマルカンド。中ロや中央アジア諸国、インド、パキスタンなどが加盟するＳＣＯの首脳会議の場を使って、インド首相ナレンドラ・モディとプーチンの2国間首脳会談が開かれた。モディはウクライナに軍事侵攻したプーチンに苦言を呈し、早期の戦争終結を求めた。

その前日の9月15日、同じサマルカンドで中国国家主席の習とプーチンが会談。両首脳が対面で会うのは同年2月以来で、ウクライナ侵攻後初めてだった。会談の冒頭、プーチンは次のように語った。「ウクライナ危機をめぐって、中国の友人たちのバランスの取れた立場を高く評価します。この件に関し、あなたが疑問や懸念を抱いていることを理解しています。前にもお話ししましたが、本日の会談でももちろん、我々の立場を詳細に説明するつもりです」[55]

公開された冒頭発言では、習はウクライナ戦争に触れていない。恐らく水面下での事前調整で、中国がウクライナ情勢に「懸念」を抱いていることを、プーチンの口を通じて国際社会に周知させる方法を取ったのだろう。

ウクライナ侵攻で米欧とロシアの対立が先鋭化するなか、中国とインドはロシア産原油の大量購入等で貿易額を大幅に増やすなど、ロシアとの良好な関係を維持してきた。中印とロシアはＳＣＯ、ブラジルや南アフリカを加えたＢＲＩＣＳなどの枠組みでも協力している。中ロはとくに、敵対する米国への対抗軸として協調してきた面もあった。だが、ウクライナ侵攻に関しては中国もインドも批判的で、ロシアに警告を発していることがうかがえる。

プーチンは侵攻直前の２０２２年2月、北京冬季五輪の開会式出席を兼ねて訪中し、習との首脳会談で「ＮＡＴＯの拡大反対」などを明記した共同声明に合意した。だが、ロシアの中国専門家アレクセイ・マスロフによれば、プーチンは2月の訪中時に「ウクライナで近く軍事作戦を実施すると（中国側に）事前に伝えなかったようだ」[56]という。中ロの信頼関係もさほど深くないのかもしれない。

中国外務省は2023年2月、ロシアのウクライナ侵攻1年に合わせて「仲裁案」を発表した。戦闘の停止、早期の直接対話、核兵器の使用反対などを訴えた。ただ、対ロ制裁に反対するなど、ロシアに配慮した面も一部うかがえるし、停戦の内容や段取りなど具体策は一切ない。

中国は「仲裁案」の発表後、習が3月20日からロシアを公式訪問し、4月26日にはウクライナ大統領のゼレンスキーとも電話協議して仲裁役を担う姿勢をアピールしたものの、その後も停戦への動きは表面化していない。それどころか、プーチンは習の訪ロ直後、中国の仲裁案を無視するかのように、ベラルーシへの戦術核配備を表明した。

中ロ首脳がどこまで真剣に停戦問題を協議したのかは不透明だ。米欧が中国による対ロ軍事支援を極度に警戒するなか、中国としてはむしろ、早期の戦争終結を願う中立的な立場を国際社会に示し、ロシアに一方的に加担しているわけではないと誇示する狙いが大きかったのかもしれない。

中印は今後もある程度、ロシアを支えていくだろうが、あくまでも実利的な側面が大きい。両国とも決して、ウクライナ侵攻を支持しているわけではない。ウクライナ戦争を機に、ロシアの国際的な孤立が一段と深まっていくのは疑いない。

交通事故と酔っ払い

ニーナ・プシェニチキナ「我が息子、コンスタンチン・プシェニチキンはある朝、都市防衛の戦闘で死にました。敵が彼らの陣地の近くまでやってきました。彼は塹壕から飛び出し、銃撃を受けました……」

プーチン「我が国では、交通事故で（毎年）約3万人が死亡しています。アルコールによる死者もほぼ同じです。残念ながら、人生にはそんなことがあります。人生は複雑で、多様です」「重要なのは、我々がどう生きたかです」「あなたの息子さんは（正しく）生きました。分かりますか？　彼の目的は達成されたのです。彼は無駄にこの世を去ったわけではありません。分かりますか？　その意味で、彼の人生はもちろん有意義だったのです……」[57]

2022年11月25日。モスクワ郊外でプーチンと、ウクライナでの「特別軍事作戦」に参加する兵士の母親たちの面談が開かれた。政権が兵士の家族の「痛みを分かち合っている」（プーチン）ことをアピールするのが狙いで、面談は国営テレビを通じて放映された。当然ながら、集められた母親たちはプーチンを支持する市民たちだった。

ウクライナ東部の「ルガンスク人民共和国」から来たというこの女性は、戦死した息子の写真を掲げながら、2014年に「僕はロシアのために戦う」と言って義勇軍に志願した経緯などを語った。それを受けたプーチンの慰みの言葉が、交通事故や酔っ払いでも人は死ぬというものだった。もちろん、祖国のための戦死は非常に価値があり、誇るべきものだと言いたかったのだろう。だが、あたかも「3万人程度の戦死者はたいした数ではない」と言っているようなプーチンの口ぶりに、違和感を覚えた人々は少なくないはずだ。

〝違和感〟は、大統領による年末恒例の新年のあいさつにもうかがえた。

「2022年は勇敢さや英雄的行為と、裏切りや臆病さを明確に分けた年でした。親族への愛、友人や戦友たちへの忠誠心、そして祖国への献身に勝る力はないことを示しました」

「重要なのはロシアの命運です。祖国防衛は我々の祖先と子孫に対する神聖な責務です」[58]

2022年12月31日の夜、プーチンは例年通り、テレビを通じて国民に新年のあいさつをした。だがその内容は、とても新年のあいさつとはいえなかった。

しかもプーチンの背後には、兵士たちがずらり。プーチンの発言内容も、兵士たちが並ぶ背景の演出も、まるでロシアが戦時下で攻撃を受けているような異様な雰囲気だった。

プーチンはウクライナ侵攻に当たり、これは戦争ではなく、「特別軍事作戦」だと強調した。市民生活も普段通りで、多くの国民はウクライナでの戦闘を他人事のようにみていた。だが、プーチンが2022年9月に部分動員令を発令して以降、若者を中心に動揺が広がった。

戦闘を続けるべきか、和平交渉を始めるべきか――。レバダセンターが侵攻1年に当たる2023年2月に実施した世論調査によると、戦闘継続派が43％、和平交渉開始派が50％だった。年齢別だと18～24歳の若者は61％が和平交渉の開始を求めた。[59]

プーチンへの不満、ウクライナ戦争への反対、徴兵の忌避……。ウクライナ侵攻以降、若者を中心にロシアから国外に脱出する人々が急増している。総数は100万人前後に達しているとみられる。とりわけ、情報技術（IT）の技術者など高い知識を持った高学歴の若者の国外脱出が多い。高度人材の頭脳流出は将来、ロシアの経済発展を阻害する大きな要因のひとつになりかねない。これもまた侵攻の代償であり、「しぼむ大国」を予感させる事例のひとつとなっている。

第7章　日ロ関係への視座

1　非友好国

米欧と共同歩調

「暴挙には高い代償を伴う」

日本首相の岸田は迅速に動いた。ロシアがウクライナへの侵攻を開始すると、ロシアとの関係は「これまで通りにしていくことは、もはやできない」と言明。米欧に同調して、対ロシア制裁を矢継ぎ早に表明した。

ロシアの個人・団体などへの資産凍結と査証（ビザ）発給の停止、一部銀行との取引制限、ロシア国債の発行・流通の禁止、半導体などハイテク製品の輸出規制……。大統領のプーチンや外相のラブロフら政界要人の資産凍結、石油精製装置の対ロ輸出の禁止、ロシア中銀との取引制限、ロシア大手銀をSWIFTから排除する措置などを米欧が打ち出すと、日本政府も直ちに追随した。

日米欧のG7首脳は侵攻直後の2022年2月24日、オンライン協議で共同声明を採択。ロシアの侵攻を「深刻な国際法違反」とするとともに、G7として「厳しい協調された経済・金融制裁」を実施すると表明していた。日本としては、G7の一角としての責務を着実に履行した面もある。

日本政府は2014年のロシアによるウクライナ領クリミア半島の併合や、ウクライナ東部紛争をめぐっては、米欧と距離を置き、ロシアに対する厳しい経済制裁を科さなかった。当時は安倍政権下で、プーチンとのトップ交渉によって何とか、懸案の北方領土問題を解決したいという思いが強く、厳しい制裁で日ロ関係を冷え込ますのは得策ではないと考えていたからだ。

だが、北方領土問題はまったく進展がみられなかった。日ロの関係改善に熱心だった安倍政権の退陣後は、日本のロシアへの関心も薄れた。領土問題はまったく打開のメドが立たなくなり、日ロの政府間協議もほぼ途絶えるなかで、ロシアによるウクライナ侵攻が起きた。ロシアの「暴挙」が極めて深刻だという理由はもちろんあるが、岸田政権としてはある意味で、厳しい対ロ制裁に同調しやすい状況下にあったともいえる。

ミニ解説⑦——サハリン沖資源開発事業

ロシアによるウクライナ軍事侵攻を受け、日本の民間企業の間でも、ロシア離れの動きが広がった。トヨタ自動車、日産自動車などが相次ぎロシアでの自動車生産事業から撤退し、ファーストリテイリングはロシアでの「ユニクロ」事業を一時停止した。日ロの経済協力は今後、さらなる先細りが避けられそうにない。

一方で侵攻後も、経済安全保障などの観点か

サハリン南部プリゴロドノエにあるサハリン２の生産設備（筆者撮影）

ら、ロシアとの関係を維持している日本企業もある。その象徴的な事例が、サハリン沖資源開発事業の「サハリン１」「サハリン２」だ。

サハリン１は、ロシアによるウクライナ侵攻前、オペレーター（操業主体）の米エクソンモービルと、日本のサハリン石油ガス開発（ＳＯＤＥＣＯ）が各30％、ロシアの国営石油最大手ロスネフチと、インド石油天然ガス公社（ＯＮＧＣ）が各20％を出資。サハリン北部の沖にある鉱区を開発し、２００５年10月からロシア国内向けの原油・天然ガス生産を始め、翌06年10月に日本を含めた海外市場への原油輸出を開始した。日本のＳＯＤＥＣＯは半官半民の会社で、経済産業省、石油資源開発、伊藤忠商事、丸紅などが出資している。

サハリン２はロシアのガスプロムが50％強、英シェルが27・５％弱、日本の三井物産が12・５％、三菱商事が10％を出資していた。サハリン島を南北に縦断する原油・天然ガスパイプラインを敷設するとともに、同島南部のプリゴロドノエにＬＮＧ製造基地と原油積み出し基地を建設。２００９年3月からＬＮＧの出荷が始まった。サハリン2から日本に供給されるＬＮＧは、日本のＬＮＧ総輸入量の1割弱に達する。事業主体であるガスプロムの幹部の一人はかつて「サハリン2のＬＮＧ事業は、過去10～15年で最も成功したプロジェクト」と自賛していた。[1]

対ロ関係改善に意欲的だった安倍政権下では、日ロのエネルギー協力を推進しようとする動きが活発になった。サハリン2のＬＮＧ基地の増設、極東のウラジオストクやサハリンでのＬＮＧ基地の新設といった計画案が浮上。日ロ間に海底ガスパイプラインを敷設する構想も非公式に検討された。さらには、サハリン1に参画するロスネフチの株式の一部を日本に売却する案まであった。

ロスネフチの株式売却案をめぐっては後日談がある。ロシア政府内で一時、対日経済協力の窓口も務めていた経済発展相のアレクセイ・ウリュカエフが２０１６年11月、収賄容疑で逮捕された。ロスネフチを率いるセチンに賄賂を要求し、多額の現金を受け取ったという。後に裁判の過程で、当時の逮捕直前のウリュカエフと、セチンの会話記録（セチンがおとり捜査で盗聴器を仕掛けていた）が公開され、以下のような会話が交わされていたことが明らかになった。

セチン「彼ら（日本人）は相当な実利主義者だ。彼らは自分たちにとって重要な課題、すなわち領土という政治的な得点を得ようとする。交渉でもその問題を提起してきたので、拒否した」

ウリュカエフ「当然だ」

セチン「すぐさま、言ってやったよ。ダメだとね」

ウリュカエフ「安倍はいつもロシアに譲歩しているといわれるので、何かを示さなければならない。（ロスネフチ株の取得は）10年先のエネルギー資源の供給を保証する非常に興味深い資産調達だと話すことができる」……

セチン「彼らははっきりと『我々は前進がないと厳しい』と言ってきた。私は待ってくれ、その話は私にしないでくれ、私の領分ではないと言い返したよ[2]」

当時のプーチンの側近たちの日本に対する本音が垣間見える。いずれにせよ、日ロのエネルギー協力構想はどれも、安倍の退陣とともに下火となり、ロシアのウクライナ侵攻で完全に白紙状態になった。

それどころか、サハリン1はエクソンモービル、サハリン2ではシェルがそれぞれ撤退を表明。ロシアは事業運営を現地の新会社に移管することを決めた。日本も撤退するかどうかの決断を迫られた。日本政府はエネルギー安保の観点から権益維持が望ましいとの結論を出した。それを受けてサハリン1、サハリン2の参画企業はそれぞれ出資継続をロシア政府に要請、認可を得て新運営会社への参加が決まった。サハリン2については、シェルが保有していた権益をロシアのガス大手ノバテクが取得したという。とはいえ、今後も綱渡りの状況が続きそうだ。

不気味な示威行動

ロシアは黙ってはいなかった。

2022年3月7日、ロシア政府は「ロシアの非友好国・地域」に関する3月5日付の政令を公表。米国、EU加盟国（27カ国）、英国、カナダ、オーストラリア、シンガポール、韓国、台湾などとともに、日本を「非友好国」に指定した。ロシアの政府、自治体、企業や個人は外貨債務を抱えていても、「非友好国・地域」の債権者に対しては、ロシア通貨ルーブルによる返済が可能になると規定した。[3]

プーチンは同年3月5日、航空会社の女性客室乗務員らとの会合の場で、西側が発動した対ロ経済制裁について、ロシアに対して「宣戦布告をしたようなものだ」と激しく反発していた。[4]対ロ制裁を科した国や地域に対して、ロシアが何らかの対抗措置を取るのは当然、予測された。

ロシア政府は同月10日には、ユーラシア経済同盟の加盟国向けなど一部を除き、通信機器、医療機器、農業機械、鉄道車両、コンテナ、タービンなど200品目以上の輸出を年末まで禁止すると発表した。「ロシア市場の安定性を確保する」ためだとし、日米欧などの「非友好国」に対しては一部の木材製品の輸出も禁じた。

ウクライナ侵攻直後、「非友好国」となった日本に対しては、ロシア軍による軍事的な示威行動も繰り返した。2022年3月10〜11日には、ロシア海軍の駆逐艦、フリゲート艦など艦艇10隻が津軽海峡を通過した。同海峡では数日後の15〜16日にも、ロシア軍の戦車揚陸艦4隻が航行して日本海に入った。同月14日には宗谷海峡を、ロシア軍の潜水艦や駆逐艦など計6隻が航行した。

一方、北方領土では同月10日、ロシア軍が地対空ミサイルの発射訓練を実施した。北方領土の国後、択捉両島には合計で約3500人規模のロシア軍部隊が駐留しているとされる。両島には新型の地対艦ミサイルも配備されている。ロシアがウクライナに軍事侵攻した直後とあって、日本でも緊張が走った。

ロシア軍による北方領土を含む日本周辺での一連の示威行動は、ウクライナ侵攻に伴う軍の再配置に加え、侵攻中も祖国防衛のための軍備態勢は極東でもしっかりと維持していると、日米にアピールするのが主たる狙いだと軍事専門家は分析している。[5] とはいえ東西冷戦の終結後、あまり意識されなくなっていたロシアの軍事的脅威について、隣国の日本が再認識せざるを得なくなったことは確かなようだ。

領土交渉も停止

「2国間の相互協力と、日本自身の利益を害した責任はすべて、日本政府にある。日本政府は互恵協力と善隣関係の発展ではなく、反ロシアの路線を意図的に選択した」

ロシア外務省はウクライナ侵攻から約1カ月後の２０２２年3月21日、「日本政府の決定に対する対抗措置」と題する声明を発表した。そのなかで、具体的な対抗措置の柱として打ち出したのは、日本との領土問題を含めた平和条約締結交渉の打ち切りだった。「あからさまに非友好的な立場を取り、我が国の利益に損害を与えようとしている国家との間で、２国間の基本文書の調印について協議することは不可能だ」と主張した。

声明はまた、元島民らが北方領土をビザなしで訪れることができる１９９１年合意の「ビザなし交流」、元島民らの北方領土訪問手続きを簡素化する１９９９年合意の「自由訪問」を停止すると表明。安倍政権下で合意し、日ロ間で進めていた北方領土での共同経済活動についても、ロシアは実現に向けた対話プロセスから離脱すると言明した。[6]「ビザなし交流」と「自由訪問」に関しては、ロシア側が２０２２年9月、いずれの合意も「破棄する」としたミハイル・ミシュスチン首相署名の政令を発表した。[7] 長年にわたって日ロ間の信頼醸成の一助となっていた北方領土へのビザなし渡航の枠組みがついに、ロシア側の一方的措置によって消滅してしまった。
首相の岸田は「極めて不当であり、断じて受け入れることはできない」と述べ、ロシア側による一方的な平和条約交渉などの停止措置を批判した。だが、ロシアの対抗措置はさらに続いた。

ロシア外務省は2022年4月27日、ロシアに駐在する日本の外交官ら8人を国外追放すると表明。さらに翌月の5月4日には、「岸田政権は前例のない反ロシア・キャンペーンを繰り広げている」などと非難し、岸田首相、林芳正外相、鈴木俊一財務相などの閣僚や国会議員、大学教授、大手メディアの幹部など日本人63人を無期限の入国停止にすると発表した。[8] これにより、首脳、閣僚級の日ロ政府間協議の可能性もなくなった。

日ロの関係はどん底に落ち込んでしまった。もちろん、ロシアによるウクライナ侵攻が主因だが、理由はそれだけではない。プーチン政権下の日ロ関係の変遷を振り返ってみよう。

2 ポスト・エリツィン

G8デビュー

「北朝鮮は、ミサイル開発はすべて自衛目的だと言っている。いかなる国も攻撃目標とする政策は取っていない、と説明していた」[9]

2000年7月21日から23日まで、日本の沖縄で開かれたG8首脳会合。G8首脳による最初の会合となった21日夜のワーキングディナーでは、初参加のプーチンがいきなり議論の口火を切った。

プーチンは沖縄入りする直前、北朝鮮を公式訪問して金正日総書記（当時）と首脳会談を開いていた。ロ朝首脳は会談の成果として共同宣言をまとめた。米ロのＡＢＭ制限条約の維持・強化を訴え、米国が推進した国家ミサイル防衛（ＮＭＤ）や戦域ミサイル防衛（ＴＭＤ）構想に反対する立場を明示するなど、米国を牽制する内容が多く含まれた。

だが、国際社会が注目したのは、金正日はロ朝首脳会談で条件つきながらミサイルの自主開発中止の可能性を示唆した、とするロシア側の情報だった。ロ朝の共同宣言には、ミサイル開発の中止については、一切触れられていなかった。そこでＧ７各国首脳は金正日と直接会談したプーチンから詳しい話を聞き、真意を探ろうとしたわけだ。

金正日が語ったというミサイル開発中止の条件については当初、「衛星打ち上げ技術の提供」とされたが、ロシア側の説明によれば、技術供与は要求しておらず、他国による人工衛星の打ち上げ協力の意味だったという。

それはともかく、プーチンは全体会合でも2国間会談でも引っ張りだこになった。２０００年5月に大統領に就任したばかりのプーチンにとって、沖縄サミットは「Ｇ8クラブ」での華々しいデビュー戦となった。それまで、国際社会ではプーチンの知名度はまだ低く、「プーチン・フー？」などと冷やかされていた。プーチンとしては何としても、Ｇ7首脳に強い印象を残したいと、事前に様々な戦略を練ったようだ。その切り札が北朝鮮訪問だったのだろう。

とくに日本は、距離的に近い北朝鮮の核・ミサイル開発に神経をとがらせていた。１９９８年8月には、北朝鮮が発射した長距離弾道ミサイル「テポドン1号」が日本列島を越えて太平洋に落下したこともあった。沖縄サミットを主宰した日本首相の森喜朗は、サミットに合わせて開いた日ロ首脳会談で、「このサミットで大統領が訪朝の成果を話されたことは大変有意義」[10]だったと、高く評価した。

一本背負い

プーチンが沖縄サミットで、大統領として日本デビューを果たしたものがもうひとつある。柔道だ。サミットの公式行事終了後、プーチンは沖縄県具志川市（現うるま市）を訪問。総合運動公園体育館（現具志川総合体育館）で、子どもたちの柔道の練習風景を見学した。さらに背広の上着を脱ぐと、ワイシャツにネクタイ姿で練習場のなかに入った。中学3年生の男子生徒を相手に乱取りし、一本背負いで投げ飛ばした。次に男子生徒も同じく、一本背負いでプーチンを投げ飛ばした。プーチンは子どもたちに「柔道をやっている人は皆、家族だ。柔道を通じて優しい心を学んでほしい」と激励した。[11]

プーチンがスポーツを始めたのは「10歳か11歳のころ」。最初にトライしたのはボクシングだった。すぐに鼻を骨折してやめた。次に始めたのがロシア流格闘技の「サンボ」。そして柔道だった。サンボから柔道に代えたのは自分の意思ではなく、習っていたサンボのトレーナーの意向だった。トレーナーの決断で、グループ全員が今度は柔道を始めたという。プーチンは「柔道は単なるスポーツではなく、哲学だ。年長者や相手への尊敬の念があり、弱い者はいない」と述べている。[12]

沖縄サミット直前の一部メディアのインタビューでも、プーチンは柔道に触れている。「子どものころから柔道に取り組んできたので、日本国民の暮らしや生活、文化に関心を持たないわけにはいかない。日本に対しては、特別な感情を抱いている」「もし我々が柔道の伝統に従い、互いを尊重し、互いの正当な利益を尊重すれば、次の世紀は間違いなく、2国間関係が日本国民にとってもロシア国民にとっても、最大限の利益をもたらすだろう」[13]……。

ちなみにプーチンは同年9月の来日時、講道館を訪れ、柔道着で練習した。プーチンは「講道館に来ると、まるで我が家に帰ってきたような安らぎを覚えるのは、きっと私だけではないでしょう」などとスピーチしたという。[14] 柔道を通じたプーチンの日本への特別な思いは、北方領土問題の解決にも寄与すると考えた日本の政界関係者がいても、不思議ではなかった。

消えた2000年決着

森「9月の会談では難しい問題についても率直に話し合いを進めていきたい。それぞれに互いの事情があったとしても、率直で全面的な話し合いが大事だ」

プーチン「両国関係の全面的拡大が大事だ。難しい問題を避けて通らずに対処していく必要がある。自分たちは慎重に、一貫して着実に前に進んでいく必要がある」[15]

沖縄では2000年7月23日、日ロ首脳会談が開かれ、プーチンの同年9月の公式訪日が決まった。森は北方領土問題を含む日ロの平和条約交渉について、「クラスノヤルスク合意」を実現するよう迫った。プーチンは「環境が整っていない」などとして、領土問題の解決を含めた平和条約の早期締結は困難との認識を示した。

クラスノヤルスク合意とは、エリツィンと日本の首相だった橋本龍太郎が1997年11月、ロシア・シベリアのクラスノヤルスクでの非公式首脳会談で打ち出したもので、「2000年までに平和条約を締結するよう全力を尽くす」としていた。橋本は翌1998年4月、エリツィンとの日本の川奈での非公式首脳会談で、北方領土の択捉島と、その北にあるウルップ島の間に国境線を引いて国境を画定しようと提案。北方4島の日本の主権は確認するが、施政権は当面の間、ロシア側に委ねる方策を提示した。エリツィンは、いったんは「興味ある提案」と評価した。

だが、橋本退陣で新首相になった小渕恵三が同年11月に訪ロした際、ロシア側は「川奈提案」を拒否すると正式に返答した。ただ日本側には、ロシアも政権が代わったので、もう一度、クラスノヤルスク合意と川奈提案を柱に、領土交渉を進めたいという思いが強かった。

沖縄会談の合意に従い、プーチンは予定通り、2000年9月に単独来日した。東京で開かれた首脳会談で、森は再び、クラスノヤルスク合意の確認と川奈提案への同意を求めた。プーチンは「ロシア側の考え方とは一致しない」などとして、川奈提案の受け入れは困難との認識を改めて示した。クラスノヤルスク合意についても、「2000年までに日ロが平和条約を締結しなければならない、とは書いていない。締結に向けて、全力を尽くすということだ」[16]と反論し、年内の領土交渉の決着は事実上、不可能との見解を明示した。

両首脳は会談後に発表した共同声明で、「今日までに達成されたすべての諸合意」にもとづき、択捉島、国後島、色丹島、歯舞群島の帰属問題を解決し、平和条約を策定するための交渉を継続することで合意した。「クラスノヤルスク合意の実現のための努力を継続する」とする条項も盛り込まれた。

とはいえ、2000年7月に沖縄、同年9月に東京で実施した日ロ首脳会談でプーチンが訴えようとしたのは、クラスノヤルスク合意や川奈提案はいずれも前任者のエリツィン時代の遺物であり、自分は「ポスト・エリツィン」時代の自分なりの新たなアプローチで日ロ関係改善に取り組みたいという意思だったのだろう。その証拠にプーチンは9月の首脳会談で、口頭だけの非公式の形ながら、1956年の日ソ共同宣言の有効性を確認した。同宣言は平和条約締結後の歯舞群島と、色丹島の2島の日本への引き渡しを明記している。

3　困難な言及

56年宣言

「我々は未解決の問題が存在しないかのように振る舞うことはない。この問題は非常に重要だ。また、どのように解決していくかも重要だ。我々は心から、日本との平和条約の締結を望んでいる。その条約には、国境の画定が含まれなければならない」

「1956年の日ソ共同宣言には、平和条約の締結という条件で、当時はソ連だったのでソ連側が日本に2島を引き渡すことに同意すると書かれている。この宣言はソ連最高会議で批准された。すなわち、我々にとっても義務となる」[17]

2001年3月25日、ロシア・東シベリアのイルクーツクで、森とプーチンによる日ロ首脳会談が開かれた。その直前、プーチンは日本のNHKのインタビューで前記のような発言をした。前年9月、東京での日ロ首脳会談では非公式にしか認めなかった56年宣言の有効性について、「我々の義務だ」とはっきりと公言したのだ。さらに、「未解決の問題」である北方領土問題の解決に強い意欲を示した発言も注目された。

首脳会談では当然、56年宣言の位置づけや、今後の平和条約交渉の進め方が議論の焦点となった。日本側の発表によれば、プーチンは会談のなかで、NHKのインタビューで56年宣言について述べたことは「歴代のロシアの首脳として初めての困難な言及だった」と語ったという。[18]

会談の成果をまとめた「イルクーツク声明」には、56年宣言が「両国間の外交関係の回復後の平和条約締結に関する交渉プロセスの出発点を設定した基本的な法的文書であることを確認した」と明記された。プーチンは会談後の記者会見でも「56年宣言はソ連最高会議、すなわち議会が批准した。ロシアはソ連の継承国であり、旧ソ連のすべての義務を履行する」と改めて語った。[19]

56年宣言については、当時のソ連政府が1960年、日米が新安保条約を締結したことに反発し、「日本領土からの全外国軍隊の撤退」を宣言の履行条件に加えるとする「対日覚書」を通告した。日本政府はその後も、56年宣言の有効性の確認と対日覚書の撤回を求めてきたが、ソ連やロシアの歴代首脳は応じてこなかった。会談でプーチンは対日覚書に関して、自分が「56年宣言は有効だ」と明確に述べたことで意味合いが変わった、との認識を示したという。対日覚書は事実上撤回され、在日米軍の存在はもはや障害ではなくなったと、日本側は理解した。

解決への突破口

ロシアの日本専門家、ドミトリー・ストレリツォフは、イルクーツクでの日ロ首脳会談のころのロシアの状況を、次のように分析する。「プーチンは当時、北方領土問題の解決を真剣に考えていたと思う。政治的な意思で領土問題を解決し、平和条約を結ぶための突破口とみなしたのが56年宣言だった。ロシア外務省のリベラル派の影響もあって、短期間で日ロ関係を改善できるとの幻想を抱いていたようだ[20]」

プーチンが語った「困難な言及」はあながち誇張ではない。まずは日本に対する大幅な譲歩姿勢を示すことで、日ロの領土問題の解決と平和条約の締結に本気で取り組む考えを伝えたかったのだろう。

とはいえ、本格交渉を前に、ロシア側がのっけから全面譲歩するわけがない。プーチンはくだんの

NHKインタビューで、56年宣言には「いかなる条件で2島が引き渡されるかは書いていない。これらすべてが交渉の対象となる」と言明。そのうえで「我々は善隣と相互利益の尊重という精神で、過去に両国政府間で達成されたすべての合意を考慮に入れ、かなり厄介な分野の交渉を続ける用意がある」と語った。[21]

また、イルクーツク会談終了後の記者会見でも、プーチンは56年宣言に関して、「第9項にある色丹島と歯舞群島の命運については、一致した解釈を得るために、両国政府の専門家による追加作業が欠かせない」[22]とクギを刺している。プーチンが強調した2島の引き渡しの「条件」は後に、ロシアが2島の引き渡しを拒否する言い訳に利用されることになる。「条件」のハードルを日本が受け入れられないレベルまで引き上げれば、実質的に引き渡しが不可能になるからだ。

もっともこのころは、経済協力や極東開発、安全保障分野の信頼醸成など、幅広い分野で日本との関係改善を進め、環境整備の「条件」が整えば、プーチンは見返りとして、日本への2島引き渡しの可能性をある程度は想定していたとみられる。ストレリツォフも当時であれば、「北方領土問題を解決するチャンスはあった。歴史に名を残すべく隣国との国境線画定に必死に取り組んだし、政治家として未熟な理想主義者の面もあったからだ」[23]と指摘している。

現にプーチンは大統領就任早々から、各国との国境線の画定に意欲的だった。象徴的なのが、約4000キロメートルにわたって国境を接する中国とロシアだ。中ロ両国は2004年までに、ほぼすべての国境線を画定させた。残っていたアムール川とウスリー川の合流点にある「大ウスリー島（中国名・黒瞎子島）」の領有権問題も2008年、等分することで最終決着した。

中ロが最終決着に至る契機は、プーチンが大統領に就任して間もない2000年7月だった。当時の中国国家主席の江沢民が少人数会合の場で、プーチンに「黒瞎子島の問題をとりあげ、中国とロシアの国境問題を全面解決しようと提案した」。対するプーチンも「未解決の国境問題を早期に解決すべきと述べた」[24]という。

2島先行論

2000年当時の「未解決の国境問題を早期に解決すべき」だというプーチンの考えは、中国だけでなく、当然、日本に対してもあっただろう。繰り返すがプーチンは、同年9月の日ロ首脳会談で口頭ながら56年宣言の有効性を認め、翌年3月のイルクーツク会談では、文書の形で正式に声明に盛り込むことに同意した。その経緯からみて、56年宣言を日ロの領土問題解決の「切り札」とみなしていたことは間違いない。

ただし、56年宣言では、言及している島は歯舞群島と色丹島の2島だけ。しかも、日本の主権の主張を認めたわけではなく、ソ連が「善意」の証しとして引き渡すことになっている。こうした理由からロシア側は、56年宣言は残る国後、択捉両島の帰属に関して継続協議するものではなく、歯舞群島と色丹島の引き渡しが領土問題の「最終決着」になる、[25]という認識だった。ストレリツォフがプーチンの大統領就任直後なら「チャンスがあった」とする領土問題の解決策も、2島決着を大前提にしている。

一方、日本政府はそれまで、1993年10月の「東京宣言」を日ロの領土交渉の柱に据えてきた。当時の首相の細川護熙と、エリツィンが署名したもので、北方4島の帰属に関する問題について、「歴史的・法的事実」に立脚し、「法と正義の原則」を基礎に解決し、平和条約を早期に締結するよう交渉を継続することで合意している。4島の日本主権を主張し、最終的に4島の返還を求める日本にとっては、日ロ交渉を進めるうえで最も重要な合意文書となってきた。

しかも、プーチンは2000年9月の日ロ首脳の声明、01年3月のイルクーツク声明でいずれも、「東京宣言」にもとづく「4島の帰属問題の解決」を明記することに同意した。こうした経緯もあって、ロシアの認識とは裏腹に、日本政界の一部では「2島先行（返還）論」が浮上してきた。56年宣言にもとづき歯舞群島と色丹島の2島の日本帰属を確認し、引き渡し条件などを定めた中間条約を結ぶ。引き続き東京宣言にもとづいて、残る国後、択捉両島の帰属問題を解決して平和条約を締結するというものだった。

こうした「2島先行論」が本格的に広がり始めたのは、2000年9月前後からだ。9月の日ロ首脳の東京会談で、プーチンが56年宣言の有効性を口頭ながら確認したのが大きかった。日本国内ではそれ以降、伝統的な「4島一括（返還）論」派と、「2島先行論」派の対立が先鋭化していく。

4　消えた東京宣言

並行協議

当時、「2島先行論」を主導したのは、自民党総務局長の鈴木宗男だった。北海道出身の鈴木は北方領土問題の解決にとりわけ意欲的で、ロシアにも太いパイプを持っていた。小渕政権末期の2000年4月4日には脳梗塞で倒れた首相の特使として、モスクワで大統領代行のプーチンと会談、沖縄でのG8サミットの準備などについて協議している。[26] 森政権下でも鈴木は2000年12月に訪ロ、プーチンの側近の安全保障会議書記イワノフと会談した。翌年の森の訪ロの準備と、2島先行案の根回しが目的だったといわれる。

そして2001年3月のイルクーツク首脳会談。森はプーチンに、いわゆる「並行協議」をひそかに提案した。歯舞群島と色丹島の2島については具体的な引き渡し条件、残る国後、択捉両島についてては帰属問題を、それぞれ同時並行的に協議するという案だ。その趣旨は「2島先行論」と同じだった。プーチンは「考えてみよう」と答え、肯定も拒否もせずに持ち帰った。

ロシア側が直ちに拒否しなかったのはなぜか。元駐日ロシア大使のアレクサンドル・パノフによれば、伝統的な「4島一括論」には政治的な駆け引きの余地がまったくないが、「並行協議」には「日本側に多少なりとも妥協する用意がある」と期待することが可能だったからだという。[27]

それからもうひとつ、プーチンと森の個人的な信頼関係もあったかもしれない。森が首相になって、最初の外遊先に選んだのがロシアだった。プーチンは森の父親が町長として日ソ民間交流に尽力し、遺骨がイルクーツクに分骨されているという話に感激した。2001年3月の会談場所をイルクーツクに決めたのも、森の父親の墓参りをともにしたいという意向からだった。

その森は、イルクーツク会談の翌月の4月に退陣。次の首相になったのが小泉純一郎だった。外相には田中真紀子が起用された。小泉、田中のいずれもが「4島一括論」者だった。田中は外相就任早々、森前政権下で鈴木らの「2島先行論」に反対した外務省ロシア課長の駐英公使への任命人事を撤回し、ロシア課長に戻すといったパフォーマンスも示した。小泉、田中と鈴木の溝はどんどん深まり、森が提案した「並行協議」も結局、具体化しないまま、消えていった。

見送られた共同声明

「日本首相の小泉は、『歯舞、色丹だけでなく、国後、択捉も含めた一括かつ同時返還』の場合のみ、平和条約交渉が可能になると強調する。そのような最後通告のような条件下では、交渉が不可能なのは明らかだ[28]」

元駐日ロシア大使のパノフは、北方領土問題をめぐる小泉のまったく妥協の余地のない強硬路線がその先、日ロの領土問題を含む平和条約交渉を約10年にわたって、事実上の凍結状態に陥らせた主因だとの見解を示している。

小泉の強硬路線に対し、ロシア政府もついに、対抗措置を打ち出すようになった。なかでも「非常に重要で原則的な声明[29]」とされるのが、2005年7月22日に出された「ロ日関係における平和条約の問題について」と題するロシア外務省の声明だ。

同声明は1955年から続く両国間の平和条約交渉の経緯、日ロ双方の主張を列挙し、「現時点まで双方に受け入れ可能な解決策は見いだされておらず、国境線の画定問題で双方の立場は原則的な食い違いがある」と指摘した。そのうえで、「南クリール諸島（北方領土のロシア名称）は第2次世界大戦の結果、連合国の合意という法的根拠にもとづき、我が国（の領土）になった」と主張した。連合国の具体的な合意として、1945年2月11日のヤルタ協定、同年7月26日のポツダム宣言を挙げた。この外務省声明は「日本の領土要求に対して、ソ連崩壊後初めて、クリール諸島のすべてがロシア領である法的根拠を示した」。さらに、この声明で歯舞群島と色丹島が「初めて『小クリール諸島』と公式に名づけられた」という[30]。

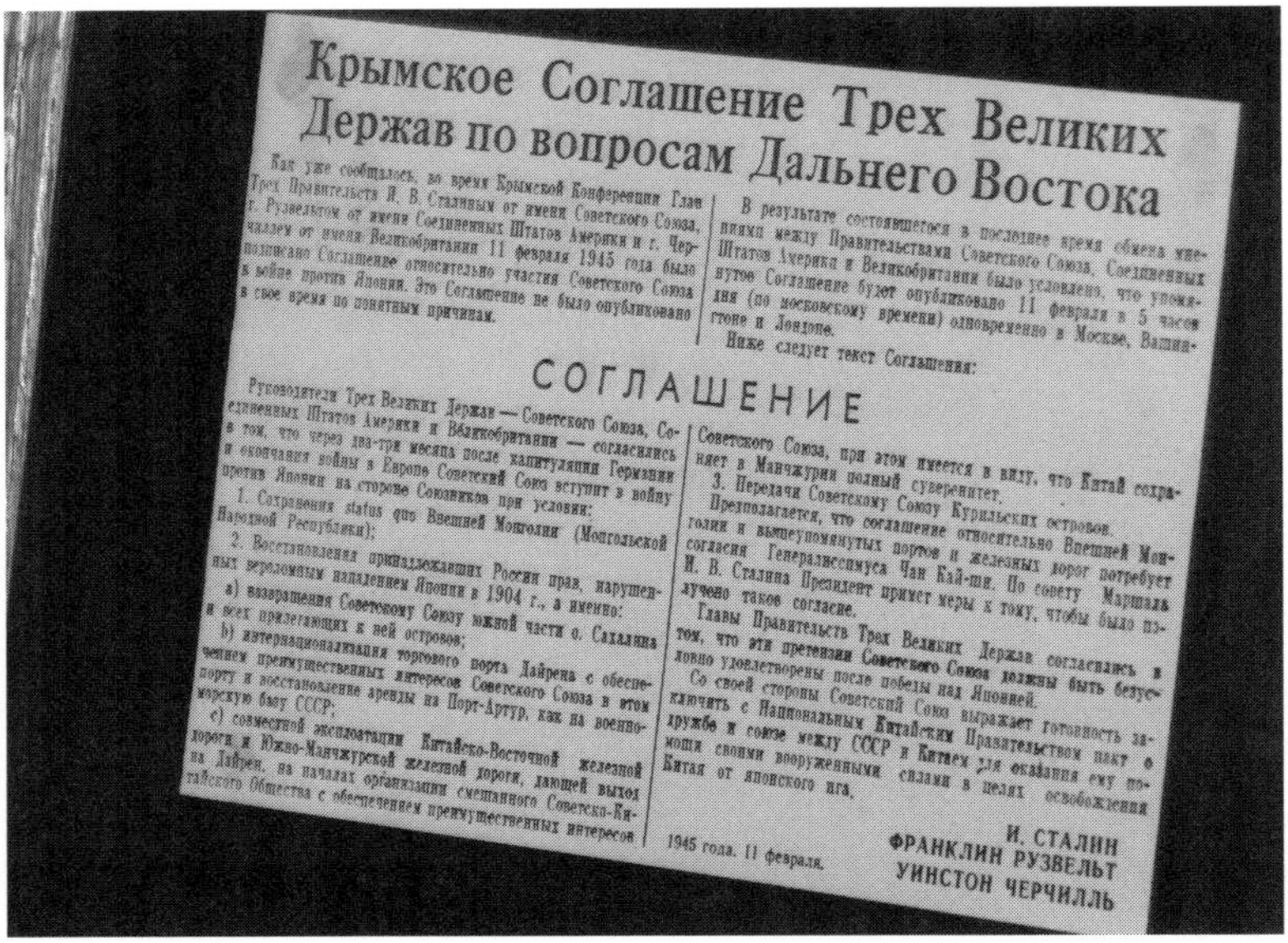

ヤルタ協定の合意事項（筆者撮影）

２００５年11月20～22日、プーチンが日本を公式訪問した。２０００年9月以来、約5年ぶりの訪日だった。日本側によると、プーチンは21日の小泉との首脳会談で、北方領土問題について「この問題は第２次世界大戦の結果であり、他の問題への連鎖という難しい問題がある」と述べた[31]。前記のロシア外務省声明に盛り込まれた主張を、会談の場で展開したとみられる。

結局、プーチンの公式訪問だったにもかかわらず、予定されていた日ロの共同声明は見送りになった。関係者によれば、これまで日ロ間の合意文書や声明で明記されてきた１９９３年の「東京宣言」について、プーチンが共同声明の文書に入れることをかたくなに拒否したためだという。ちなみに２００３年1月、小泉が訪ロした際の「日露行動計画」と「共同声明」には、東京宣言が明記されている。以後、日ロの合意文書から「東京宣言」が消えた。

「許しがたい暴挙」

日本の首相は小泉の後、安倍、福田康夫、麻生太郎と続いた。この間、日ロの平和条約交渉に目立った変化はみられなかった。2009年8月の衆院選で政権交代が実現し、翌9月に民主党政権が発足した。首相は鳩山由紀夫、菅直人、野田佳彦と交代していった。鳩山の祖父の鳩山一郎は、日ソが1956年の日ソ共同宣言により国交を回復したときの首相だ。ロシア側でも一時的に関係改善への期待が高まった。鳩山自身も首相就任直後、北方領土問題について「できれば半年で期待に応えたい」と解決に意欲を示した。だが、何ら具体化せず、在任中は結局、一度もロシアを訪問しなかった。

一方のロシアも、大統領任期は連続2期までとする当時の憲法規定に従って2008年5月、プーチンが大統領を退任。プーチンの大学の後輩で、親友でもあるメドベージェフが後任の大統領となった。プーチンは首相に横滑りし、「タンデム体制」と呼ばれた。

そのメドベージェフが2010年9月29日、中国訪問の帰途にロシア極東のカムチャツカ半島の中心都市ペトロパブロフスク・カムチャツキーを訪れ、不気味な発言をする。記者団に「南クリールに行く予定はあるのか」と聞かれ、「近いうちに必ず行く。あそこは我が国にとって非常に重要な地域だ」と答えたのだ。[32] 日本政府は訪問の中止を求めたが、ロシア側は「大統領がロシアのどの地域に行くかは、大統領自身が決める」などとして取り合わなかった。

それから約1カ月後の同年11月1日、メドベージェフは公約通り、北方領土の国後島を訪れた。ロシアの国家元首が北方領土に足を踏み入れたのは、ソ連時代を含めて初めてだった。現地では地熱発電所施設、魚加工工場、住宅や幼稚園などを視察した。「今日初めて、クリールを訪れた。人々と話し、地熱発電所にも行った……。ロシアには美しい場所がとっても多い！」「大統領の務めは最も遠い所を含めて、ロシアのすべての地域の発展を管理することだ」[33]。メドベージェフは国後島訪問後、こんなコメントを写真とともにツイッターに投稿した。

日本の首相の菅直人は、直ちに「北方4島は我が国の領土だという立場を一貫して取っている。ロシア大統領が来たことは遺憾だ」と表明。外相の前原誠司は「日本の原則的立場とまったく相いれず、国民感情を傷つける」と語った。菅は翌年2月7日、東京で開かれた北方領土返還要求全国大会で、メドベージェフの国後島訪問を「許しがたい暴挙だ」という表現を使って非難した。

ロシアは即座に反応した。大統領補佐官のセルゲイ・プリホジコは「もし日本の首相がそう言ったのであれば、彼は困難な時期を迎えるだろう」と指摘。ロシア大統領の訪問は今後も続くし、その訪問には誰の許可も不要だと主張した。そのうえで、北方領土の「ロシアの主権が見直されることは今日も、明日も決してない」と断じた[34]。

メドベージェフは後に首相に転じたが、北方領土への訪問は続いた。

5 シンゾーとの仲

「引き分け」

2012年5月、プーチンが大統領に復帰した。今度は大統領だったメドベージェフが首相に就いたものの、実態は「プーチン独裁」の復活だった。

プーチンは同年3月、大統領選の直前に一部の外国メディア幹部と会見した。そのなかで「私のほうから話さないと失礼でしょう」と前置きして、日ロの北方領土問題に言及した。そして「両国、両国民が受け入れられる形で、日本との領土問題を最終決着させたいと強く願っている」と表明した。

さらに最終決着に向けては、「我々は受け入れ可能な妥協をしなければならない。それはいわば（柔道用語の）『引き分け』のようなものだ」と指摘。日本側は「引き分け」を望んでも、56年宣言にもとづく2島返還だけでは不十分だとの質問に対しては、自分が大統領になったら日ロ双方の外務省の役人を座らせ、「（同じく柔道用語で）はじめ！」と命じると、プーチンは答えた。

一方で、プーチンは会見のなかで、まずは領土問題が「二義的」な存在となり、日ロが単に隣人ではなく、経済や人的交流の発展に関心を持つ「真の友人」として互いに受け入れるような状況をつくる必要があると強調した。56年宣言についても、「ソ連は平和条約締結後に、日本に2島を引き渡すと書いてある。したがって平和条約は日ソ間に、もはや他の領土要求がないことを意味する。宣言にはどのように島を引き渡すのか、どちらの主権になるのかは書かれていない」と述べていた。[35]

要は領土問題の解決には当面、経済協力を中心にした関係発展が不可欠だし、56年宣言にもとづいて2島を引き渡す場合でも、主権はロシアに残す可能性もあるという主張だった。「東京宣言」を嫌うプーチンの発想からすれば、仮に北方領土の一部を日本に引き渡すことが万が一あっても、ゼロから2島の間で妥協点を探るというのが、このころの「引き分け」の真意だったのだろう。

しかも、プーチンは大統領就任直後の２００１年に、せっかく56年宣言が法的に有効だと「困難な言及」をしたのに、日本の反応はいまひとつだった。日本政府の対応も、二転三転した。２０１２年の大統領復帰を前に、プーチンが再び本気で日ロの領土問題解決に取り組もうとしていたのかは分からない。「最終決着」への意欲表明は、日本からより多くの経済協力を引き出すための方便だったのかもしれない。

だが日本では、プーチンの大統領復帰により、長らく続いた領土交渉の停滞が打開されるとの期待が高まった。北方領土の面積の比率は、歯舞群島が2％、色丹島が5％、国後島が30％、そして択捉島が63％。プーチンの「引き分け」発言を受け、「面積等分」（歯舞、色丹、国後の3島と択捉島の4分の1）、「3島」（択捉島を除く3島）、「2島＋α」（歯舞、色丹の2島。国後と択捉両島は、たとえばロシア主権下で共同経済活動）といった議論も盛り上がっていった。

共同経済活動

日本では2012年12月末、衆院選で自民党が圧勝し、第2次安倍政権が発足した。安倍は、短命に終わった第1次政権時に果たせなかった北方領土問題の解決に、強い意欲を燃やしていた。2013年4月、安倍は日本の首相として10年ぶりにロシアを訪問し、プーチンと3時間超にわたって会談した。

会談後に発表した共同声明には、日ロの外務・防衛担当閣僚協議（2プラス2）の立ち上げなどが盛り込まれた。安倍はプーチンに「都合が良い時期」の訪日を招請した。ちなみに、この共同声明にも「東京宣言」の文字はない。ただし事務方の努力により、2003年の日ロ首脳の「共同声明」と「日露行動計画」を含む、これまで採択されたすべての諸文書及び諸合意にもとづいて平和条約締結交渉を進めると明記。間接的な形ながら、「東京宣言」の有効性を担保した。[36]

領土交渉の進展をめざす安倍は、首脳間の信頼醸成が不可欠とみて、訪ロ後も国際会議の場を利用してプーチンとの会談を重ねた。２０１４年2月には、他の西側首脳が相次ぎソチ冬季五輪への参加を見合わせるなか、安倍は開会式に出席し、プーチンとの首脳会談に臨んだ。

だが、ロシアは翌月の3月に、ウクライナ領クリミア半島を併合する。ウクライナ東部でも紛争が起きた。対ロ圧力を強める米欧に同調し、日本もＧ７の一員として、対ロ制裁を科さざるを得なくなった。首脳間の交流も控えめになった。当初は２０１４年中を見込んでいたプーチンの訪日計画は、事実上、ストップした。

そして、約2年が経過した。このままでは念願の領土問題の解決が遠のくばかりだとみた安倍は再び、対ロ外交に本腰を入れ始めた。安倍は２０１６年5月、ソチを非公式訪問してプーチンと3時間以上も話し合った。当然、「土産」は用意した。そうでなければ2年間の空白を埋め、再び領土交渉を加速するのは不可能とみたからだ。

「土産」のひとつは、８項目の対ロ経済協力プランの提案だった。医療・健康、都市づくり、エネルギー開発、産業の多様化と生産性の向上、極東での産業振興やインフラ整備など、ロシアで関心の高い分野を中心に、日ロ間の経済協力を進めていこうという計画だ。安倍はその後、「ロシア経済分野協力担当相」の新設まで決め、プラン実行への本気度をアピールした。

もうひとつの「土産」は、北方領土での日ロの共同経済活動だった。両国の企業が合弁で工場を建てたり、魚の加工など共同事業を展開したりすることを想定したものだ。この構想はもともと１９９6年11月、エリツィン政権の外相だったプリマコフが訪日時に日本に提案したのが始まりだ。ロシア側が積極的で、それ以降も何度も提案していた。１９９８年11月、当時の首相の小渕が訪ロした際、エリツィンと合意した「モスクワ宣言」には、「国境画定委員会」とともに「共同経済活動委員会」

の設置が盛り込まれた。実際、実務レベルで実際に検討されたこともあるが、具体化せずに立ち消えになった。

北方領土にたとえば工場を建設しようとすれば、日ロのどちらの法律にもとづくかという「主権」の問題が絡んでくる。現地を実効支配するロシアが自国の法律適用を求めるのは確実なだけに、日本側は総じて共同経済活動には否定的だった。そこで安倍は、逆に日本側から実現を呼びかけることで、領土交渉を進める呼び水にしようとしたわけだ。安倍としては、「2島＋α」の決着も想定し、「α」を可能な限り多く確保したいという思惑もあっただろう。

プーチンと安倍はソチ会談で、北方領土問題を含む平和条約交渉を「新たな発想に基づくアプローチ」で加速することで合意した。

空振り

安倍の積極外交が続いた。首脳会談を重ね、「ウラジミル」「シンゾー」とファーストネームで呼び合う仲になって個人的な信頼関係を築き、首脳同士の決断で領土問題を解決するというのが安倍の戦略だった。

2016年5月のソチ会談の後、安倍は同年9月には、ロシアが極東ウラジオストクで開いた東方経済フォーラムに参加し、プーチンと約3時間会談した。プーチンは同年12月に訪日し、安倍の地元の山口県で首脳会談を開くことに同意した。安倍は「新しいアプローチにもとづく交渉を今後、具体的に進めていく道筋がみえてきた。その手応えを強く感じとることができた」と語った。同年11月、ペルーの首都リマで開いたアジア太平洋経済協力会議（APEC）首脳会議の場でも、安倍とプーチンは２国間会談を実施した。

２０１６年12月15日、プーチンが大統領としては約11年ぶりに来日した。安倍がヤマ場と位置づけた会談だった。プーチンは初日の会談場所となった山口県の旅館に、約２時間半遅れて到着した。会談は２日間に及び、２日目は会談場所を東京に移した。両首脳の会談時間は合計で約６時間に及んだ。

会談後、日ロが別々に、２つの「プレス向け声明」を発表した。ひとつは北方４島での共同経済活動の協議開始の合意、もうひとつは元島民らがビザなしで北方領土を「自由往来」できる制度を拡充・簡素化する合意だった。日ロが別々に発表したのは、日本側が「色丹島、歯舞群島」と表記した部分を、ロシア側は「小クリール諸島」と記したためだった。

共同経済活動に関する声明は、この協議開始が「平和条約の締結に向けた重要な一歩になり得る」と強調。具体的分野として、漁業、海面養殖、観光、医療、環境などを挙げ、関係省庁に協議開始を指示するとした。法的側面に関して安倍は「ロシアの法律でも日本の法律でもない特別な制度の下で実施していく」と表明したが、ロシア側は「(４島が)ロシアに帰属しているのだから、ロシアの法律で実施するのは当然だ」とし、当初から食い違いが浮き彫りになった。[38]

では、領土問題では進展があったのか。空振りだった。声明は「平和条約問題を解決する自らの真摯な決意を表明した」とあるだけで、共同経済活動の協議開始がほぼ唯一の合意となった。安倍が「強い手応え」を感じていたはずの交渉結果に、日本国内では落胆の声が広がった。もっともプーチンは来日直前、日本テレビと読売新聞のインタビューで、「我々は領土問題がまったく存在しないと考えている。ロシアとの間に領土問題があると考えているのは日本のほうだ。我々は話し合う用意はある」などと強硬な発言をしていた。[39]

領土交渉が行き詰まるなか、安倍としてはまずは、合意した共同経済活動を着実に進めるしかなかった。日ロの平和条約交渉はこれ以降、北方領土での共同経済活動をめぐる交渉とほぼ同義語となった。

6 袋小路の領土交渉

奇手妙手の応酬

日ロ両政府は「プレス向け声明」の合意に従い、北方領土での共同経済活動の協議を進めた。共同経済活動の計画が一向に進まなければ、ロシアは「日本は南クリールに興味がない」とみなし、平和条約交渉を打ち切る口実にする可能性があった。日ロは優先して具体化する事業として観光、海産物の共同養殖、温室野菜の栽培、風力発電、ごみの削減対策の5分野を選定した。結果的に、2019年に観光パイロットツアーの実施までは至るのだが、進展の歩みは遅かった。

こうしたなか、プーチンがくせ球を投げてきた。2018年9月12日、ロシア極東ウラジオストクで開かれた東方経済フォーラム。安倍や中国の習らが参加した全体会合で、プーチンはまず、「シンゾーが言っていることは本当だ。我々は平和条約を締結したい」と指摘。そのうえで、「たった今、思いついたことだ」として、次のような提案をした。

「今ではないが、年末までに、一切の前提条件をつけずに、平和条約を締結しよう。そして平和条約を基盤に、友人として、すべての係争問題の解決を進めよう。我々が70年間にわたって克服できなかったすべての問題が解決しやすくなるはずだ[40]」

まずは平和条約を締結し、その後に領土問題を話し合おうという案だった。プーチンは安倍と前々日に個別に首脳会談を開いていた。そのときは何も提案せずに、あえてフォーラムの全体会合の場で私案を明かした。真剣な提案であれば、2国間会談で提起していたはずだ。しかも、大統領の重責を担う者が、日ロ間の重要案件を「思いつき」でいきなり、聴衆に話すわけがない。

プーチンに近い国際政治学者のフョードル・ルキヤノフは、プーチン発言の意図について、「(北方)領土問題をめぐる慎重でのらりくらりとした交渉に皆が疲れた。少なくともロシアが疲れた。このような交渉を続けても成果は見込めず、これ以上続ける意味がないと考えたようだ」と分析した[41]。

安倍はフォーラムの全体会合の場では返答しなかった。安倍とプーチンは全体会合終了後、ともに柔道の試合を視察した。プーチンによれば、安倍はその場で「現時点でそのような方策(プーチン提案)は受け入れられない」と返答した。北方領土問題の帰属問題を解決して、平和条約を締結するという日本政府の立場と相いれなかったからだ。プーチンは「それならそれで構わないが、70年も足踏みしたままで終点はみえないままだ」と答えた[42]。

だが、プーチン提案を拒否したままでは、領土交渉が完全に行き詰まるのは目に見えていた。2カ月後、今度は安倍が攻勢に出た。「領土問題を解決して、平和条約を締結する。この戦後70年以上残されてきた課題を、次の世代に先送りすることなく、私とプーチン大統領の手で必ずや終止符を打つという、その強い意思を大統領と完全に共有しました」。2018年11月14日、シンガポールで開いた日ロ首脳会談。会談後の記者会見で、安倍はプーチンとの合意を誇らしげに公表した。

では、どうやって「終止符」を打つのか。「1956年の日ソ共同宣言を基礎として、交渉を加速させる」。会談で提案したのは安倍だった。

領土割譲禁止

プーチンは内心、慌てたはずだ。日本政府はこれまで原則として、4島の帰属問題の解決を明記した「東京宣言」を領土交渉のよりどころにしてきた。それを「2島」の言及しかない56年宣言に交渉の基軸を移すということは、日本側の大胆な路線転換となる。安倍がそこまで譲歩するとは思っていなかっただろう。

プーチンはシンガポールでの日ロ首脳会談の翌日、ロシア人記者団と会見し、56年宣言で規定した平和条約締結後の歯舞群島、色丹島の2島の日本への引き渡しについて「どのような根拠にもとづいて引き渡すのか、それらの島々がどちらの主権下に置かれるのかは明記されていない」と強調。かつて日本自身が56年宣言の履行を拒否した経緯もあり、「慎重かつ徹底した検討が必要になる」とさっそくクギを刺した。

安倍の期待とは裏腹に、ロシアの対応はどんどん強硬になっていった。プーチンは日米同盟への懸念も口にするようになった。2019年12月の大統領記者会見では、「それらの島々（北方領土）に明日、米国の新型の攻撃兵器が配備されないという保証はどこにあるのか」と警戒をあらわにした。[43]

さらに翌2020年。大統領任期などをめぐる憲法改正問題が持ち上がると、改正案に領土の割譲を禁止する条項が盛り込まれた。「隣国との国境・境界の画定を除き、ロシアの領土割譲に向けた行為や呼びかけを許さない」というものだ。日ロの北方領土問題もロシア側の解釈次第では、領土割譲の禁止条項に抵触すると主張する可能性がある。領土交渉を一段と難しくするのは確実だった。

ロシアの改正憲法案は同年7月1日、国民投票が実施され、約78％が賛成して可決した。「領土割譲の禁止」条項を含めた改正憲法は、同年7月4日に施行された。これを受けて議会では直ちに、領土の一体性を損なう行為を「過激主義」とみなして処罰の対象とする改正法案を可決した。さらに領土割譲の禁止条項への違反行為に最大で禁錮10年を科す刑法改正案も審議。「領土の一体性」侵害に関する法改正は同年7月末、刑法改正は同年12月に成立した。

こうしたなか、対ロ外交に注力してきた安倍が2020年9月、持病の悪化を理由に、首相を辞任した。首相在任中のプーチンとの首脳会談の回数は、通算で27回に及んだ。「ウラジミル」「シンゾー」と互いにファーストネームで呼び合う間柄になった。しかし、安倍の念願だった北方領土問題の解決は結局、達成できなかった。

安倍の退陣後、菅義偉、続いて岸田が首相に就いたが、日ロの平和条約交渉は停滞した。ロシアによるウクライナ侵攻がなくても、交渉は実質的に行き詰まっていた。

未来への布石

「国際秩序の根幹を揺るがす暴挙だ」。2023年3月21日、岸田はウクライナの首都キーウを電撃訪問し、大統領のゼレンスキーと首脳会談を開いた。岸田はロシアによるウクライナ軍事侵攻を厳しく非難した。会談後に発表した共同声明には、「ロシアに対する制裁を維持・強化することが不可欠だ」などと明記した[44]。

2023年のG7サミットの議長国という立場もあったが、岸田が戦地のキーウを訪問し、改めてウクライナに寄り添う姿勢を誇示したことで、日本とロシアの対立はさらに深まりそうだ。とはいえ、ロシアが日ロの平和条約交渉を打ち切り、岸田首相や林外相らの入国を無制限で停止している現状では、領土交渉への影響を考慮する必要もない。

岸田政権はロシアによるウクライナ侵攻直後から、北方領土は「日本固有の領土」という文言を再び使うようになった。安倍元政権下では「我が国が主権を有する島々」と控えめな言い回しにとどめていたが、ロシアへの配慮は不要と判断した。岸田政権は2022年12月には国家安全保障戦略を改定し、ロシアについて欧州方面で「最も重大かつ直接の脅威」、インド太平洋地域では「安保上の強い懸念」と記した。

一方のロシアも2022年3月、クリール諸島（千島列島と北方領土）に進出する企業に税制優遇措置を講じる、いわゆる免税特区法を成立させた。内外企業を問わず、ロシア政府の許可を得て現地進出した企業には法人税、固定資産税などが最長20年間、免除されるという。ロシア政府は中国や韓国企業などに対し、北方領土への進出を働きかけている。

ウクライナ侵攻がどのような結末を迎えても、プーチン政権下での日ロの領土交渉の再開はもはや不可能だろう。日本としては「プーチン後」の交渉再開を見据え、準備を進めておくのが肝要だ。焦点になるのは「56年宣言を基礎に平和条約交渉を加速する」とした安倍路線を継承するかどうかだ。

少し歴史を振り返ってみよう。

第2次世界大戦に敗戦した日本は、1951年に署名し、翌52年に発効したサンフランシスコ平和条約で、「千島列島」に対するすべての権利、権原及び請求権を放棄した。1951年9月、同会議で演説した当時の首相の吉田茂は、帝政ロシアは日本開国当時、「千島南部」の択捉、国後両島が日本領であることに異論をさしはさまなかったとし、もともと日本が侵略によって奪取したものではないと主張した。吉田はこの演説で、歯舞群島と色丹島については、日本の本土たる「北海道の一部」

と述べていた。[45]

それでは、日本が放棄した「千島列島」の範囲はどこなのか。サンフランシスコ平和会議の翌月の１９５１年10月、外務省条約局長の西村熊雄は国会衆議院の平和条約及び日米安全保障条約特別委員会で「北千島と南千島の両者を含む」と発言。択捉、国後の２島は放棄対象に含まれるとの立場を示した。その一方で、歯舞群島と色丹島は「千島に含まれない」とした。[46] これが政府見解だった。

ところが１９５６年、政府見解が修正される。同年２月の衆議院外務委員会で外務政務次官の森下國雄は「南千島、すなわち国後、択捉の両島は常に日本の領土」であり、「返還は当然」だと主張。サンフランシスコ平和条約で放棄した「千島列島の中にも両島は含まれていないというのが政府の見解だ」と答弁した。[47]

当時は日ソの平和条約交渉のまっただなかで、前年にソ連が、歯舞群島と色丹島の２島返還での決着を提案していた。米国の圧力もあって、親米・反ソ派が中心となり、２島決着を拒否すべく公表したのが前述の政府見解だった。結局、日ソは平和条約に合意できず、共同宣言の形で戦争状態を終結。その56年宣言には平和条約締結後に歯舞群島と色丹島が日本に引き渡されるという条文が盛り込まれた……。

一方で、ソ連崩壊後のロシアは、エリツィンが「4島の帰属問題の解決」に同意し、プーチンは56年宣言の法的有効性を認めた。前者は東京宣言、後者はイルクーツク声明に明記され、その後の日ロの共同声明などの公的文書でも継承されている。半面、「56年宣言を基礎に平和条約交渉を加速する」としたシンガポール合意は共同声明にはなっておらず、２０１９年６月、大阪での日ロ首脳会談後のプレス発表に盛り込まれただけだ。

日ロ間ではこれまで、北方領土問題が決着に近づいたとされた事例がいくつかあった。たとえば、新生ロシア発足直後の1992年3月、エリツィン政権の外相アンドレイ・コズイレフと外務次官ゲオルギー・クナーゼが来日し、まずは「歯舞・色丹の引き渡し協定を結び、その後に四島（の帰属問題）を解決する平和条約を結ぶ」という秘密提案をしたという。[48] エリツィン政権下の1998年には、橋本による「川奈提案」もあった。続くプーチン政権下で解決の可能性があったとすれば、やはり大統領就任直後の2000～01年が唯一のチャンスだったのかもしれない。

ウクライナ侵攻の代償として、長期的にみればロシアの国際的な孤立は深まり、経済力を中心にした国力は確実に衰えていくはずだ。ソ連崩壊直後のようにロシアが深刻な苦境に陥れば、日本との間で領土交渉を進める機運が再び高まる可能性がある。日本としてはポスト・プーチン時代を見据えた布石として、まずは「東京宣言」を基礎とした交渉方針に回帰し、実際の交渉再開時には、より柔軟な対応も打ち出せる準備をしておくのが得策だろう。

エピローグ

百年の孤独

長年、プーチン体制を影で支えるイデオローグとされてきたスルコフは2018年4月、「混血の孤独（14＋）」と題する風変わりな論文を発表している。スルコフは2020年2月に政権を去ったが、論文は大統領補佐官時代に、長期の歴史的な視点からロシアの行く末を予測したものだった。

ロシア史を振り返ると、13世紀から続いた「タタールのくびき」と呼ばれるモンゴル・タタール支配の時代（アジア、東方の時代）があり、その後、17世紀末から18世紀までのピョートル大帝に象徴される西欧化の時代があった。スルコフは論文のなかで「ロシアは4世紀にわたって東に向き、続く4世紀は西に向いたが、いずれも根づかなかった」と指摘。20世紀末には、欧州の中位国の水準まで国を縮小すれば外部に脅威を与えず、西側に確実に受け入れられると誰かが考え、ソ連崩壊で領土も人口も経済も軍隊も縮小したが、ロシアは西側の一員にはなれなかったと振り返っている。

こうした経緯を踏まえたうえでスルコフは、ロシアはクリミア半島を併合した2014年を境にして、「西側に向かったロシアの壮大な旅は終わった。西側文明の一員になり、欧州の人々の『良き家族』になろうとしたロシアの再三にわたる不毛な試みは終止符を打った」と主張。「東西の混血の国」であるロシアは2014年以降、100年、あるいは200年、300年に及ぶ「地政学的孤独」の新たな時代を迎えていると断じた。その新たな時代を「14＋」と命名した。

スルコフは「孤独は完全な孤立ではない」と述べ、ロシアは今後も、貿易や投資の呼び込みなどを通して世界とつながっていくと指摘した。興味深いのは「戦争も交流の一種だ」として、貿易や投資などとともに、ロシアが戦争をする可能性にも言及したことだ。[1,2] まるで、プーチンによるウクライナ軍事侵攻を予言したようでもある。

いずれにせよ、2014年のクリミア併合とウクライナ東部紛争は、2022年からの本格的なウクライナ戦争へとつながり、ロシアと、ロシアを率いるプーチンの命運を大きく変えた。

クリミア併合とウクライナ東部紛争への介入で米欧の激しい非難を浴びたプーチンは翌2015年、内戦が続くシリア情勢での共同対応を米国などに打診。中東の過激派組織「イスラム国」の掃討などでの共闘を呼びかけ、関係修復に努めようとしたこともあった。だが、米政権は逆に、バシャール・アル・アサド政権を支持するロシアへの不信感を強めた。ロシアは結局、単独でシリアに軍事介入し、西側とロシアの亀裂はさらに深刻になっていた。

今こそ、聞くべきだ

スルコフ論文が発表される直前、まさに「14＋」時代の訪れを感じさせるような出来事があった。2018年3月1日に実施されたプーチンの年次教書演説だ。同月18日に大統領選を控え、実質4期目となる政権の指針や公約を掲げる場に利用した面もあるが、通年とはやや異質の「特別な演説」（プーチン）となった。

「ロシアはソ連崩壊後、領土の23・8％、人口の48・5％、国民総生産の41％、工業潜在力の39・4％を失い、旧共和国によるソ連軍の分割によって軍事的な潜在力も44・6％を失った。ロシア軍の技術は老朽化し、はっきり言えば、軍は極めて惨めな状況にあった」

プーチンは過去をこう振り返り、それにもかかわらずロシアは核大国の地位を維持し続けたと指摘。「高水準の基礎科学と教育、強力な研究力、技術力、産業力、人的な基礎」により、ユニークで複雑な新型兵器の開発に成功していると豪語した。そして、どこでも到達可能な重量級のＩＣＢＭ、深海でも航行可能な無人潜水艦、原子力を動力源にした巡航ミサイルなど、核弾頭を搭載できる新型兵器を次々と紹介していった。会場には巨大なスクリーンが設置され、新型兵器によって米国を攻撃するグラフィック映像などを投写して、臨場感を盛り上げた。

一方でプーチンは、米国が２００２年、ソ連時代に米ソが締結したＡＢＭ制限条約から脱退して以降、ロシアは核軍備管理協議への復帰を粘り強く呼びかけてきたと指摘。それにもかかわらず、米国はロシアを標的にミサイル防衛システムを構築してきたとし、米国のミサイル防衛網は米本土に加え、ＮＡＴＯの東方に拡大された地域、さらには日本や韓国へと世界的に展開されつつあると非難した。「我々は米国や欧州のパートナー、つまりＮＡＴＯの加盟国に、米国のミサイル防衛網の世界展開によって生じる脅威を中立化するために必要な措置を講じようと、何度も呼びかけてきた」。プーチンは改めて繰り返した。

そのうえでプーチンは「経済や財政、あるいは軍需産業や軍内部で様々な問題を抱えつつも、ロシアは偉大な核大国であり続け、今後もその地位を保っていくだろう。それなのに実質的に、誰も我々と話そうとしなかった。誰も我々の声を聞こうとしなかった。今こそ、聞くべきだ」と訴えた。[3,4]

ロシアが今さらのように、「我々の声を聞くべきだ」と単に言葉で要求しても、今まで無視してきた西側が素直に応じるわけがない。プーチンもそれは十分に承知していたはずだ。「今こそ、聞くべきだ」という言葉は実は、プーチン流の西側との決別宣言だったのかもしれない。

「西側の裏切り」

本書で振り返ってきたように、少年時代のプーチンは、当初は「中庭」のごろつきで、気性が荒く、喧嘩っ早い性格だった。だが、柔道との出合いが不良少年から脱するきっかけになったという。旧ソ連の諜報機関であるKGBの出身だが、KGBで特別なエリートであったわけではない。カリスマ性もなかった。もちろん、若いころから大統領の座をめざしていたわけでもない。もしエリツィンの下で働かず、エリツィンが後継候補に指名しなければ、職歴は中堅官僚ぐらいで終わっていたかもしれない。

後に「ソ連崩壊は世紀最大の地政学的悲劇」と語ったように、プーチンは大統領就任時から大国主義的な考えを持ち、「大国ロシア」の復活を目標に掲げていた。ただし、当初めざしていたのは、冷戦時代のソ連のような米欧への対抗軸としての「大国ロシア」ではなく、国際社会で米欧と協調し、米欧とともに一定の存在感を発揮できるような「大国ロシア」だった。

確かにプーチンは、大統領就任直後から国家権力の強化に動き、後の「独裁体制」構築の布石となった。だがこれも、当初は、ソ連崩壊後のエリツィン政権下でのロシアの社会混乱の収拾と、秩序の回復が主たる目的だった。旧ソ連元大統領のゴルバチョフも「ロシアの問題は強い国家の復活なしには解決できない」とし、初期のプーチンについて「民主主義の信奉者だと思えた」と記している。[5]

旧ソ連末期、ゴルバチョフが「新思考外交」や「欧州共通の家」を掲げて欧州に接近し、新生ロシアを率いたエリツィンが価格自由化など急進的な市場経済改革を進めて西側との一体化をめざしたように、プーチンも大統領就任当初は西側との協調路線を主軸に据えた。プーチン自身は「半分は冗談、半分は本気」と振り返ったが、当初は恐らく本気で、ロシアのＮＡＴＯ加盟まで模索していた。２００１年９月に米国で同時テロ事件が起きた際には、米大統領のブッシュに真っ先に電話し、国際テロの脅威にともに立ち向かおうと米ロ協調を呼びかけた。

しかし米欧は、「西側の一員」をめざしたロシアを、素直に受け入れなかった。ロシアのＮＡＴＯ加盟の話は、真剣に取り上げられなかった。米国はロシアの反対を無視し、国連安保理の決議なしにイラクへの武力行使に踏み切った。ロシアが「裏庭」とみなす旧ソ連のジョージア、ウクライナなどで相次ぎ起きた民主革命を、米国は支援した。米国はソ連時代に米ソが結んだＡＢＭ制限条約から一方的に離脱し、ロシアも標的にしたとみられる世界的なミサイル防衛網の構築に動き出した。ＮＡＴＯの東方拡大は止まらず、旧ソ連のバルト３国も加盟した。ジョージアやウクライナのＮＡＴＯ加盟論すら浮上した……。

ロシアは米欧に接近して真の仲間になろうとし、米欧と協調してともに国際秩序を維持しようと努力したのに、「誰も我々の声を聞こうとしなかった」。プーチンの西側に対する肯定的な感情はいつしか、不信と疑心、さらには「西側に裏切られた」という憎しみと怒りへと変わった。その大きな転換点になったのが２００７年、米国の一極支配を痛烈に批判したミュンヘン安保会議での演説だったのだろう。

消えぬ冷戦思考

そんなプーチンの憎しみと怒りは、２０１３〜14年に隣国ウクライナで起きた「マイダン革命」で頂点に達した。親ロ派の大統領ヤヌコビッチを追い落とした市民革命を西側、とりわけ米国が積極的に支援したとみなしたからだ。プーチンは対抗して、軍事的な圧力でクリミア半島を併合した。ロシア系住民の多いウクライナ東部の紛争を助長した。そしてついに、ウクライナでの本格的な戦争まで始めてしまった。

ウクライナ戦争はプーチンの発想では、ウクライナとの戦いというよりも、ロシアを裏切った西側、とりわけ米国との戦いなのだろう。「西側の裏切り」に対する積年の恨みや怒りの矛先をウクライナに向ける形で、西側への復讐を果たそうとしているのかもしれない。「プーチンの戦争」の根は深い。

その意味では、プーチンを極悪非道な独裁者にしてしまった責任の一端は、米国をはじめとする西側にもあるのだろう。西側では東西冷戦の終結後も依然として、冷戦思考やロシア嫌いの風潮が根強く残る。ロシアとの協調よりも、ロシアの国力や国際的な影響力を極力弱めたいという考えが西側にまったくなかったとは言い切れないはずだ。

とはいえ、2014年のクリミア併合にせよ、ウクライナ東部紛争にせよ、2022年2月に始まったウクライナへの軍事侵攻にせよ、国際秩序を著しく揺るがす暴挙に出たのは当のロシアであり、プーチン自身だ。これまで米国の国連軽視の単独行動をさんざん非難しておきながら、ロシアは国連総会による再三のロシア非難決議にまったく耳を傾けようとせず、国連安保理の機能も実質的に無力化してしまった。

米国によるABM制限条約やINF廃棄条約からの一方的離脱を批判してきたのに、ロシアは自ら米ロの新STARTの履行を停止した。プーチンは事あるごとに核兵器を使用する可能性に言及し、国際社会を威嚇している。米欧への対抗策と称し、旧ソ連諸国で唯一、ロシアのウクライナ侵攻を支持する隣国のベラルーシへの戦術核兵器の配備まで進めている。プーチンが核の威嚇も含めて、西側、とりわけ米国との対決姿勢をことさらあおるのは、プーチン自身も冷戦時代の旧態依然の思考回路から抜け出せていないことを如実に示している。

そして何よりプーチンは、ウクライナの惨劇を招いた張本人だ。民間施設への無差別攻撃、民間人の大量虐殺、一般市民や子どもたちの強制的なロシアへの連れ去り、市民への暴行、略奪、レイプ、捕虜への虐待……。ウクライナで繰り返されるロシアの戦争犯罪、人権侵害、非人道的行為は数え切れない。国際社会が戦争の被害者であるウクライナを支える一方で、武力侵略を続けるロシアと、それを指揮するプーチンを厳しく非難し、制裁措置を科すのは当然だろう。

得られぬ〝戦果〟

「彼（プーチン）は一言で戦争を終わらせることができる。それは簡単だ。ロシアがウクライナ侵攻をやめれば、戦争は終わる。もし、ウクライナがロシアの攻撃から国を守ることをやめれば、ウクライナは死ぬ」[6]。米大統領バイデンは2023年2月、ポーランドのワルシャワでの演説でこう語った。

ウクライナ戦争は「プーチンの戦争」だ。そのプーチンが侵攻停止を命じれば確かに、戦争は終わる。だが、ロシア軍は最低限の目標とするウクライナ東部のドネツク、ルガンスク2州の完全制圧すらできていない。逆に、侵攻直後に占領したウクライナの領地をかなり失った。戦闘が長期化するにつれて、ウクライナ軍の反転攻勢は強まり、ロシア軍はむしろ守勢に立たされるケースが増えている。

プーチンは停戦を決断できるような〝戦果〟をまったく得られていない。

それにもかかわらずロシア国内では、プーチンは依然として、8割前後の高い支持率を確保している[7]。政権による厳しい情報統制、反政権運動の徹底した弾圧の影響もあって、国内では政権批判の声はほとんど聞かれなくなった。政権内、あるいは政権の周辺でプーチンを批判する者はほぼ皆無だ。西側の対ロ制裁によって市民生活が極端に困窮し、市民の政権への不満が爆発するといった事態にもなっていない。

プーチンは相当な長期戦を覚悟し、西側でウクライナに対する支援疲れや関心の低下が表面化し、ウクライナ国内で厭戦機運が広がるのを忍耐強く待っているとの見方もある。確かに、米欧がウクライナへの武器供与をやめれば、ウクライナ軍は瞬く間に劣勢に立たされる。だが、それは結果的に、西側が繰り返し批判してきた「国際秩序の根幹を揺るがす暴挙」の容認につながる。台湾問題を抱える中国、核開発を加速する北朝鮮などは、ウクライナ戦争の行く末と西側の対応を注視している。西側はウクライナを見放すわけにはいかない。いずれ多少の見直しはあるかもしれないが、米欧はウクライナへの軍事支援自体は継続していくだろう。

2023年5月、広島で開かれたG7サミット。ロシアの侵略を受けるウクライナの大統領ゼレンスキーが来日し、討議に参加した。G7首脳はウクライナへの軍事・財政支援を「必要な限り提供する」と公約した。米国は欧州の同盟国によるウクライナへの米国製戦闘機「F16」の供与を容認し、ウクライナ軍パイロットへの訓練を実施すると表明した。通常なら訓練に1年かかるとされるF16戦闘機の供与は、米欧が今後も長期にわたってウクライナを支える意思を示した象徴的事例といえる。

ロシアの敗北

米シンクタンクのランド研究所は2023年1月、ウクライナ戦争に米国がどう関与していくべきかを提言した報告書を出した。題名は「長期戦争を避ける」。この戦争でロシアもウクライナも、完全に勝利する見込みはない。戦争が長期化すれば、ロシアが核兵器を使用したり、ロシアとNATOの紛争に発展したりする恐れがある。米国は対中国政策を筆頭に他の外交に焦点を当てる必要もある――。報告書はこうした理由を挙げ、ウクライナ戦争の交渉による決着を促している。

米国の対応については、ウクライナに対して将来の支援計画を明確化するとともに、安全や中立化を保証する。ロシアに対しては制裁緩和の条件を設定し、交渉を促すのが望ましいとした。

こうした提言が、米政権の今後の対応に影響を与えるのかどうかは分からない。この報告書で興味深いのはむしろ、戦争を始めたロシアに関する分析だ。経済の損失、国際社会での信用の失墜、軍の弱体化、欧州によるロシア産エネルギーの輸入削減の取り組み、フィンランドやスウェーデンのNATO加盟の動きなどが起きており、「ロシアはこの戦争の代償をすでに払っている」と主張。「ロシアが被った軍事的、経済的損失を回復させるには数十年はかかる」と予測しているのだ。[8,9]

ウクライナ戦争がいつ、どのような形で終わっても、確かに、国際的な信用を失墜させたロシアの先行きは極めて暗い。西側に染みついたロシアへの不信感は根深く、容易には解消しない。欧州のエネルギー調達の「脱ロシア化」の動きも止まらないだろう。

ロシア市場からいったん撤退した日米欧の民間企業は、再進出には相当慎重にならざるを得なくなる。半導体などハイテク分野の対ロ経済制裁の影響もあって、西側の投資や技術移転は細る一方となり、長期的にみればロシア経済に相当な打撃となりそうだ。ロシアでは、ウクライナ戦争を始めたプーチン体制を嫌って、多くの有能な若者たちが国外に去ってしまった。こうした「頭脳流出」も、ロシア経済に深刻な影響を与えていくはずだ。ロシアの著しい国力の縮小は避けられそうにない。

国際政治の舞台でも、ロシアの地位はますます低下していくだろう。日米欧との間では、長期的な関係の冷え込みが予想される。中国やインド、ブラジルなどもロシアを全面的に支えるとは考えにくく、結局は実利優先の関係にとどまるとみられる。中央アジア諸国を筆頭に、ロシアがこれまで「裏庭」とみなしていた旧ソ連諸国の間でも、ウクライナ戦争を目の当たりにしたことで、ロシアと距離を置く動きが徐々に広がっていきそうだ。

ウクライナ戦争がどのように終わろうと、長期的にみれば、「大国ロシア」の失墜、国力の衰退、国際的な地位の低下は避けられそうにない。それは結局のところ、ロシアの敗北、プーチンの敗戦を意味する。スルコフの言葉を使わせてもらえば、ロシアの「百年の孤独」に向けた下り坂は、まだ始まったばかりなのだ。

あとがき

誰の話だったか忘れたが、新聞記者としてモスクワに赴任する際に、仕事で失敗しないコツを聞いたことがある。「日々の出来事や情報は常に否定的に受け止め、ソ連（後のロシア）の悪口や批判記事だけを書くこと」だった。

西側の米欧は常に善で、東側のソ連は常に悪。西側の一角を占める日本のメディアが、東側の情報を批判的に報じるのは当然だ——。東西冷戦の時代に特有のステレオタイプの区分けではあった。だが、冷戦が終結しても、ソ連が消滅して新生ロシアになっても、「失敗しないコツ」は十分に通用した。

「ペレストロイカ（立て直し）」を掲げ、国を抜本変革しようとしたソ連の指導者ゴルバチョフの改革路線は途中で鈍化し、頓挫した。ソ連末期の保守派クーデターを阻止し、一気に国民人気を高めた急進改革派の大統領エリツィンは、ソ連を潰した。そのエリツィンの下で、米欧流の民主改革や市場経済化に着手した新生ロシアは、瞬く間に社会混乱に陥った。エリツィンを筆頭に、急進改革派の支持率は地に落ち、ソ連時代に郷愁を覚える市民が増えていった。そして、エリツィンから大統領の座を引き継いだプーチンは独裁的な国家体制を築き、西側を完全に敵に回して、ウクライナに軍事侵攻した……。

米ジャーナリストのヘドリック・スミスはかつて、『ロシア人』という名著を記した。ロシア人の性格や制度には、歴史が根深い影響を及ぼしていると指摘。それは「中央集権、序列にたいする盲目的崇拝、人々の素朴な外国人嫌い、疎外された知識人のとるにたりないあら探し、母なるロシアにたいするロシア人の強い愛着、最高権力者にたいする大衆の習慣的な従順さ、支配者と被支配者の間に横たわる深い溝を無批判に受け入れること」などに表れていると分析した。[1]

旧ソ連のブレジネフ政権の時代に書かれたものだが、プーチン体制下のロシアでも通用するような言い回しだ。スミスが指摘するように、ロシアという国家体制、最高権力者、社会風土、そして人々の性格や価値観に歴史の影響が根深く刻まれているとすれば、ロシアが変革するのは容易ではない。結局のところ、西側の価値観とは永遠に相いれず、我々は「失敗しないコツ」のように、ロシアを常に批判的にみていく必要があるのだろうか。

私ごとで恐縮だが、日本経済新聞の記者としてモスクワに2度駐在した。最初は旧ソ連のゴルバチョフ政権末期から、エリツィン率いる新生ロシアの初期まで。2度目はエリツィン政権後期の1997年から、プーチン政権初期の2002年にかけてだ。その後もロシアにたびたび出張する機会に恵まれ、「プーチンのロシア」もある程度は理解していたつもりだった。だが、正直に明かすと、プーチンがウクライナ軍事侵攻という蛮行に踏み切るとは予想していなかった。

米大統領のバイデンが「プーチンは侵攻を決断した」と事前に警告していたが、それでもプーチンは軍事的緊張をあおりながらも土壇場で踏みとどまり、侵攻は最終的には控えると予測していた。なぜか。

第一の理由は、前述したように、ロシアが侵攻によって得るものは何もないからだ。多少の領土を奪ったとしても、隣国ウクライナとの関係はもはや修復不可能になる。日米欧との対立も決定的となり、厳しい経済制裁はロシア経済にじわじわと打撃を与える。国際的な孤立は深まり、ロシアはあらゆる面で衰退していく……。それでもウクライナ侵攻を決断し、ロシアが勝利すると確信したプーチンはやはり「戦略なき戦術家」なのだろう。

第二の理由は個人的に、プーチン体制初期のロシアを間近で体験してきたからかもしれない。振り返ると確かに、プーチンの大統領就任直後から、「メディア王」と呼ばれたグシンスキーの会社事務所に覆面姿の男たちが強制捜査に入るなど、きな臭い雰囲気は随所にあった。プーチン自身、「法の独裁」下での「強い国家」の構築を掲げ、権威主義的な傾向を隠そうとしなかった。

それでも初期のプーチンは、米欧との関係改善に真剣に取り組んでいたようにみえた。もちろん、西側から積極投資を呼び込まないと、ロシアの経済改革は難しいという思惑も背景にあっただろう。とはいえ冷戦終結後、ゴルバチョフ、エリツィンが進めた西側との協調路線がある程度、ロシアという国の体質を変えつつあり、プーチンも基本的に踏襲するように思えた。

かつて東欧諸国で民主革命の嵐が吹き荒れたように、ソ連でも民主化の大きなうねりがあった。それが頂点に達したのが1991年夏、保守派のクーデターが失敗に終わった直後だった。民主派の勝利に歓喜の声を上げ、さらなる民主改革を求める市民たちが街頭に繰り出し、モスクワの中心部は文字通り、人の波で埋まった。レニングラード（同年9月にサンクトペテルブルクに改名）にいたプーチンも、内心はともかく、当時は民主派を支持していた。

そんな体験もしたプーチンが大統領就任当初から、民主化や西側との協調路線を拒否していたとは考えにくい。本書の前半で書いてきたように、西側への期待がいつしか不信、さらには裏切られた憎しみと怒りへと転じ、プーチンを「人殺しの独裁者」で「根っからの悪党」（バイデン）にしてしまったとすれば、その責任の一端はやはり西側にもあるのだろう。

とはいえ、独立国家のウクライナに侵略し、数々の残虐・犯罪行為を繰り返すプーチンの蛮行に、弁明の余地は一切ない。今のロシアでは多くの人々が、職場でも、学校でも、場合によっては家庭内でも極力、ウクライナ侵攻の話を避けているそうだ。話せば言い争いで関係が険悪になりかねないし、密告されるのも恐れているという。ロシアのある知人は侵攻後、親しかったウクライナの友人との連絡を断った。「本来はプーチンを恨むべきなのに、我々ロシア人がウクライナを侵略しているように思われかねない」からだ。「我々はクリミア半島もウクライナもいらないのに……」と嘆いていた。「プーチンの戦争」はロシア社会でも閉塞感を助長し、人々の心を陰鬱でいびつにしている。

不毛な戦争の早期終結、ウクライナの一日も早い平和の訪れと復興を願いたい。そしていつしか、スミスが主張する「歴史」の根深い影響を何とか克服し、真に民主的なロシアが再生するよう望みたい。

本書は、日経ビジネス電子版で連載した「解析ロシア」、日経電子版で掲載してきたNikkei Viewsの原稿の一部を転用した。執筆に当たっては多くの方々、とくにオンライン形式も含めて、ロシアの各界有識者との定例会見を毎年企画してくれた日露学術報道専門家会議の幹事の方々にお世話になった。日々支えてくれた家族や愛犬にも感謝する。そして最後に、企画段階から尽力してくださった日経ＢＰの堀口祐介氏に厚く御礼を申し上げる。

２０２３年６月

池田　元博

プーチン関連年表

1952年	・ウラジミル・プーチン、ソ連第二の都市レニングラード（現サンクトペテルブルク）で生誕（10月7日）
1956年	・日ソ、モスクワで日ソ共同宣言に署名（10月、宣言は12月発効）
1975年	・プーチン、レニングラード大学（現サンクトペテルブルク大学）法学部を卒業、国家保安委員会（KGB）での勤務開始
1983年	・プーチン、リュドミラ・シュクレブネワと結婚（7月）
1985年	・ミハイル・ゴルバチョフ、ソ連共産党書記長に就任（3月） ・プーチン、KGB工作員として東ドイツのドレスデン駐在に（8月〜）
1989年	・ベルリンの壁が崩壊（11月） ・ジョージ・H・W・ブッシュ米大統領とゴルバチョフ・ソ連共産党書記長が地中海のマルタ島で首脳会談。冷戦の終結を宣言（12月）
1990年	・プーチン、東独ドレスデン駐在から帰国（1月）。レニングラード大学学長の補佐官に ・プーチン、アナトリー・サプチャク・レニングラード市ソビエト議長の国際関係担当顧問に就任（5月） ・東西ドイツが再統一（10月）
1991年	・ソ連大統領ゴルバチョフが来日、海部俊樹首相と日ソ共同声明に署名（4月） ・サプチャクがレニングラード市長に。プーチン、同市対外関係委員会議長に就任（6月）

1991年	・ボリス・エリツィン、ロシア共和国大統領選（直接選挙）で当選（6月） ・ソ連で保守派クーデター未遂事件。ウクライナ共和国などが国家独立を宣言（8月） ・ソ連、バルト3国（エストニア、ラトビア、リトアニア）の独立を承認（9月） ・ロシア、ウクライナ、ベラルーシの3共和国首脳がソ連の消滅と独立国家共同体（CIS）の創設を宣言（12月） ・ゴルバチョフ・ソ連大統領が辞任。ソ連が崩壊し、ロシアなどが独立国家に（12月）
1992年	・新生ロシア、エリツィン体制下で価格自由化など、急進的な市場経済改革（「ショック療法」）を始動（1月）。経済政策は改革派エゴール・ガイダルが主導。国内はモノ不足が解消される一方で、ハイパーインフレに ・プーチン、サンクトペテルブルク市副市長に就任（5月） ・ロシア、民営化小切手（バウチャー）の無償配布で民営化を始動（10月）。オリガルヒ（新興財閥）台頭の一因に ・首相代行のガイダルが更迭。ビクトル・チェルノムイルジンが首相就任（12月）
1993年	・米大統領に民主党のビル・クリントンが就任（1月） ・エリツィンと議会の対立が先鋭化。エリツィン、議会派が立てこもったモスクワの最高会議ビル（現政府ビル）砲撃を指令（モスクワ騒乱、10月） ・エリツィンが訪日、細川護熙首相と東京宣言に署名（10月） ・ロシア新憲法、国民投票で承認（12月）
1994年	・プーチン、サンクトペテルブルク市第一副市長に就任（3月） ・ロシア軍、チェチェン共和国に進攻（第1次チェチェン紛争、12月）
1995年	・ロシア下院選、ロシア共産党が圧勝（12月）

1996年	・ロシア大統領選、エリツィンの得票率（35・28％）は過半数届かず（6月）。エリツィン、決戦投票で大統領に再選（7月） ・サプチャク、サンクトペテルブルク市長選で落選（6月）。プーチンは第一副市長を辞任 ・プーチン、モスクワに。ロシア大統領府総務局次長に就任（8月） ・第1次チェチェン紛争が終結（8月） ・エリツィン、心臓バイパス手術を受ける（11月）
1997年	・プーチン、ロシア大統領府副長官兼大統領監督総局長に就任（3月） ・日ロ、クラスノヤルスクで非公式首脳会談（11月）
1998年	・チェルノムイルジン、首相を解任。後任首相にセルゲイ・キリエンコ（3月） ・日ロ、川奈で非公式首脳会談（4月） ・プーチン、ロシア大統領府第一副長官に就任（5月） ・プーチン、連邦保安局（ＦＳＢ）長官に就任（7月） ・ロシアで金融危機。キリエンコ、首相を解任（8月）。後任首相にエフゲニー・プリマコフ（9月）
1999年	・プーチン、安全保障会議書記を兼務（3月） ・チェコ、ハンガリー、ポーランドが北大西洋条約機構（ＮＡＴＯ）加盟（3月） ・プリマコフ、首相を解任。後任首相にセルゲイ・ステパシン（5月） ・ステパシン、首相を解任。後任首相にプーチン。エリツィンはプーチンを大統領後継候補に指名（8月） ・モスクワのアパートなどで連続爆破テロ事件（8～9月） ・ロシア軍、チェチェンへの本格進攻を再開（第2次チェチェン紛争、9月） ・ロシア下院選、政権与党「統一」が躍進（12月）

1999年	・エリツィンが大統領を辞任。プーチン、大統領代行に（12月）
2000年	・サプチャクが死去、62歳（２月） ・プーチン、大統領選で当選。得票率は52・９４％（３月） ・プーチン、大統領に就任（５月） ・メディア・モストの事務所に家宅捜索（５月）、ウラジミル・グシンスキーが一時逮捕（６月、12月） ・プーチン、沖縄の主要８カ国（Ｇ８）サミットに出席（７月） ・ロシアの原子力潜水艦「クルスク」、バレンツ海で沈没（８月） ・プーチン、日本を公式訪問。森喜朗首相と首脳会談（９月）
2001年	・米大統領に共和党のジョージ・Ｗ・ブッシュが就任（１月） ・プーチンと森、イルクーツクで首脳会談。イルクーツク声明を発表（３月） ・ガスプロム、ＮＴＶを事実上買収（４月） ・米国のニューヨークなどで同時テロ事件。プーチン、ブッシュに電話し、米ロの対テロ協調を呼びかける（９月） ・米軍、アフガニスタンで軍事行動を開始（10月） ・ブッシュ、弾道弾迎撃ミサイル（ＡＢＭ）制限条約からの脱退をロシアに通知（12月）
2002年	・米国、ＡＢＭ制限条約から脱退。同条約が失効（６月） ・チェチェンの独立派武装集団、モスクワの劇場を襲撃し占拠（10月）
2003年	・日本首相の小泉純一郎が訪ロ。プーチンと会談し、共同声明と日露行動計画を発表（１月） ・米国、イラク攻撃を開始（３月） ・ロシアの石油大手ユーコスを率いたミハイル・ホドルコフスキーが逮捕（10月） ・旧ソ連のジョージア（グルジア）でバラ革命（11月）

2004年	・プーチン、大統領選で再選。得票率は71・31％（3月） ・バルト3国など7カ国がＮＡＴＯに加盟（3月） ・チェチェン大統領のアフマト・カディロフが爆破テロで暗殺（5月） ・チェチェンの独立派武装集団、北オセチアのベスランの学校を占拠（9月） ・旧ソ連のウクライナでオレンジ革命（11月〜）
2005年	・旧ソ連中央アジアのキルギスでチューリップ革命（3月） ・プーチンが日本公式訪問、小泉首相と首脳会談。共同声明は発表せず（11月）
2006年	・G8サミット、サンクトペテルブルクで開催。ロシアが初の議長国（7月） ・ＦＳＢ元職員のアレクサンドル・リトビネンコ、亡命先の英国で暗殺。体内から放射性物質「ポロニウム」が検出される（11月）
2007年	・プーチン、ミュンヘン安全保障会議で演説。米国による世界一極支配を批判（2月） ・ラムザン・カディロフ、チェチェン大統領に（2月） ・エリツィンが死去、76歳（4月） ・プーチン、大統領後継にドミトリー・メドベージェフを指名（12月）
2008年	・コソボ議会、「コソボ共和国」のセルビアからの独立を宣言。米欧などが相次ぎ承認（2月） ・メドベージェフ、ロシア大統領選で当選。得票率は70・28％（3月） ・ルーマニアのブカレストでＮＡＴＯ首脳会議。ウクライナとジョージアは「いずれＮＡＴＯの加盟国になる」と首脳宣言に明記（4月） ・メドベージェフ、ロシア大統領に就任。プーチンは首相に（5月） ・ロシアとジョージアが戦争（グルジア戦争、8月） ・ロシアで憲法改正。大統領任期が従来の4年から6年に延長（12月）

2009年	・米大統領に民主党のバラク・オバマが就任（1月）
2010年	・オバマとメドベージェフ、米ロの新戦略兵器削減条約（新START）に調印（4月） ・メドベージェフ、北方領土の国後島を訪問。ソ連・ロシアの国家元首で初めて（11月）
2011年	・プーチン、政権与党「統一ロシア」党大会で大統領選への再出馬を表明（9月） ・ロシア下院選（12月）。統一ロシアへの票の水増しなど、政権による不正疑惑が浮上。市民らが大規模な抗議行動（12月〜）
2012年	・プーチン、大統領選で当選。得票率は63・6％（3月） ・プーチン、実質3期目の大統領に就任。メドベージェフは首相に（5月） ・首相のメドベージェフ、北方領土の国後島を再訪（7月） ・ロシア、世界貿易機関（WTO）に加盟（8月） ・ロシア極東のウラジオストクで、アジア太平洋経済協力会議（APEC）首脳会議。ロシアで初の開催（9月）
2013年	・日本首相の安倍晋三が公式訪ロ。プーチンと首脳会談を開き、日ロ共同声明に署名（4月） ・ボリス・ベレゾフスキー、亡命先の英国で死去（3月） ・プーチン、リュドミラ夫人との離婚を発表（6月） ・モスクワ市長選に野党指導者アレワセイ・ナワリヌイが出馬、2位の得票で善戦（9月） ・ウクライナ大統領のビクトル・ヤヌコビッチ、欧州連合（EU）との連合協定の調印準備を停止。親EU派の市民らが首都キーウ中心部で大規模な反政権デモ（11月） ・プーチン、EUとの連合協定を先送りしたウクライナに多額の経済支援を約束。キーウでは大規模な反政権デモが継続（12月） ・プーチン、服役中の石油大手ユーコス元社長のホドルコフスキーを恩赦（12月）

2015年	2014年
・ロシアの反政権派の指導者ボリス・ネムツォフ、モスクワ中心部で銃撃され死亡（2月） ・ドイツ、フランス、ロシア、ウクライナの4カ国首脳がミンスクで会談。ウクライナ東部の停戦などで合意。合意文書（ミンスク合意）に署名（2月）	・ロシア南部のソチで冬季五輪。開会式には日本首相の安倍、中国国家主席の習近平らが出席。米欧の主要国首脳の大半は欠席（2月） ・ウクライナで野党勢力と治安・警察部隊が衝突。デモ参加者らが多数犠牲に。親ロ派大統領のヤヌコビッチが逃走し、政権崩壊。野党勢力が首都を掌握（マイダン革命）。最高会議（国会）は大統領の解任と大統領選の実施決議を採択（2月） ・プーチン、ウクライナの政変を「憲法に反するクーデター」と非難（3月） ・ウクライナのクリミア半島で住民投票、ロシアへの編入を承認（3月） ・ロシア、クリミア半島を併合。住民投票の編入承認を根拠に（3月） ・主要7カ国（G7）首脳、ロシアをG8から除外。クリミア併合で（3月） ・ウクライナ東部、親ロシア派勢力が各地で行政施設や警察署など占拠（4月） ・ウクライナ暫定政府、東部で親ロ派排除へ軍隊を投入。親ロ派武装勢力が抗戦し、泥沼のウクライナ東部紛争へと突入（4月～） ・ウクライナ東部ドネツク、ルガンスク両州の親ロ派が地域の独立の是非を問う住民投票を強行。圧倒的多数が賛成したとして「主権国家」を宣言（5月） ・ウクライナで大統領選、親米欧派のペトロ・ポロシェンコが当選（5月） ・マレーシア航空の旅客機、ウクライナ東部上空で撃墜。乗客・乗員298人全員が死亡。親ロ派支配地域からミサイル発射（7月） ・ロシア軍、ウクライナ東部に不法越境し軍事介入（8月） ・ウクライナ政府と親ロ派、東部での戦闘停止、捕虜交換など停戦合意（ミンスク1）。和平に向け覚書に署名。ロシア、欧州安全保障協力機構（OSCE）の代表者を含む4者が、ベラルーシの首都ミンスクで「連絡調整グループ」会合（9月）

２０１５年	・ロシア首相のメドベージェフ、北方領土の択捉島を訪問（８月） ・ロシア軍、中東のシリア領内で空爆作戦を開始（９月） ・世界反ドーピング機関（ＷＡＤＡ）の第三者委員会、ロシア陸上競技連盟の組織的なドーピングを認定。国際陸上競技連盟（現ワールドアスレティックス）、ロシア陸連に暫定資格停止処分（11月）
２０１６年	・プーチン、シリアに展開していたロシア空軍の撤退を命令（３月） ・安倍とプーチン、ソチで首脳会談。「新たな発想に基づくアプローチ」で平和条約締結交渉を加速することで合意（５月） ・安倍とプーチン、ウラジオストクで首脳会談（９月） ・ロシア下院選、統一ロシアが圧勝。４分の３の議席確保（９月） ・ＷＡＤＡ、ロシア選手の薬物使用問題で報告書。２０１１年以降、30以上の競技で合計１０００人を超す選手が関与していたと断定（12月） ・プーチンが来日、安倍と山口・東京で首脳会談。北方領土で「特別な制度」の下での共同経済活動の実現へ協議開始で合意（12月）
２０１７年	・米大統領に共和党のドナルド・トランプが就任（１月） ・トランプとプーチン、ドイツのハンブルクで初の米ロ首脳会談。シリア南西部の停戦などで合意（７月） ・国際オリンピック委員会（ＩＯＣ）、２０１８年２月の平昌冬季五輪へのロシア選手団の参加を認めないと発表（12月）
２０１８年	・英南部でロシアの元情報機関員セルゲイ・スクリパリと娘、神経剤で襲撃され重体に。米欧各国、ロシアが関与と断定してロシア外交官を一斉追放（３月） ・プーチン、大統領選で再選。得票率は76・６９％（３月） ・プーチン、通算４期目の任期を始動。首相はメドベージェフが続投（５月）

2018年	2019年	2020年
・ロシア南部とクリミア半島を結ぶクリミア橋の開通式。プーチンは「歴史的な日」と表明（5月） ・トランプとプーチン、フィンランドのヘルシンキで米ロ首脳会談。プーチンは2016年の米大統領選への介入疑惑を否定（7月） ・プーチン、「一切の前提条件なし」での2018年中の日ロ平和条約締結を提案。ウラジオストクの東方経済フォーラム全体会合で（9月） ・プーチン、年金制度改革法に署名。施行は2019年1月（10月） ・日ロ、シンガポールで首脳会談。1956年の日ソ共同宣言を基礎に平和条約締結交渉を加速させることで合意。安倍が提案（11月）	・米トランプ政権、米ソが1987年に結んだ中距離核戦力（INF）廃棄条約の破棄を通告。ロシアも同条約の義務履行を停止すると表明（2月） ・カザフスタン大統領のヌルスルタン・ナザルバエフが辞任。カシムジョマルト・トカエフ上院議長が新大統領に（3月）。トカエフは同年6月の大統領選で当選 ・ウクライナ大統領選、決戦投票でウォロディミル・ゼレンスキーが約7割得票し当選（4月） ・WADA、ロシア選手団を東京五輪などの主要大会から4年間排除（12月） ・ロシア、ウクライナと独仏、パリで首脳会談。2019年末までに、ウクライナ東部全域で停戦を実現するとの合意文書を発表（12月）	・プーチン、年次教書演説で政治機構改革などの憲法改正を提案。メドベージェフ内閣が総辞職。連邦税務局長官のミハイル・ミシュスチンが新首相に（1月） ・ロシアで憲法改正の賛否を問う国民投票。賛成が約78%を占め、改憲が成立。プーチンの大統領再選が可能に（7月） ・ベラルーシで大統領選、現職のアレクサンドル・ルカシェンコが6選。選挙の不正を訴える抗議活動が全土に拡大。治安当局が抗議参加者を大量拘束（8月）

２０２０年	・ロシア反体制派指導者のナワリヌイ、西シベリアからモスクワに向かう飛行機の機内で意識不明の重体に。オムスクの病院からドイツの病院に移送。ドイツ政府はノビチョク系の神経剤が使用されたと断定（８月）
２０２１年	・米大統領に民主党のジョー・バイデンが就任（１月） ・ナワリヌイ、療養中のドイツから帰国。ロシア当局はナワリヌイを空港到着直後に拘束。ナワリヌイは暴露動画「プーチンのための宮殿」を公開（１月） ・米新大統領のバイデン、プーチンと電話協議。新ＳＴＡＲＴの５年延長で大筋合意（１月） ・米ロ、新ＳＴＡＲＴの５年間延長で正式合意（２月） ・モスクワの裁判所、ナワリヌイの２０１４年の有罪判決の執行猶予を取り消し。実刑に切り替えると決定。各地で抗議集会、米欧は一斉に批判（２月） ・米欧、ロシア軍がウクライナ国境付近で部隊を集結させていると懸念表明（４月） ・バイデンとプーチン、ジュネーブで米ロ首脳会談。新たな核軍縮の枠組み構築に向けた戦略的安定への対話開始で合意（６月） ・首相のミシュスチン、北方領土の択捉島を訪問（７月） ・プーチン、北方領土に外資誘致のための経済特区を創設すると表明。ウラジオストクの東方経済フォーラムで（９月） ・ロシア下院選、政権与党「統一ロシア」が勝利。３分の２の議席確保（９月） ・米国防総省、ロシア軍が大規模な部隊をウクライナ国境付近に集結させたと懸念表明（11月） ・ロシア外務省、欧州安全保障の新たな合意案を公表。ＮＡＴＯの東方拡大停止、東欧からの事実上の軍撤収などを要求（12月）
２０２２年	・カザフスタン、燃料高を発端に抗議デモが拡大。ロシア主体の集団安全保障条約機構（ＣＳＴＯ）加盟国が軍部隊を現地派遣。前大統領のナザルバエフが失脚（１月） ・バイデン、「私の推測では（プーチンがウクライナに）侵攻するだろう」と表明。ホワイトハウスでの記者会見で（１月）

2022年

・米国防総省、東欧に8500人規模の米軍の派遣準備に入ったと表明（1月）
・米政府とNATO、ロシアが提案した欧州安保の新合意案を拒否（1月）
・プーチン、欧州安保の新合意案で「ロシアの主要な懸念が無視された」と不満表明（2月）
・ロシアとベラルーシ、ベラルーシ国内で大規模軍事演習（2月）
・バイデン、プーチンがウクライナ侵攻を「現時点で決断したと確信している」「ロシア軍が数日以内にウクライナを攻撃し、首都を標的にすると信じる理由がある」と表明（2月18日）
・プーチン、安全保障会議を開催。ウクライナ東部の「ドネツク人民共和国」と「ルガンスク人民共和国」の独立を承認。「平和維持」を名目に2地域に軍隊を派遣するよう国防省に指示（2月21日）
・バイデン、ロシアの行為を「侵攻の始まりだ」と非難。日米欧、ロシアの銀行の取引制限、政権幹部らの個人資産の凍結など対ロシア制裁の「第1弾」発動（2月22日）
・ロシア大統領府、ウクライナ東部の親ロ派武装勢力がロシアに軍事支援を要請したと表明（2月23日）
・ウクライナ、全土に非常事態を発令（2月24日）
・ロシア軍、ウクライナへの軍事侵攻を開始（2月24日）
・日米欧、ロシアに金融制裁。米国は最大手ズベルバンクなど2大銀対象に（2月24日）
・ロシア軍、首都キーウ包囲へ進軍。チェルノブイリ原発を一時制圧（2月25日）
・米欧、プーチンやセルゲイ・ラブロフらを制裁対象に。資産を凍結（2月25日）
・ゼレンスキー、EUへの加盟申請書に署名（2月28日）
・ロシアとウクライナ代表団、ベラルーシ国境で停戦対話を開始（2月28日）
・ロシア中央銀行、主要政策金利を9・5%から20%に引き上げ（2月28日）
・日米欧、ロシアの大手銀を国際銀行間通信協会（SWIFT）から排除（3月）
・国連総会、ロシアに「軍の即時かつ無条件撤退」を求める決議採択。賛成141カ国、反対5カ国、棄権35カ国（3月2日）
・ロシア軍、ウクライナ南部のザポロジエ原発を制圧。欧州最大級の原発（3月4日）

2022年

・ロシアとウクライナ、2回目の停戦対話（3月3日）
・ロシアとウクライナ、ベラルーシで3回目の停戦対話（3月7日）
・バイデン、ロシア産原油、天然ガス、石炭と関連製品の輸入を全面的に禁止すると発表（3月8日）
・G7が共同声明。主要製品でロシアへの「最恵国待遇」を取り消し。重要製品や技術の輸出入規制も（3月11日）
・ロシア国防省、ウクライナ南部ヘルソン州全域を制圧したと発表（3月15日）
・ゼレンスキー、米議会でオンライン演説。対ロ制裁強化訴え（3月16日）
・プーチン、クリミア併合8年を記念し、モスクワのルジニキ・スタジアムで演説。ウクライナでの特別軍事作戦は東部のロシア系住民の「大量虐殺からの解放」のために必要だったと強調（3月18日）
・ロシア外務省、日本との平和条約締結交渉の打ち切り、ビザなし交流の廃止を通告（3月21日）
・ゼレンスキー、日本の国会でオンライン演説。ロシアとの貿易禁止など要請（3月23日）
・国連総会、ウクライナの人道状況改善、民間人への攻撃停止求める決議を採択。賛成140カ国、反対5カ国、棄権38カ国（3月24日）
・ロシア軍高官、東部ドンバス地方の解放が「主要目標」だと表明（3月25日）
・ロシアとウクライナ、トルコのイスタンブールで停戦協議。ウクライナが「中立化」、新安保体制の構築、領土問題の棚上げなどを提案（3月29日）
・ウクライナ政府、首都キーウを含むキーウ州全域をロシア軍から解放したと発表。キーウ近郊のブチャ、イルピンなどで多数の民間人遺体発見（4月2日）。ロシアとウクライナの停戦協議の継続が困難に
・米国防総省、ロシア軍がキーウ周辺から完全撤退したと分析（4月6日）
・国連総会、ロシアの国連人権理事会の理事国資格を停止する決議採択。賛成93カ国、反対24カ国、棄権58カ国（4月7日）
・日本政府、ロシア産石炭の輸入禁止やズベルバンクの資産凍結などの対ロ追加制裁を表明（4

2022年

月8日）
・ロシア中銀、政策金利を年20％から17％に引き下げ（4月11日）
・ロシア国防省、黒海艦隊の旗艦の巡洋艦「モスクワ」が沈没したと発表。ウクライナ軍が国産の対艦ミサイル「ネプチューン」で攻撃（4月14日）
・プーチン、ロシア軍がウクライナ南東部の要衝マリウポリを事実上掌握したと宣言（4月21日）
・ロシア中銀、政策金利を年17％から14％に引き下げ（5月4日）
・ロシア外務省、岸田文雄首相ら日本人63人を無期限の入国禁止にすると発表（5月4日）
・プーチン、ウクライナ侵攻は「唯一の正しい決定だった」と表明。第2次世界大戦の対独戦勝記念日の演説で（5月9日）
・フィンランドとスウェーデン、NATOへの加盟を申請（5月18日）
・ロシア中銀、政策金利を年14％から11％に引き下げ（5月27日）
・ロシア中銀、政策金利を年11％から9・5％に引き下げ（6月14日）
・プーチン、サンクトペテルブルクの国際経済フォーラムで演説。「ロシア経済を崩壊させる米欧の試みは失敗した」と表明（6月17日）
・ロシア国防省、ウクライナ東部ルガンスク州の要衝セベロドネツクを「解放した」と発表（6月25日）
・ロシア国防省、ウクライナ東部ルガンスク州全域を制圧したと宣言（7月3日）
・独ロ間のガスパイプライン「ノルドストリーム」、定期検査で供給停止（7月11日）
・ロシア中銀、政策金利を年9・5％から8％に引き下げ（7月25日）
・ゴルバチョフが死去、91歳（8月30日）
・ゼレンスキー、ウクライナ北東部ハリコフ州の要衝イジュームなどを「解放」したと表明（9月11日）
・ロシア中銀、政策金利を年8％から7・5％に引き下げ（9月19日）
・プーチンが国民向け演説。ウクライナでの戦闘継続のため「部分的な動員令に署名した」と表明。予備役らを対象に招集、兵員不足を補う。国防相セルゲイ・ショイグは「約30万人を動員

2022年

する」と説明（9月21日）。ロシア各地で抗議行動
・ウクライナ東・南部4州（東部のルガンスク、ドネツク、南部のザポロジエ、ヘルソン各州）のロシア支配地域、ロシアへの編入の是非を問う住民投票（9月23～27日）。各地の親ロ派組織、住民投票でロシアへの編入に「8割後半から9割超が賛成した」と主張（9月28日）
・独ロ間をつなぐガスパイプライン「ノルドストリーム」「ノルドストリーム2」が損傷。意図的な破壊工作の可能性（9月26日）
・プーチン、ウクライナ南部ザポロジエ州とヘルソン州を独立国家として承認する大統領令に署名（9月29日）
・プーチン、モスクワで演説。ウクライナ東・南部4州をロシアに併合すると宣言。4州の住民が投票で「明確な選択をした」と主張。各州の親ロ派勢力代表との間で、「編入条約」に署名（9月30日）
・ゼレンスキー、NATOへの加盟を申請すると表明。ロシアによるウクライナ東・南部4州の「併合」宣言への対抗策（9月30日）
・ロシアとクリミア半島を結ぶクリミア橋で爆発、一部が崩落（10月8日）。ロシア、ウクライナ全土にミサイル攻撃。橋爆発の報復か。ロシア軍はウクライナの発電所など、エネルギー・インフラ関連施設を標的にミサイル攻撃を継続
・国連総会、ロシアによるウクライナ4州の「併合」を無効とする決議採択。賛成143カ国、反対5カ国、棄権35カ国（10月12日）
・プーチン、ロシアに「併合」したウクライナ東・南部4州に戒厳令を導入する大統領令に署名（10月19日）
・ロシア国防相ショイグ、部分動員令にもとづく約30万人の予備役招集が完了したとプーチンに報告（10月28日）
・ロシア軍、ウクライナ南部ヘルソン州の要衝からの撤退決定（11月9日）
・ゼレンスキー、「今日は歴史的な日だ」とヘルソン奪還を称賛。ロシア軍は州都ヘルソンを含むドニエプル川西岸からの撤退完了を発表（11月11日）

２０２２年

・ポーランド政府、同国東部にロシア製ミサイルが着弾し２人死亡と発表。ウクライナが発射した地対空ミサイルが着弾（11月15日）
・オランダの裁判所、２０１４年のマレーシア航空機撃墜事件で元ＦＳＢ大佐イーゴリ・ギルキン（ストレルコフ）ら３人に終身刑の判決（11月17日）
・プーチン政権のリベラル派、アレクセイ・クドリン会計検査院長官（元副首相）が辞任（11月30日）
・Ｇ７とＥＵ、オーストラリア、ロシア産原油の輸入価格に１バレル60ドルの上限を設定する対ロ制裁を発動（12月５日）
・米国とロシア、受刑者を交換。ロシアは米女子プロバスケットボールのブリトニー・グライナー選手、米国はロシアの元軍人ビクトル・ボウト受刑者を釈放（12月８日）
・ゼレンスキーが訪米、ホワイトハウスでバイデンと会談。米国は長距離地対空ミサイル「パトリオット」の供与を表明（12月21日）

２０２３年

・ロシア国防省、ウクライナ軍事作戦を指揮する統一部隊総司令官にワレリー・ゲラシモフ軍参謀総長が任命されたと発表（１月11日）
・英国政府、ウクライナに主力戦車「チャレンジャー２」供与を決定（１月14日）
・プーチン、ロシア軍の規模（約１１５万人）を２０２６年までに１５０万人まで増強すると決定（１月17日）
・ドイツ政府、ウクライナに主力戦車「レオパルト２」の供与決定。米国は同「エイブラムス」を供与（１月25日）
・ゼレンスキー、英国とフランスを訪問。米国に続く外国訪問（２月８日）
・ゼレンスキーがベルギー訪問。欧州議会で演説、ＥＵ首脳会議に出席（２月９日）
・バイデン、ウクライナの首都キーウを電撃訪問。国際社会の結束を強調（２月20日）
・プーチンが年次教書演説。米ロの新ＳＴＡＲＴの履行停止を表明（２月21日）

2023年

・国連総会、ロシアのウクライナ侵攻1年で決議採択。ロシア軍の即時撤退、公正かつ永続的な平和の実現求める。ロシアの戦争犯罪で「調査と訴追」の必要性も明記。賛成141カ国、反対7カ国、棄権32カ国（2月23日）
・米軍、黒海上空を飛行していた米空軍の無人偵察機がロシア軍のスホイ27戦闘機と衝突したと発表。無人偵察機は公海上に墜落（3月14日）
・国際刑事裁判所（ICC）、プーチンらに逮捕状。ウクライナの子どもたちをロシアに拉致した戦争犯罪容疑で（3月17日）
・中国国家主席の習、ロシアを公式訪問。プーチンと会談。共同声明でロシアとウクライナの停戦交渉の早期再開促す（3月20～22日）
・日本首相の岸田、キーウを電撃訪問。「揺るぎない連帯」を伝達（3月21日）
・プーチン、ベラルーシへの戦術核配備で合意したと表明（3月25日）
・フィンランド、NATOに正式加盟。中立政策を破棄（4月4日）
・中国の習、ゼレンスキーと電話協議（4月26日）
・クリミアの軍港セバストポリの石油備蓄施設で火災（4月29日）
・ロシア大統領府、モスクワ中心部のクレムリンへドローン攻撃があったと発表（5月3日）
・ゼレンスキー、フィンランドを訪問。北欧諸国首脳と会談（5月3日）
・ゼレンスキー、オランダ・ハーグのICCを訪問（5月4日）
・ゼレンスキー、イタリア、ドイツ、フランス、英国を歴訪（5月13～15日）
・ゼレンスキー、サウジアラビアでアラブ連盟首脳会議に参加（5月19日）
・広島でG7サミット（5月19～21日）。20日に来日したゼレンスキーが21日に討議に加わり、ウクライナ支援を「必要な限り提供する」ことで一致
・米バイデン政権、欧州の同盟国によるウクライナ軍への米国製戦闘機「F16」の供与を容認。ウクライナ軍パイロットへの訓練実施も表明（5月20日）
・ロシア国防省、8機のドローンがモスクワの住宅街などを攻撃したと表明（5月30日）
・ウクライナ南部ヘルソン州のカホフカ水力発電所の巨大ダムが決壊（6月6日）

【主要な参考文献】

・フィオナ・ヒル、クリフォード・G・ガディ（2016）『プーチンの世界　「皇帝」になった工作員』（濱野大道・千葉敏生訳、畔蒜泰助監修）新潮社
・藤田久一・浅田正彦編（2009）『軍縮条約・資料集　第三版』有信堂
・ヘドリック・スミス（1978）『ロシア人（上下）』（高田正純訳）時事通信社
・本田良一（2013）『日ロ現場史　北方領土――終わらない戦後』北海道新聞社
・マーシ・ショア（2022）『ウクライナの夜　革命と侵攻の現代史』（池田年穂訳）慶應義塾大学出版会
・マーシャ・ゲッセン（2013）『そいつを黙らせろ――プーチンの極秘指令』（松宮克昌訳）柏書房
・マイケル・マクフォール（2020）『冷たい戦争から熱い平和へ――プーチンとオバマ、トランプの米露外交（上下）』（松島芳彦訳）白水社
・ミハイル・ゴルバチョフ（2020）『変わりゆく世界の中で』（副島英樹訳）朝日新聞出版
・ロバート・コンクエスト（2007）『悲しみの収穫　ウクライナ大飢饉――スターリンの農業集団化と飢饉テロ』（白石治朗訳）恵雅堂出版
・和田春樹（1990）『北方領土問題を考える』岩波書店

（日本語）

・アレクサンドル・ソルジェニーツィン（1990）『甦れ、わがロシアよ――私なりの改革への提言』（木村浩訳）日本放送出版協会
・アレクサンドル・ソルジェニーツィン（2000）『廃虚のなかのロシア』（井桁貞義ほか訳）草思社
・アンナ・ポリトコフスカヤ（2005）『プーチニズム　報道されないロシアの現実』（鍛原多惠子訳）NHK 出版
・アンナ・ポリトコフスカヤ（2007）『ロシアン・ダイアリー　暗殺された女性記者の取材手帳』（鍛原多惠子訳）NHK 出版
・五百旗頭真、下斗米伸夫、A.V. トルクノフ、D.V. ストレリツォフ編（2015）『日ロ関係史　パラレル・ヒストリーの挑戦』東京大学出版会
・池田元博（2004）『プーチン』新潮社
・石川陽平（2016）『帝国自滅　プーチン VS 新興財閥』日本経済新聞出版社
・井出敬二（2017）『〈中露国境〉交渉史――国境紛争はいかに決着したのか？』作品社
・ウラジミール・プーチン他、山下泰裕・小林和男編（2009）『プーチンと柔道の心』（イーゴリ・アレクサンドロフ訳）朝日新聞出版
・オスネ・セイエルスタッド（2009）『チェチェン　廃墟に生きる戦争孤児たち』（青木玲訳）白水社
・小田健（2017）『ロシア近現代と国際関係　歴史を学び、政治を読み解く』ミネルヴァ書房
・キャサリン・ベルトン（2022）『プーチン　ロシアを乗っ取ったKGBたち（上下）』（藤井清美訳）日本経済新聞出版
・下斗米伸夫（2022）『プーチン戦争の論理』集英社インターナショナル
・セルヒー・ルデンコ（2022）『ゼレンスキーの素顔　真の英雄か、危険なポピュリストか』（安藤清香訳）PHP 研究所
・東郷和彦（2013）『歴史認識を問い直す――靖国、慰安婦、領土問題』KADOKAWA
・ピーター・ポマランツェフ（2018）『プーチンのユートピア　21世紀ロシアとプロパガンダ』（池田年穂訳）慶應義塾大学出版会
・ピーター・ポメランツェフ（2020）『嘘と拡散の世紀　「われわれ」と「彼ら」の情報戦争』（築地誠子・竹田円訳）原書房
・ビル・クリントン（2004）『マイライフ　クリントンの回想（上下）』（楡井浩一訳）朝日新聞社

РЯДОК » ИД « КОММЕРСАНТЬ » ЭКСМО 2009
Под редакцией С. В. Гришачева « ИСТОРИЯ РОССИЙСКО—ЯПОНСКИХ ОТНОШЕНИЙ XVIII—начало XXI века » АСПЕКТ ПРЕСС 2015
Александр Панов « О ЯПОНИИ ОЧЕРКИ И ИССЛЕДОВАНИЯ ДИПЛОМАТА » ОЛМА МЕДИА ГРУПП 2014
В. К. Зиланов, А. А. Кошкин, А. Ю. Плотников, С. А. Пономарев « РУССКИЕ КУРИЛЫ ИСТОРИЯ И СОВРЕМЕННОСТЬ » АЛГОРИТМ 2014
Д. А. Ванюков « КУРИЛЬСКИЕ ОСТРОВА » КНИЖНЫЙ КЛУБ КНИГОВЕК 2011
Андрей Козырев « ПРЕОБРАЖЕНИЕ » МЕЖДУНАРОДНЫЕ ОТНОШЕНИЯ 1995
Под редакцией В. А. Колосова « ГЕОПОЛИТИЧЕСКОЕ ПОЛОЖЕНИЕ РОССИИ : ПРЕДСТАВЛЕНИЯ И РЕАЛЬНОСТЬ » АРТ - КУРЬЕР 2000
Ю. М. Батурин, А. Л. Ильин, В. Ф. Кадацкий, В. В. Костиков, М. А. Краснов, А. Я. Лившиц, К. В. Никифоров, Л. Г. Пихоя, Г. А. Сатаров « ЭПОХА ЕЛЬЦИНА ОЧЕРКИ ПОЛИТИЧЕСКОЙ ИСТОРИИ » ВАГРИУС 2001
Николай Зенькович « ДМИТРИЙ МЕДВЕДЕВ ТРЕТИЙ ПРЕЗИДЕНТ. ЭНЦИКЛОПЕДИЯ » ОЛМА МЕДИА ГРУПП 2009
Ирина Аниловская « ВОЙНА : ПЕРЕПИСКА ОДНОКЛАССНИКОВ » АЛЬФА РЕКЛАМА 2014
Под общей редакцией А. И. Подберезкина « РОССИЯ -2000 СОВРЕМЕННАЯ ПОЛИТИЧЕСКАЯ ИСТОРИЯ » ДУХОВНОЕ НАСЛЕДИЕ 2000
В. А. Кременюк « УРОКИ ХОЛОДНОЙ ВОЙНЫ » АСПЕКТ ПРЕСС 2015
Глеб Павловский « СИСТЕМА РФ ИСТОЧНИКИ РОССИЙСКОГО СТРАТЕГИЧЕСКОГО ПОВЕДЕНИЯ » ЕВРОПА 2015
Ю. И. Дроздов, А. Г. Маркин « ОПЕРАЦИЯ « ПРЕЗИДЕНТ » ОТ « ХОЛОДНОЙ ВОЙНЫ » ДО « ПЕРЕЗАГРУЗКИ »» АРТСТИЛЬ - ПОЛИГРАФИЯ 2010
Константин Воронков « АЛЕКСЕЙ НАВАЛЬНЫЙ ГРОЗА ЖУЛИКОВ И ВОРОВ » ЭКСМО 2012
Егор Гайдар « ДНИ ПОРАЖЕНИЙ И ПОБЕД » АЛЬПИНА ПАБЛИШЕР 2014

ЦЕНТРПОЛИГРАФ 2013
Олег Блоцкий « ВЛАДИМИР ПУТИН ИСТОРИЯ ЖИЗНИ » МЕЖДУНАР ОДНЫЕ ОТНОШЕНИЯ 2001
Разговоры с Владимиром Путиным « ОТ ПЕРВОГО ЛИЦА » ВАГРИУС 2000
Юрий Скуратов « ВАРИАНТ ДРАКОНА » ДЕТЕКТИВ - ПРЕСС 2000
Эдуард Лимонов « ПУТИН . СЕМЬ УДАРОВ ПО РОССИИ » АЛГОРИТ М 2011
Андрей Колесников « РАЗДВОЕНИЕ ВВП КАК ПУТИН МЕДВЕДЕВА В ЫБРАЛ » ИД « КОММЕРСАНТЬ », ИЗДАТЕЛЬСТВО « ЭКСМО » 2008
Елена Трегубова « БАЙКИ КРЕМЛЕВСКОГО ДИГГЕРА » ИЗДАТЕЛЬС ТВО АД МАРГИНЕМ 2001
Борис Мазо « ПИТЕРСКИЕ ПРОТИВ МОСКОВСКИХ , ИЛИ КТО ЕСТЬ КТО В ОКРУЖЕНИИ В . В . ПУТИНА » ИЗДАТЕЛЬСТВО « ЭКСМО » 2003
Павел Хлебников « КРЕСТНЫЙ ОТЕЦ КРЕМЛЯ БОРИС БЕРЕЗОВСКИ Й ИЛИ ИСТОРИЯ РАЗГРАБЛЕНИЯ РОССИИ » ИЗДАТЕЛЬСТВО « ДЕ ТЕКТИВ - ПРЕСС » 2001
Алексей Семенов « СУРКОВ И ЕГО ПРОПАГАНДА ФЕНОМЕН ГЛАВН ОГО ИДЕОЛОГА КРЕМЛЯ » КНИЖНЫЙ МИР 2014
Владимир Соловьев « ПУТИН ПУТЕВОДИТЕЛЬ ДЛЯ НЕРАВНОДУШН ЫХ » ИЗДАТЕЛЬСТВО « ЭКСМО » 2008
Проект Алексея Мухина « ИСПЫТАНИЕ КРЕМЛЯ ДИАГНОСТИКА ПО ЛИТИЧЕСКОЙ СИСТЕМЫ . 2011-2017» АЛГОРИТМ 2018
А . А . Мухин « КТО ЕСТЬ МИСТЕР ПУТИН И КТО С НИМ ПРИШЕЛ ?» ИЗДАТЕЛЬСТВО ГНОМ И Д 2002
Михаил Ходорковский и Наталия Геворкян « ТЮРЬМА И ВОЛЯ » ГОВА РД РОРК 2013
Александр Рар « РОССИЯ ЖМЕТ НА ГАЗ ВОЗВРАЩЕНИЕ МИРОВОЙ ДЕРЖАВЫ » ОЛМА МЕДИА ГРУПП 2008
А . Г . Дугин « ГЕОПОЛИТИКА » АКАДЕМИЧЕСКИЙ ПРОЕКТ 2015
Валерий Панюшкин , Михаил Зыгарь « ГАЗПРОМ НОВОЕ РУССКОЕ ОР УЖИЕ » ЗАХАРОВ 2008
Наталья Гриб « ГАЗОВЫЙ ИМПЕРАТОР РОССИЯ И НОВЫЙ МИРОПО

【主要な参考文献】（書籍のみ）

（ロシア語）

А．Солженицын « РОССИЯ В ОБВАЛЕ » РУССКИЙ ПУТЬ 1998
Михаил Горбачев « Горбачев В ЖИЗНИ » ВЕСЬ МИР 2016
М．С．Горбачев « ПОСЛЕ КРЕМЛЯ » ИЗДАТЕЛЬСТВО « ВЕСЬ МИР » 2014
Борис Ельцин « ПРЕЗИДЕНТСКИЙ МАРАФОН » ИЗДАТЕЛЬСТВО АСТ 2000
Евгений Примаков « ВОСЕМЬ МЕСЯЦЕВ ПЛЮС .... » МЫСЛЬ 2001
Михаил Зыгарь « ВСЯ КРЕМЛЕВСКАЯ РАТЬ КРАТКАЯ ИСТОРИЯ СОВРЕМЕННОЙ РОССИИ » ИНТЕЛЛЕКТУАЛЬНАЯ ЛИТЕРАТУРА 2016
Леонид Парфенов « НАМЕДНИ НАША ЭРА .1991-2000,2001-2005,2006-2010» КоЛибри AGEY TOMESH/WAM 2015
Леонид Млечин « КРЕМЛЬ ПРЕЗИДЕНТЫ РОССИИ СТРАТЕГИЯ ВЛ АСТИ ОТ Б．Н．ЕЛЬЦИНА ДО В．В．ПУТИНА » ЦЕНТРПОЛИГРАФ 2002
Петр Романов « ПРЕЕМНИКИ от Ивана III до Дмитрия Медведева » АМФ ОРА 2008
И．В．Стародубровская，В．А．Мау « ВЕЛИКИЕ РЕВОЛЮЦИИ ОТ КРОМ ВЕЛЯ ДО ПУТИНА » ВАГРИУС 2001
Борис Федоров «10 БЕЗУМНЫХ ЛЕТ » КОЛЛЕКЦИЯ « СОВЕРШЕННО С ЕКРЕТНО » 1999
Дмитрий Тренин « РОССИЯ И МИР В XXI ВЕКЕ » ИЗДАТЕЛЬСТВО « Э » 2015
Оливер Стоун « ИНТЕРВЬЮ С ВЛАДИМИРОМ ПУТИНЫМ » АЛЬПИНА ПАБЛИШЕР 2017
Г．К．Селезнев « ПОЛИТИЧЕСКАЯ ИСТОРИЯ СОВРЕМЕННОЙ РОСС ИИ 1991-2001» ГУМАНИТАРНЫЙ ИЗДАТЕЛЬСКИЙ ЦЕНТР ВЛАДОС 2001
РЕПОРТЕР « ДНЕВНИК ЕВРОМАЙДАНА РЕВОЛЮЦИЯ ГЛАЗАМИ ЖУ РНАЛИСТОВ « РЕПОРТЕРА » » САММИТ - КНИГА 2014
Борис Березовский « АВТОПОРТРЕТ，ИЛИ ЗАПИСКИ ПОВЕШЕННОГО »

（エピローグ）

（1） https://globalaffairs.ru/articles/odinochestvo-polukrovki-14/　世界政治の中のロシア

（2） 「中外時評　ロシアが歩む『百年の孤独』」日本経済新聞、2018年5月10日付朝刊

（3） http://www.kremlin.ru/events/president/news/56957　ロシア大統領府

（4） https://business.nikkei.com/atcl/report/16/040400028/030700049/ 「プーチンがトランプに対抗意識むき出しの理由」日経ビジネス電子版 解析ロシア、2018年3月9日

（5） М.С.Горбачев « ПОСЛЕ КРЕМЛЯ » ИЗДАТЕЛЬСТВО « ВЕСЬ МИР » 2014　p140, 147

（6） https://www.whitehouse.gov/briefing-room/speeches-remarks/2023/02/21/remarks-by-president-biden-ahead-of-the-one-year-anniversary-of-russias-brutal-and-unprovoked-invasion-of-ukraine/　米ホワイトハウス

（7） https://www.levada.ru/2023/03/01/odobrenie-institutov-i-rejtingi-politikov-fevral-2023-goda/　ロシアのレバダセンター

（8） https://www.rand.org/pubs/perspectives/PEA2510-1.html　米ランド研究所

（9） https://www.nikkei.com/article/DGXZQOCD16A3B0W3A210C2000000/ 「プーチン大統領、長期戦に焦り　激怒の裏にじんだ危機感」日経電子版 Nikkei Views、2023年2月20日

（あとがき）

（1） ヘドリック・スミス『ロシア人』（高田正純訳）時事通信社、1978年、下巻、p237

【注】

（30）同上　p36、291〜294
（31）https://www.mofa.go.jp/mofaj/kaidan/yojin/arc_05/j_russia_gai.html　日本外務省
（32）https://ria.ru/20100929/280355002.html　ロシアのRIAノーボスチ通信
（33）https://ria.ru/20101101/291557420.html　ロシアのRIAノーボスチ通信
（34）http://www.kremlin.ru/events/administration/10262　ロシア大統領府
（35）http://archive.premier.gov.ru/events/news/18323/　ロシア政府
（36）外務省『われらの北方領土』2020年版 資料編、p52
（37）（36）と同じ　p46
（38）https://business.nikkei.com/atcl/report/16/040400028/121700020/
「北方領土交渉進展へ一段と高いハードル」日経ビジネス電子版 解析ロシア、2016年12月20日
（39）http://www.kremlin.ru/events/president/news/53455　ロシア大統領府
（40）http://www.kremlin.ru/events/president/news/58537　ロシア大統領府
（41）https://business.nikkei.com/atcl/report/16/040400028/092600062/
「プーチン大統領は『日ロの領土交渉に疲れた』」日経ビジネス電子版 解析ロシア、2018年9月28日
（42）https://business.nikkeibp.co.jp/atcl/report/16/040400028/112600066/
「北方領土交渉、安倍首相の危うい選択」日経ビジネス電子版 解析ロシア、2018年11月30日
（43）http://www.kremlin.ru/events/president/news/62366　ロシア大統領府
（44）「首相『揺るぎない連帯』　ゼレンスキー氏と会談」日本経済新聞、2023年3月22日付夕刊
（45）（36）と同じ　p22
（46）https://kokkai.ndl.go.jp/#/detail?minId=101205185X00419511019
国立国会図書館「第12回国会　衆議院　平和条約及び日米安全保障条約特別委員会　第4号」1951年10月19日
（47）https://kokkai.ndl.go.jp/simple/detail?minId=102403968X00419560211
国立国会図書館「第24回国会　衆議院　外務委員会　第4号」1956年2月11日
（48）五百旗頭真、下斗米伸夫、A.V.トルクノフ、D.V.ストレリツォフ編『日ロ関係史——パラレル・ヒストリーの挑戦』東京大学出版会、2015年、p549

(9)「『地域情勢』米ロが主役　直前外交の成果を披露（沖縄サミット）」日本経済新聞、2000年7月22日付朝刊
(10) https://www.mofa.go.jp/mofaj/kaidan/kiroku/s_mori/arc_00/g8_mp00/j_r.html　日本外務省
(11)「ロ大統領を一本背負い　中3が腕試し」日本経済新聞、2000年7月24日付朝刊
(12) Разговоры с Владимиром Путиным «ОТ ПЕРВОГО ЛИЦА» p20〜21
(13) http://www.kremlin.ru/events/president/transcripts/21488　ロシア大統領府
(14) ウラジミール・プーチン他著、山下泰裕・小林和男編『プーチンと柔道の心』（イーゴリ・アレクサンドロフ訳）朝日新聞出版、2009年、p11
(15)（10）と同じ
(16) http://www.kremlin.ru/events/president/transcripts/21561　ロシア大統領府
(17) http://www.kremlin.ru/events/president/news/40685　ロシア大統領府
(18) https://www.mofa.go.jp/mofaj/kaidan/kiroku/s_mori/arc_00/korea_00/russia01/gaiyo.html　日本外務省
(19) http://www.kremlin.ru/events/president/transcripts/21212　ロシア大統領府
(20)「複眼　プーチン統治の20年　2島返還も非現実的に」日本経済新聞、2019年12月5日付朝刊
(21)（17）と同じ
(22)（19）と同じ
(23)（20）と同じ
(24) 井出敬二『〈中露国境〉交渉史——国境紛争はいかに決着したのか？』作品社、2017年、p192〜193
(25) Под редакцией С.В.Гришачева «ИСТОРИЯ РОССИЙСКО—ЯПОНСКИХ ОТНОШЕНИЙ XVIII —начало XXI века» АСПЕКТ ПРЕСС 2015 p253
(26) http://www.kremlin.ru/events/president/news/37468　ロシア大統領府
(27) Александр Панов «О ЯПОНИИ ОЧЕРКИ И ИССЛЕДОВАНИЯ ДИПЛОМАТА» ОЛМА МЕДИА ГРУПП 2014 p421
(28)（27）と同じ　p438
(29) В.К.Зиланов, А.А.Кошкин, А.Ю.Плотников, С.А.Пономарев «РУССКИЕ КУРИЛЫ ИСТОРИЯ И СОВРЕМЕННОСТЬ» АЛГОРИТМ 2014 p36, 291〜294

(48) https://meduza.io/news/2022/07/14/tokaev-zayavil-chto-iz-rossii-ushla-kazhdaya-vtoraya-iz-1400-inostrannyh-kompaniy-i-poruchil-sozdat-usloviya-dlya-ih-relokatsii-v-kazahstan　メドゥーザ
(49) https://www.nikkei.com/article/DGXZQOCD173VM0X11C22A0000000/「劣勢ロシア、狂う歯車　焦り募らすプーチン氏」日経電子版Nikkei Views、2022年10月19日
(50) https://www.vedomosti.ru/auto/news/2023/01/12/958794-prodazhi-novih-avto-upali　ロシアのベドモスチ
(51) https://www.kommersant.ru/doc/5413772　ロシアのコメルサント
(52) https://www.whitehouse.gov/briefing-room/speeches-remarks/2023/02/20/remarks-by-president-biden-and-president-zelenskyy-of-ukraine-in-joint-statement/　米ホワイトハウス
(53) http://www.kremlin.ru/events/president/news/70565　ロシア大統領府
(54) http://www.kremlin.ru/events/president/news/69362　ロシア大統領府
(55) http://www.kremlin.ru/events/president/news/69356　ロシア大統領府
(56)「グローバルオピニオン　中国の打算的なロシア接近」日本経済新聞、2023年1月12日付朝刊
(57) http://www.kremlin.ru/events/president/news/69935　ロシア大統領府
(58) http://www.kremlin.ru/events/president/news/70315　ロシア大統領府
(59) https://www.levada.ru/2023/03/02/konflikt-s-ukrainoj-otsenki-fevralya-2023-goda/　レバダセンター

(第7章　日ロ関係への視座)

(1)「ガスプロム、サハリンでLNG基地増設　対日供給にらむ」日本経済新聞、2016年9月26日付朝刊
(2) https://www.kommersant.ru/doc/3402774　ロシアのコメルサント
(3) http://government.ru/docs/44745　ロシア政府
(4) http://www.kremlin.ru/events/president/news/67913　ロシア大統領府
(5) https://www.nikkei.com/article/DGXZQOCD16AEZ0W2A310C2000000/「日本に迫るロシアの侵攻余波　示威行動、怠れぬ警戒」日経電子版Nikkei Views、2022年3月17日
(6) https://www.mid.ru/ru/foreign_policy/news/1805541/　ロシア外務省
(7) http://actual.pravo.gov.ru/text.html#pnum=0001202209050045　ロシア政府
(8) https://www.mid.ru/ru/foreign_policy/news/1811646/　ロシア外務省

の RBC
（29）https://business.nikkei.com/atcl/report/16/040400028/030700049/
「プーチンがトランプに対抗意識むき出しの理由」日経ビジネス電子版 解析ロシア、2018年3月9日
（30）https://www.wsj.com/articles/wagner-group-designated-by-u-s-as-transnational-criminal-group-11674757602　米ウォールストリート・ジャーナル
（31）https://www.nikkei.com/article/DGXZQOCD18AO10Y2A111C2000000/
「苦戦のロシア軍、統率乱すプーチン氏の『ラスプーチン』」日経電子版 Nikkei Views、2022年11月24日
（32）https://www.kommersant.ru/doc/5747962　ロシアのコメルサント
（33）Дмитрий Тренин « РОССИЯ И МИР В XXI ВЕКЕ » p177
（34）А. Г. Дугин « ГЕОПОЛИТИКА » АКАДЕМИЧЕСКИЙ ПРОЕКТ 2015 p517～518
（35）https://www.rbc.ru/politics/17/06/2022/62aca4ff9a7947d44a976f2e　ロシアの RBC
（36）https://www.vedomosti.ru/politics/news/2022/12/26/957011-glava-mid-kazahstana-poobeschal-ne-pomogat-rossii　ロシアのベドモスチ
（37）https://www.youtube.com/watch?v=Nsudoz7V74Y　ユーチューブ
（38）https://www.gazeta.uz/ru/2022/10/14/tajikistan-russia/　ガゼタ・ウズベク
（39）https://www.gazeta.ru/politics/2022/11/23/15831991.shtml　ガゼタ・ロシア
（40）http://www.kremlin.ru/events/president/news/70530　ロシア大統領府
（41）http://www.kremlin.ru/events/president/news/70565　ロシア大統領府
（42）http://www.kremlin.ru/events/president/news/68669　ロシア大統領府
（43）Валерий Панюшкин , Михаил Зыгарь « ГАЗПРОМ НОВОЕ РУССКОЕ ОРУЖИЕ » ЗАХАРОВ 2008 p195
（44）https://www.nytimes.com/2022/04/23/world/europe/schroder-germany-russia-gas-ukraine-war-energy.html　米ニューヨーク・タイムズ
（45）（43）と同じ　p6
（46）Наталья Гриб « ГАЗОВЫЙ ИМПЕРАТОР РОССИЯ И НОВЫЙ МИРОПОРЯДОК » ИД « КОММЕРСАНТЪ » ЭКСМО 2009 p140～145
（47）https://som.yale.edu/story/2022/over-1000-companies-have-curtailed-operations-russia-some-remain　米エール大学経営大学院

【注】

（12）Александр Рар « РОССИЯ ЖМЕТ НА ГАЗ ВОЗВРАЩЕНИЕ МИРОВОЙ ДЕРЖАВЫ » ОЛМА МЕДИА ГРУПП 2008 p11
（13）http://www.kremlin.ru/events/president/news/66181　ロシア大統領府
（14）https://www.europarl.europa.eu/doceo/document/TA-9-2019-0021_EN.html 欧州議会
（15）http://www.kremlin.ru/events/president/news/62376　ロシア大統領府
（16）https://www.nikkei.com/article/DGXMZO54795040U0A120C2I00000/ 「プーチン先生の歴史講義　ロシア史観に欧州は反発」日経電子版 Nikkei Views、2020年1月25日
（17）https://nationalinterest.org/feature/vladimir-putin-real-lessons-75th-anniversary-world-war-ii-162982?page=0%2C1　米ザ・ナショナル・インタレスト
（18）В. В. Путин « 75 ЛЕТ ВЕЛИКОЙ ПОВЕДЫ : ОБЩАЯ ОТВЕТСТВЕННОСТЬ ПЕРЕД ИСТОРИЕЙ И БУДУЩИМ »　プーチンの第2次世界大戦論文。以下の引用も同じ
（19）http://kremlin.ru/events/president/news/63527　ロシア大統領府
（20）https://meduza.io/feature/2020/02/05/vladimir-putin-regulyarno-obvinyaet-polshu-v-razvyazyvanii-vtoroy-mirovoy-pohozhe-iz-za-togo-chto-ego-ne-pozvali-v-varshavu-na-80-letie-nachala-voyny　メドゥーザ
（21）https://www.nikkei.com/article/DGXZQOGH0282H0S1A300C2000000/ 「プーチン氏、旧ソ連の『勝利』美化　政治の道具に」日経電子版 Nikkei Views、2021年3月8日
（22）（13）と同じ。以下同じ
（23）ロバート・コンクエスト『悲しみの収穫　ウクライナ大飢饉――スターリンの農業集団化と飢饉テロ』（白石治朗訳）恵雅堂出版、2007年、p508
（24）http://www.kremlin.ru/events/president/news/68366　ロシア大統領府
（25）Ирина Аниловская « ВОЙНА : ПЕРЕПИСКА ОДНОКЛАССНИКОВ » АЛЬФА РЕКЛАМА 2014 p116～117
（26）https://www.nikkei.com/article/DGXZQOCD201KN0Q2A520C2000000/ 「プーチン大統領、ネオナチ批判の重いツケ　侵攻3カ月」日経電子版 Nikkei Views、2022年5月25日
（27）https://www.nytimes.com/2015/06/07/magazine/the-agency.html　米ニューヨーク・タイムズ
（28）https://www.rbc.ru/magazine/2017/11/59e0c17d9a79470e05a9e6c1　ロシア

「プーチン氏、改憲で続投に道　側近も利権に固執」日経電子版 Nikkei Views、2020年7月2日
(35) 2016年12月27日、グレプ・パブロフスキーへのインタビュー
(36) http://duma.gov.ru/news/56449/　ロシア下院
(37) http://duma.gov.ru/duma/factions/　ロシア下院
(38) Павел Хлебников « КРЕСТНЫЙ ОТЕЦ КРЕМЛЯ БОРИС БЕРЕЗОВСКИЙ ИЛИ ИСТОРИЯ РАЗГРАБЛЕНИЯ РОССИИ » ИЗДАТЕЛЬСТВО « ДЕТЕКТИВ - ПРЕСС » 2001 p308～309
(39) Алексей Семенов « СУРКОВ И ЕГО ПРОПАГАНДА ФЕНОМЕН ГЛАВНОГО ИДЕОЛОГА КРЕМЛЯ » КНИЖНЫЙ МИР 2014 p80
(40) Владимир Соловьев « ПУТИН ПУТЕВОДИТЕЛЬ ДЛЯ НЕРАВНОДУШНЫХ » ИЗДАТЕЛЬСТВО « ЭКСМО » 2008 p175
(41) Проект Алексея Мухина « ИСПЫТАНИЕ КРЕМЛЯ ДИАГНОСТИКА ПОЛИТИЧЕСКОЙ СИСТЕМЫ . 2011-2017» АЛГОРИТМ 2018 p25

(第6章　しぼむ大国)

(1) Борис Березовский « АВТОПОРТРЕТ , ИЛИ ЗАПИСКИ ПОВЕШЕННОГО » p167, 197～198
(2) http://www.kremlin.ru/events/president/news/62366　ロシア大統領府
(3) http://www.kremlin.ru/events/president/news/62582　ロシア大統領府
(4) https://www.vedomosti.ru/politics/articles/2020/03/10/824795-tereshkova-predlozhila　ロシアのベドモスチ
(5) https://www.nikkei.com/article/DGXZQOCD121H20S2A610C2000000/ 「プーチン氏に健康不安の臆測 『後継者』に複数の名前」日経電子版 Nikkei Views、2022年6月15日
(6) https://www.vedomosti.ru/politics/news/2020/02/26/823843-surkov-ne-isklyuchaet-obnuleniya-prezidentskih-srokov　ロシアのベドモスチ
(7) http://www.kremlin.ru/events/president/news/62609　ロシア大統領府
(8) Михаил Зыгарь « ВСЯ КРЕМЛЕВСКАЯ РАТЬ » p63
(9) http://www.kremlin.ru/events/president/news/38471　ロシア大統領府
(10) Михаил Ходорковский и Наталия Геворкян « ТЮРЬМА И ВОЛЯ » ГОВАРД РОРК 2013 p328
(11) Леонид Парфенов « НАМЕДНИ 2001-2005» p112～113

sluzhby-fsb-imenno-ona-nakanune-voyny-obespechivala-prezidenta-rossii-dannymi-o-politicheskoy-situatsii-v-ukraine　メドゥーザ

（17）https://www.thetimes.co.uk/article/putin-purges-150-fsb-agents-in-response-to-russias-botched-war-with-ukraine-lf9k6tn6g　英タイムズ

（18）Андрей Колесников « РАЗДВОЕНИЕ ВВП　КАК ПУТИН МЕДВЕДЕВА ВЫБРАЛ »　ИД « КОММЕРСАНТЬ », ИЗДАТЕЛЬСТВО « ЭКСМО » 2008　p56～57

（19）Елена Трегубова « БАЙКИ КРЕМЛЕВСКОГО ДИГГЕРА »　ИЗДАТЕЛЬСТВО АД МАРГИНЕМ 2001　p154

（20）https://minchenko.ru/analitika/?curPos=5　ミンチェンコ・コンサルティング

（21）Борис Мазо « ПИТЕРСКИЕ ПРОТИВ МОСКОВСКИХ , ИЛИ КТО ЕСТЬ КТО В ОКРУЖЕНИИ В . В . ПУТИНА » ИЗДАТЕЛЬСТВО « ЭКСМО » 2003　p76

（22）同上　p99

（23）https://www.rbc.ru/politics/06/03/2009/5703d2719a79473dc814cd1d　ロシアのRBC

（24）マイケル・マクフォール『冷たい戦争から熱い平和へ――プーチンとオバマ、トランプの米露外交』（松島芳彦訳）白水社、2020年、上巻、p140～141

（25）（24）と同じ　上巻、p130

（26）Николай Зенькович « ДМИТРИЙ МЕДВЕДЕВ　ТРЕТИЙ ПРЕЗИДЕНТ . ЭНЦИКЛОПЕДИЯ » ОЛМА МЕДИА ГРУПП 2009　p7, 489

（27）https://www.kommersant.ru/doc/5841060　ロシアのコメルサント

（28）https://www.kommersant.ru/doc/5888927　ロシアのコメルサント

（29）https://www.kommersant.ru/doc/5898913　ロシアのコメルサント

（30）2000年2月22日、マリーナ・サリエへのインタビュー

（31）https://www.youtube.com/watch?v=ipAnwilMncI　ユーチューブ

（32）https://palace.navalny.com/　アレクセイ・ナワリヌイの「プーチンのための宮殿」サイト

（33）https://www.nikkei.com/article/DGXZQOGH02ACJ0S1A200C2000000/「プーチン氏、ベラルーシ流で政権批判封じ込め」日経電子版Nikkei Views、2021年2月5日

（34）https://www.nikkei.com/article/DGXMZO61005330R00C20A7I00000/

.А.Краснов,А.Я.Лившиц,К.В.Никифоров,Л.Г.Пихоя,Г.А.Сатаров « ЭПОХА ЕЛЬЦИНА ОЧЕРКИ ПОЛИТИЧЕСКОЙ ИСТОРИИ » ВАГРИУС 2001　p786
（43） https://ria.ru/20230304/kadyrov-1855822013.html　ロシアのRIAノーボスチ通信
（44） https://www.golosameriki.com/a/experts-on-politkovskaya-murder/4605521.html　米ボイス・オブ・アメリカ
（45） https://www.bbc.com/russian/features-58815417　英BBC

（第5章　裸の王様）

（1） http://kremlin.ru/events/president/news/67825　ロシア大統領府
（2） https://www.nikkei.com/article/DGXZQOCD286EX0Y2A220C2000000/「プーチン氏、強める独善　戦略みえず重い『代償』」日経電子版Nikkei Views、2022年3月1日
（3） 「大義なきドンバス侵略、親ロ派政権転覆の恨み」日本経済新聞、2022年5月24日朝刊
（4） マーシ・ショア『ウクライナの夜――革命と侵攻の現代史』（池田年穂訳）慶應義塾大学出版会、2022年、p117
（5） Михаил Зыгарь « ВСЯ КРЕМЛЕВСКАЯ РАТЬ »　p348
（6） https://meduza.io/feature/2022/11/17/sud-v-niderlandah-priznal-vinovnymi-igorya-strelkova-i-esche-dvuh-figurantov-dela-o-krushenii-boinga-v-donbasse-chetvertyy-obvinyaemyy-opravdan-glavnoe　メドゥーザ
（7） https://www.bbc.com/news/world-europe-48330955　英BBC
（8） http://www.kremlin.ru/events/president/news/60370　ロシア大統領府
（9） http://www.kremlin.ru/events/president/news/62277　ロシア大統領府
（10） http://www.kremlin.ru/events/president/news/62835　ロシア大統領府
（11） https://tass.com/world/1547141　タス通信
（12） http://www.kremlin.ru/events/president/news/70061　ロシア大統領府
（13） http://www.kremlin.ru/events/president/news/67876　ロシア大統領府
（14） https://www.washingtonpost.com/national-security/2022/03/01/ukraine-cia-putin-analysis/　米ワシントン・ポスト
（15） https://www.nytimes.com/2022/03/08/us/politics/us-intelligence-russia-ukraine.html　米ニューヨーク・タイムズ
（16） https://meduza.io/feature/2022/03/11/putin-nachal-repressii-protiv-5-y-

（16）（14）と同じ　p68
（17）Разговоры с Владимиром Путиным « ОТ ПЕРВОГО ЛИЦА » p19
（18）（14）と同じ　p294
（19）（17）と同じ　p53
（20）Юрий Скуратов « ВАРИАНТ ДРАКОНА » ДЕТЕКТИВ - ПРЕСС 2000 p4～11
（21）https://vedomosti.ru/politics/articles/2019/11/22/816979-on-videl-cheloveka-prodolzhit　ロシアのベドモスチ
（22）同上
（23）https://www.kommersant.ru/doc/3773540　ロシアのコメルサント
（24）НОВАЯ ГАЗЕТА 14-20 ФЕВРАЛЯ 2000 ГОДА №6 p1, 3
（25）https://www.bbc.com/russian/features-49629074　英 BBC
（26）Норд - Ост　Памятный - альбом　ノルド・オストのパンフレット
（27）https://www.bbc.com/russian/features-63371132　英 BBC
（28）https://ria.ru/20221023/terakt-1825805630.html　ロシアの RIA ノーボスチ通信
（29）https://novaya.media/articles/2022/10/22/ubit-svoikh-20-let-nord-ostu　ロシアのノーバヤ・ガゼタ
（30）Эдуард Лимонов « ПУТИН . СЕМЬ УДАРОВ ПО РОССИИ » АЛГОРИТМ 2011 p84～85
（31）Леонид Парфенов « НАМЕДНИ 2001-2005» p80～81
（32）http://www.kremlin.ru/events/presidnt/transcripts/21760　ロシア大統領府
（33）（29）と同じ
（34）https://www.vesti.ru/article/1451924　映画「プーチン」について
（35）https://ria.ru/20210901/beslan-1747816344.html　ロシアの RIA ノーボスチ通信
（36）（31）と同じ　p156～161
（37）（30）と同じ　p112
（38）http://www.kremlin.ru/events/president/transcripts/22588　ロシア大統領府
（39）http://www.kremlin.ru/events/president/transcripts/23152　ロシア大統領府
（40）（30）と同じ　p122
（41）アンナ・ポリトコフスカヤ『プーチニズム――報道されないロシアの現実』（鍛原多恵子訳）NHK 出版、2005年、p362
（42）Ю . М . Батурин , А . Л . Ильин , В . Ф . Кадацкий , В . В . Костиков , М

刊

（第４章　強権統治と命の重さ）

（1） https://www.president.gov.ua/en/news/vistup-prezidenta-ukrayini-na-zasidanni-radi-bezpeki-oon-74121　ウクライナ大統領府

（2） https://www.rbc.ru/politics/13/03/2022/622df5799a79470f70e0fb0c ロシアのRBC

（3） https://gur.gov.ua/content/voennye-prestupnyky-neposredstvenno-uchastvuiushchye-v-sovershenyy-voennykh-prestuplenyi-protyv-naroda-ukrayny-v-h-bucha-voennosluzhashchye-64-otdelnoi-motostrelkovoi-bryhady-35-oa-vvo.html　ウクライナ国防省情報総局

（4） http://www.kremlin.ru/events/president/news/68182　ロシア大統領府

（5） http://www.kremlin.ru/events/president/news/68235　ロシア大統領府

（6） （1）と同じ

（7） https://www.nikkei.com/article/DGXZQOCD173VM0X11C22A0000000/「劣勢ロシア、狂う歯車　焦り募らすプーチン氏」日経電子版Nikkei Views、2022年10月19日

（8） https://www.ohchr.org/en/countries/ukraine　国連人権高等弁務官事務所（OHCHR）

（9） http://www.kremlin.ru/events/president/news/70054　ロシア大統領府

（10） https://www.whitehouse.gov/briefing-room/speeches-remarks/2022/03/17/remarks-by-president-biden-and-prime-minister-martin-of-ireland-before-virtual-bilateral-meeting-2/　米ホワイトハウス

（11） https://www.whitehouse.gov/briefing-room/speeches-remarks/2022/03/17/remarks-by-president-biden-at-the-annual-friends-of-ireland-luncheon/　米ホワイトハウス

（12） https://www.whitehouse.gov/briefing-room/speeches-remarks/2022/03/26/remarks-by-president-biden-on-the-united-efforts-of-the-free-world-to-support-the-people-of-ukraine/　米ホワイトハウス

（13） https://ruspioner.ru/cool/m/single/4655 « Русский пионер » №55

（14） Олег Блоцкий « ВЛАДИМИР ПУТИН ИСТОРИЯ ЖИЗНИ » МЕЖДУНАРОДНЫЕ ОТНОШЕНИЯ 2001 p79

（15） Разговоры с Владимиром Путиным « ОТ ПЕРВОГО ЛИЦА » ВАГРИУС 2000 p24

（10）http://www.kremlin.ru/events/president/news/20366　ロシア大統領府
（11）同上
（12）（8）と同じ
（13）https://www.ua.emb-japan.go.jp/jpn/info_ua/overview/2history.html　在ウクライナ日本国大使館
（14）http://www.kremlin.ru/events/president/news/20603　ロシア大統領府
（15）https://www.youtube.com/watch?v=r5n8UbJ8jsk　ユーチューブ
（16）「米高官の通話が流出　『EUのくそったれ』ネットで拡散」朝日新聞、2014年2月8日付朝刊
（17）https://cnnpressroom.blogs.cnn.com/2015/02/01/pres-obama-on-fareed-zakaria-gps-cnn-exclusive/　米CNN
（18）https://mid.ru/ru/foreign_policy/news/1582673/　ロシア外務省
（19）http://www.kremlin.ru/events/president/news/20603　ロシア大統領府。以下の引用も同じ
（20）https://www.levada.ru/2023/03/29/odobrenie-institutov-rejtingi-partij-i-politikov-mart-2023-goda/　レバダセンター
（21）Борис Березовский « АВТОПОРТРЕТ , ИЛИ ЗАПИСКИ ПОВЕШЕННОГО » ЦЕНТРПОЛИГРАФ 2013 p199, 202
（22）Леонид Парфенов « НАМЕДНИ 1991-2000» p286
（23）（21）と同じ　p153～154
（24）https://www.rbc.ru/politics/13/04/2016/570e58fa9a7947aa08d27143　ロシアのRBC
（25）http://www.kremlin.ru/events/president/news/51716 ロシア大統領府
（26）https://business.nikkeibp.co.jp/atcl/report/16/040400028/042000004/「やはり2島が限界？　北方領土交渉の落としどころ」日経ビジネス電子版 解析ロシア、2016年4月22日
（27）https://www.levada.ru/2022/11/03/osnovnye-istochniki-informatsii-rossiyan/レバダセンター
（28）https://meduza.io/news/2022/02/24/eto-nash-pozor-rossiyskie-pisateli-zhurnalisty-i-rezhissery-prizvali-ostanovit-voynu-s-ukrainoy　メドゥーザ
（29）https://ovdinfo.org/　OVDインフォ
（30）「ソ連崩壊20年のロシア　プーチン流統治に漂う影」日本経済新聞、2011年12月18日付朝刊
（31）「皇帝の目にも涙『我々は勝利した』」日本経済新聞、2012年3月5日付夕

20030205-1.html　米ホワイトハウス
(27)「『イラクに大量破壊兵器』国連演説、前米国務長官『人生の汚点』」日本経済新聞、2005年9月9日付夕刊
(28) Михаил Зыгарь « ВСЯ КРЕМЛЕВСКАЯ РАТЬ » p135
(29) http://www.kremlin.ru/events/president/transcripts/21444　ロシア大統領府。以下の引用も同じ
(30) Леонид Парфенов « НАМЕДНИ НАША ЭРА . 2001-2005 » КоЛибри AGEY TOMESH/WAM 2015 p122～123
(31) 同上　p168～171
(32) http://www.kremlin.ru/events/president/transcripts/24034　ロシア大統領府
(33) https://www.nikkei.com/article/DGXZQOCD16AFC0W2A210C2000000/「プーチン氏、対米不信の淵源　15年前に切れた堪忍袋」日経電子版 Nikkei Views、2022年2月18日
(34)「冷戦終結25年　ほころぶ世界（1）『新冷戦』の足音――複雑化する対立軸」　日本経済新聞、2014年11月9日付朝刊
(35) Разговоры с Владимиром Путиным « ОТ ПЕРВОГО ЛИЦА » p69
(36) Михаил Зыгарь « ВСЯ КРЕМЛЕВСКАЯ РАТЬ » p149
(37) マーシ・ショア『ウクライナの夜――革命と侵攻の現代史』（池田年穂訳）慶應義塾大学出版会、2022年、p130～131

（第３章　大国主義と国家統制）

(1)「複眼　プーチン統治の20年　政権の衰退、徐々に続く」日本経済新聞、2019年12月5日付朝刊
(2) https://www.afpbb.com/articles/fp/2372790　AFP BBNews
(3) Михаил Зыгарь « ВСЯ КРЕМЛЕВСКАЯ РАТЬ » p187～188
(4)「『新・冷戦』から急速に改善、米ロ首脳　信頼回復」日本経済新聞、2010年5月4日付朝刊
(5)（3）と同じ　p188～189
(6) РЕПОРТЕР « ДНЕВНИК ЕВРОМАЙДАНА РЕВОЛЮЦИЯ ГЛАЗАМ И ЖУРНАЛИСТОВ « РЕПОРТЕРА » » САММИТ - КНИГА 2014 p8
(7) 同上　p59
(8)「ロシアに漂う大国主義　米欧との関係は『長い冬』」日本経済新聞、2015年3月22日付朝刊
(9) https://www.youtube.com/watch?v=meDJgCZMbXU　ユーチューブ

2022年2月19日付夕刊
(5) http://www.kremlin.ru/events/president/news/37442　ロシア大統領府
(6) 「米大統領、プーチン氏に合格点 『一緒に仕事できる』」日本経済新聞、2000年2月15日付夕刊
(7) http://www.kremlin.ru/events/president/news/37942　ロシア大統領府
(8) 「ロシア・NATO、関係正常化で合意　軍事交流を再開へ」日本経済新聞、2000年2月17日付朝刊
(9) http://www.kremlin.ru/events/president/transcripts/21458　ロシア大統領府
(10) 「解体核兵器プルトニウム　米ロ首脳、廃棄で合意　START3は協議継続」日本経済新聞、2000年6月5日付朝刊
(11) Михаил Зыгарь « ВСЯ КРЕМЛЕВСКАЯ РАТЬ КРАТКАЯ ИСТОРИЯ СОВРЕМЕННОЙ РОССИИ » ИНТЕЛЛЕКТУАЛЬНАЯ ЛИТЕРАТУРА 2016 p28
(12) 同上　p29
(13) 同上　p29
(14) http://www.kremlin.ru/events/president/transcripts/21263　ロシア大統領府
(15) https://georgewbush-whitehouse.archives.gov/news/releases/2001/05/20010501-10.html　米ホワイトハウス。以下の引用も同じ
(16) http://www.kremlin.ru/events/president/transcripts/21328　ロシア大統領府
(17) http://www.kremlin.ru/events/president/letters/26391　ロシア大統領府
(18) http://www.kremlin.ru/events/president/news/40092　ロシア大統領府
(19) 「米大統領、テロ組織壊滅を宣言 『首謀者即時引き渡し』、タリバンに最後通告」日本経済新聞、2001年9月21日付夕刊
(20) http://www.kremlin.ru/events/president/transcripts/21338　ロシア大統領府
(21) 「ロシア大統領、反タリバンに武器供与　対米支援5項目を表明」日本経済新聞、2001年9月25日付夕刊
(22) Г. К. Селезнев « ПОЛИТИЧЕСКАЯ ИСТОРИЯ СОВРЕМЕННОЙ РОССИИ 1991-2001» ГУМАНИТАРНЫЙ ИЗДАТЕЛЬСКИЙ ЦЕНТР ВЛАДОС 2001 p268
(23) (20) と同じ
(24) https://www.mofa.go.jp/mofaj/gaiko/terro/anpo_1368.html　日本外務省
(25) 「『イラクの国連決議違反』、米国務長官の報告要旨」日本経済新聞、2003年2月6日付夕刊
(26) https://georgewbush-whitehouse.archives.gov/news/releases/2003/02/

（17）同上
（18）（2）と同じ
（19）ビル・クリントン『マイライフ――クリントンの回想』（楡井浩一訳）朝日新聞社、2004年、下巻、p435～436
（20）https://www.theatlantic.com/ideas/archive/2022/04/bill-clinton-nato-expansion-ukraine/629499/　米アトランティック。以下の引用も同じ
（21）Оливер Стоун « ИНТЕРВЬЮ С ВЛАДИМИРОМ ПУТИНЫМ » АЛЬПИНА ПАБЛИШЕР 2017　p49～50. 以下の引用も同じ
（22）https://www.theguardian.com/world/2001/jun/17/russia.iantraynor　英ガーディアン
（23）池田元博『プーチン』新潮社、2004年、p48
（24）（16）と同じ
（25）Борис Ельцин « ПРЕЗИДЕНТСКИЙ МАРАФОН » ИЗДАТЕЛЬСТВО АСТ 2000　p13～14. 以下の引用も同じ
（26）https://www.ng.ru/politics/1999-12-30/4_millenium.html　ロシアの独立新聞（ネザビシマヤ・ガゼタ）
（27）http://www.kremlin.ru/events/president/transcripts/24197　ロシア大統領府
（28）「『プーチン・ロシア大統領代行は話せる人』ブレア英首相」朝日新聞、2000年3月15日付朝刊
（29）「英ロ首脳、年1回定期会談へ　チェチェン対話継続」日本経済新聞、2000年4月18日付朝刊
（30）http://www.kremlin.ru/events/president/news/38591　ロシア大統領府
（31）http://www.kremlin.ru/events/president/transcripts/21340　ロシア大統領府。以下の引用も同じ
（32）Евгений Примаков « ВОСЕМЬ МЕСЯЦЕВ ПЛЮС .... » МЫСЛЬ 2001　p149～151. 以下の引用も同じ

（第２章　協調から敵対へ）

（1）https://edition.cnn.com/videos/politics/2021/03/17/president-biden-vladimir-putin-russia-gma-newday-vpx.cnn　米CNN
（2）http://www.kremlin.ru/events/president/news/65172　ロシア大統領府。以下の引用も同じ
（3）http://www.kremlin.ru/events/president/news/65870　ロシア大統領府
（4）「『プーチン氏、侵攻決断』ウクライナ　米大統領『確信』」日本経済新聞、

ーナショナル

（18）https://www.nikkei.com/article/DGXZQOCD286EX0Y2A220C2000000/
「プーチン氏、強める独善　戦略みえず重い『代償』」日経電子版 Nikkei Views、2022年3月1日

（第１章　未来への希望）

（1）http://www.kremlin.ru/events/president/news/67843　ロシア大統領府。以下、2月24日のプーチン演説の引用は同じ

（2）http://www.kremlin.ru/events/president/news/67828　ロシア大統領府。2月21日のプーチン演説

（3）https://www.asahi.com/articles/ASQ4N3RW5Q48UCVL01X.html
「NATO 東方不拡大、約束はあったのか　『1インチ発言』与えた言質」朝日新聞デジタル、2022年4月21日

（4）https://business.nikkei.com/atcl/report/16/040400028/060800007/
「広島演説当日、プーチン大統領が激怒した理由」日経ビジネス電子版 解析ロシア、2016年6月10日

（5）https://www.spiegel.de/international/world/nato-s-eastward-expansion-did-the-west-break-its-promise-to-moscow-a-663315.html　独シュピーゲル

（6）同上。 http://www.kremlin.ru/events/president/news/51154　ロシア大統領府

（7）ミハイル・ゴルバチョフ『変わりゆく世界の中で』（副島英樹訳）朝日新聞出版、2020年、p158

（8）Михаил Горбачев « Горбачев В ЖИЗНИ » ВЕСЬ МИР 2016　p27

（9）https://mid.ru/ru/foreign_policy/rso/nato/1790818/　ロシア外務省

（10）https://mid.ru/ru/foreign_policy/rso/nato/1790803/　ロシア外務省

（11）（2）と同じ

（12）Дмитрий Тренин « РОССИЯ И МИР В XXI ВЕКЕ » ИЗДАТЕЛЬСТВО « Э » 2015　p55

（13）（12）と同じ

（14）Под редакцией В . А . Колосова « ГЕОПОЛИТИЧЕСКОЕ ПОЛОЖЕНИЕ　РОССИИ : ПРЕДСТАВЛЕНИЯ И РЕАЛЬНОСТЬ » АРТ - КУРЬЕР 2000　p311

（15）（2）と同じ

（16）http://www.kremlin.ru/events/president/transcripts/24194　ロシア大統領府

【注】

（プロローグ）

（1） https://www.whitehouse.gov/briefing-room/speeches-remarks/2023/02/20/remarks-by-president-biden-and-president-zelenskyy-of-ukraine-in-joint-statement/ 米ホワイトハウス

（2） https://www.whitehouse.gov/briefing-room/speeches-remarks/2023/02/21/remarks-by-president-biden-ahead-of-the-one-year-anniversary-of-russias-brutal-and-unprovoked-invasion-of-ukraine/ 米ホワイトハウス

（3） 「首相『揺るぎない連帯』 ゼレンスキー氏と会談」日本経済新聞 2023年3月22日付夕刊

（4） http://www.kremlin.ru/events/president/news/70750 ロシア大統領府

（5） http://www.kremlin.ru/supplement/5920 ロシア大統領府

（6） https://www.whitehouse.gov/briefing-room/statements-releases/2023/02/21/fact-sheet-one-year-of-supporting-ukraine/ 米ホワイトハウス

（7） https://www.nikkei.com/article/DGXZQOCD16A3B0W3A210C2000000/「プーチン大統領、長期戦に焦り 激怒の裏にじんだ危機感」日経電子版 Nikkei Views、2023年2月20日

（8） Леонид Млечин « КРЕМЛЬ ПРЕЗИДЕНТЫ РОССИИ СТРАТЕГИЯ ВЛАСТИ ОТ Б . Н . ЕЛЬЦИНА ДО В . В . ПУТИНА » ЦЕНТРПОЛИГРАФ 2002 p45

（9） Петр Романов « ПРЕЕМНИКИ от Ивана III до Дмитрия Медведева » АМФОРА 2008 p342

（10） И . В . Стародубровская , В . А . Мау « ВЕЛИКИЕ РЕВОЛЮЦИИ ОТ КРОМВЕЛЯ ДО ПУТИНА » ВАГРИУС 2001 p368

（11） Борис Федоров «10 БЕЗУМНЫХ ЛЕТ » КОЛЛЕКЦИЯ « СОВЕРШЕННО СЕКРЕТНО » 1999 p246

（12） http://www.kremlin.ru/events/president/news/62366 ロシア大統領府

（13） アレクサンドル・ソルジェニーツィン『甦れ、わがロシアよ――私なりの改革への提言』（木村浩訳）NHK 出版、1990年、p25～26

（14） А . Солженицын « РОССИЯ В ОБВАЛЕ » РУССКИЙ ПУТЬ 1998 p79

（15） http://www.kremlin.ru/events/president/transcripts/22931 ロシア大統領府

（16） （13）と同じ p27

（17） https://www.transparency.org/en/cpi/2022 トランスペアレンシー・インタ

【著者略歴】
池田元博（いけだ・もとひろ）
日本経済新聞編集委員
1982年東京外国語大学ロシア語科卒、同年日本経済新聞社入社。東京編集局産業部、国際部、証券部などに在籍するとともにモスクワ特派員、モスクワ支局長、ソウル支局長を歴任。帰国後は論説委員会で長年、ロシア・旧ソ連や朝鮮半島情勢を中心に国際問題を担当。主な著書に『プーチン』（新潮新書、2004年）がある。

プーチンの敗戦
戦略なき戦術家の落日

2023年7月21日　　1版1刷

著　者　池田元博

発行者　國分正哉
発　行　株式会社日経BP
日本経済新聞出版
発　売　株式会社日経BPマーケティング
〒105-8308　東京都港区虎ノ門4-3-12
装　丁　野網雄太
DTP　CAPS
印刷・製本　シナノ印刷

本書籍に関するお問い合わせ、ご連絡は下記にて承ります。
https://nkbp.jp/booksQA

Printed in Japan　ISBN978-4-296-11757-4